优 秀 员 工 都 是 通 过 解 决 问 题 成 长 起 来 的

问题是成长的阶梯

WENTI SHI CHENGZHANGDE JIETI

李伟◎编著

问题与成长总是相辅相成，相依相伴的，
没有问题就没有成长，要成长就一定要学会解决问题。
优秀员工总是能够把每一个问题都当作成长的机会与阶梯，
一步步坚实地走向工作的更高境界。

中国城市出版社
·北京·

图书在版编目（CIP）数据

问题是成长的阶梯／李伟编著. —北京：中国城市出版社，2012.4

ISBN 978-7-5074-2562-8

Ⅰ. ①问… Ⅱ. ①李… Ⅲ. ①企业-职工-修养 Ⅳ. ①F272.1-92

中国版本图书馆 CIP 数据核字(2012)第 044160 号

责任编辑　张惠平
封面设计　嘉惠士林
责任技术编辑　张建军
出版发行　中国城市出版社
地　　址　北京市西城区广安门南街甲 30 号（邮编　100053）
网　　址　www.citypress.cn
发行部电话　(010) 63454857　63289949
发行部传真　(010) 63421417　63400635
总编室电话　(010) 68171928
总编室信箱　citypress@sina.com
经　　销　新华书店
印　　刷　北京集惠印刷有限责任公司
字　　数　260 千字　印张 19
开　　本　710 × 1000（毫米）1/16
版　　次　2012 年 4 月第 1 版
印　　次　2012 年 4 月第 1 次印刷
定　　价　30.00 元

前言

preface

成长总是伴随每个人一生的事情。小时候，我们在父母的庇护下慢慢成长；求学时，我们在老师的辅导下茁壮成长；工作时，我们已经没有了父母的庇护，也没有了老师的辅导，这时的我们，是在解决问题的过程中成长。

虽然我们都是这样成长，在刚开始步入社会的时候，都是一无所有，两手空空的开始打拼，起点基本相同，但为什么你、我、他之间的差距却越来越大呢？

可以这样说，每个人的工作就是自己的一块田地，有的人经营出了累累硕果，而有的人却只是维持着自给自足的平淡，甚至是颗粒无收，是什么决定了这完全不同的结果呢？

看看他们对待问题的态度，我们自然会得出结果。有收获的人认为工作的本职就是解决问题，有问题才会有进步，问题解决了就是机会，他们有了问题不抱怨、不逃避，积极地寻找方法去解决；没收获的人则觉得问题就是洪水猛兽，是一种负担，自己怎么做也是无力回天，所以不必全力以赴，只要差不多就行了。

可以说，对问题的态度，决定了一个人是否能够健康成长。问题与成长总是相辅相成，相依相伴的。没有问题就没有成长，有了问题才可能成长。解决小问题就有小成长，解决大问题就有大成长。解决的问题越多，成长速度就越快，解决的问题越难，成长的高度就越高。

所以，我们一定要摆正对问题的态度，要知道问题带来的不仅仅是麻烦，更多的时候会带来重要的成长机会，特别是对涉世不深、经验不足的青年。

比如说上司交待的工作你没有做好，你因此受到了否定和严厉的批评，心里肯定会难受。正视问题的人在难过之余，会首先在自己身上找问题、找答案，赤裸裸地注视自己，毫无保留地反省自己，找出问题的根源。是因为问题本身对你而言有难度？还是粗心大意忽视了细节？

如果是前者，那么你应该主动去扩展自己的知识结构，请教有经验之人，努力寻求解决问题的办法；如果是后者，那就应该主动改正错误，弥补过失，吸取经验和教训，根除自身的缺点。

无论是前者还是后者，对我们的成长都是一个契机：是前者，我们利用这个机会学习到了新的知识，积累了新的经验，熟悉了新的事物；是后者，我们利用这个机会暴露了自身的缺点，有机会吸取教训改正缺点，为以后的成功扫平了一个障碍。可以说，越是积极解决问题的人，成长得总是越快。

本书就是要告诉你如何在问题来临时，抓住这千载难逢的成长机会，打开我们的创新思路，激发我们的潜藏力量，唤醒我们的沉睡智慧，勇敢地迎接问题，沉着地挑战问题，顺利地解决问题，踩着问题的阶梯一路向前，成长为最善于为企业解决问题的中坚力量。

目录

contents

第一章 树立信心，引领成长

第二章　用心思考，感悟成长

第三章　全力以赴，激发成长

第四章　多担责任，带动成长

第五章 增强技能，适应成长

第六章　提高绩效，开发成长

第七章　抓住机遇，快速成长

第八章　不断创新，突破成长

第九章 精诚合作，共赢成长

第一章

树立信心，引领成长

面对困难与问题，要相信凡事都会有方法解决，而且总会有更好的方法。人人都能成为创造者，处处都是创造的良机。外界的困难、不如意的条件、一个接一个的压力与挑战，是怎样也无法吓倒我们的雄心和创意的。

第一节 带着思想工作，改变心中的“不可能”

一切皆有可能。不敢向高难度的工作挑战，是对自己潜能的画地为牢。如果你想取得事业上的辉煌，使自己成为公司发展的关键力量，你就要丢掉心中的限制，积极寻找方法，用行动改写工作中的“不可能”。

打倒我们的不是问题，是恐惧

面对问题，我们难免恐惧，这其实是自然的事情。面对问题，我们的心中总是充满各种疑惑，各种问号。问题的里面究竟是什么？我们不知道，一切都是未知的。未知总是会带给人不确定感、不安全感，于是，内心的恐惧便油然而生。

一位军阀每次处决死刑犯时，都会给出两种方式让犯人自己选择。一种方式是接受枪毙，另一种是进入墙中的一个黑洞，前途未卜。

所有的犯人都选择一枪毙命，因为他们觉得，这样能死得痛快一些、踏实一些。没有一个人选择那个不知道藏着什么东西的黑洞。犯人们对未知的恐惧远远超过了死亡本身。

有一天，酒酣耳热之际，军阀显得心情舒畅。一位随从趁机大着胆子问:“大帅，您能不能告诉我们，从那个黑洞进去以后，里面到底有什么东西?”

军阀得意地大笑着说:“其实里面什么也没有！在里面摸索着走一两天，就可以逃生，然后远走高飞！可惜这些胆小鬼们，没有一个人敢拼他一场，挨了枪子儿，丢了性命，全是他们活该!”

由于各种非理性的想法，影响了犯人们对前途的判断——深不可测的黑洞、已经宣布过的必死命运，都给他们一种心理暗示:“我完了！再挣扎也没用了!”

我们所感觉到的“危险”、“恐惧”，往往是预先设置的、被歪曲的。预先的恐惧会扭曲事实真相，但事情绝对没有想象的那样严重。问题的严重性往往是我们自己放大的，事情的“困难”也是如此。

在工作中，某一问题就像山一样摆在你面前，要克服它，似乎完全不可能。于是，一种说不出的恐惧不招自来。为了不让人们对未知的、未解决的问题产生恐惧感，美国某科研部门想出了一个办法。

20世纪50年代初，美国某军事科研部门着手研制一种高频放大管。科技人员都被高频率放大管能不能使用玻璃管的问题难住了，研制工作因而迟迟没有进展。后来，由发明家贝利负责的研制小组承担了这一任务。上级主管部门在给贝利小组布置这一任务时，鉴于以往的研制情况，同时还下达了一个指示：不许查阅有关书籍。

经过贝利小组的共同努力，终于制成了一种高达1000个计算单位的高频放大管。在完成了任务以后，研制小组的科技人员都想弄明白，为什么上级要下达不准查书的指示?

于是他们查阅了有关书籍，结果让他们大吃一惊，原来书上明明白白地写着：如果采用玻璃管，高频放大的极限频率是25个计算单位。“25”与“1000”，这个差距太大了！

后来，贝利对此发表感想说:“如果我们当时查了书，一定会对研制这样的高频放大管产生畏惧，就会没有信心和勇气去研制了。”

由这个故事我们可以看出，真正的问题并不是问题本身，而是我们对问题的畏惧。看待问题时，我们不能将其放大。

不是有那么句话么——“无知才能无畏”，有些时候，我们真的不能被以往的知识绑住手脚，被过去的经验所困住。

工作中，我们经常犯这样的错误：还没有真正与问题接触，就将其无端放大，以至于很快心生恐惧，逃避问题，最终将自己打败。实际上，问题绝大多数时候并不如我们想象的那样严重，只要我们撕破畏惧的面纱，就能很好地解决它。

畏惧是人性中勇敢品质的“腐蚀剂”，时时威胁着我们的心灵。只有在生命中注入勇气，扫除畏惧心理，才能帮助你斩断阻碍你前进的蔓草和荆棘。

无论有多么棘手的问题挡在你前进的道路上，你都不应感到畏惧。而应该用积极的心态迎接它，用智慧寻找解决之道。

鲁迅先生说过：“踏上人生的旅途吧。前途很远，也很暗。然而不要怕，不怕的人面前才有路。”这为我们如何面对人生及问题的态度指出了一条路。

勇敢面对，让恐惧烟消云散

有这样一个故事：有一天，一个盲人、一个聋子和一个耳聪目明的年轻人来到一个桥头，他们需要从这几根铁索桥上走过去。这是一处地势险恶的峡谷，涧底奔腾着湍急的水流，而那几根光秃秃、颤悠悠的铁索就横亘在悬崖峭壁之间。

三个人停下来商量了一会儿，就开始一个一个地过桥了。盲人眼睛看不见，就不知道山高桥险，于是他心平气和地走了过去。而聋子的耳朵听不见，就不知道脚下的咆哮怒吼，他也很轻松地过去了。

轮到那个耳聪目明的年轻人过桥了，他一边不停地激励着自己，一边鼓起勇气走上了桥板。可是刚走出十几步，当他看到桥下的险象，听着咆哮的水声时，他就想到了自己从桥上掉下去的种种惨状，心里变得恐惧起来。抬头再一看，距离对岸起码还有50步远呢，他的信心马上就崩溃了，双腿开始发软。

后来，他决定放弃过桥，于是就拼命地抓紧铁索，一点一点地转过身去。然而，就在这个时候，他却一脚踩空从铁索桥上跌了下去。

恐惧是一种很重要的心理反应，这种心理不仅不健康，而且也是非常消极的。恐惧心理往往总是伴随着紧张、焦虑和苦恼，使人的神经处于一种高度紧张的状态。

恐惧不仅会让人的意识变得狭窄，还会降低判断力和理解力，甚至让一个人丧失掉理智和自控能力。那么，怎样才能从恐惧中解放出来、培养真正的勇气呢？最有效的方法，莫过于强迫自己面对。

美国总统艾森豪威尔有过这样一段经历：5岁的时候，有一次去叔叔家玩，叔叔的房子后面养了一对大鹅，公鹅一见他就一边怪叫着一边向他扑来。他哪儿受得了这种恐吓！于是他拼命跑开，向大人哭诉。

受了几次惊吓后，叔叔找了个旧扫帚交给他，然后指着大鹅对他说："你一定能战胜它！"

当鹅再次向他冲来时，他手里拿着扫帚，浑身不住地颤抖。猛然间，他鼓足勇气大吼一声，挥起扫帚向鹅冲去。鹅掉头便跑，他紧追不舍，最后狠狠地给了鹅一下，鹅惨叫着逃跑了。从那以后，鹅只要一见他，就会远远地躲开。

从此，他懂得了一个道理：只要勇敢迎战，就能战胜对手。

有一段时间，他每天放学回家的时候，都被一个与他年龄相仿、粗壮好斗的男孩追赶。一天，这一幕正好被他父亲看见，于是冲他大喊："你干嘛容忍那小子追得你满街跑？去把那小子给我赶走！"

于是，他不得不停下来，面对自己很怕的对手。他开始猛烈的反击，这一招立刻把对手吓住了，慌忙夺路而逃。艾森豪威尔顿时勇气大增，一把将对手抓住，正言厉色地警告他："如果你再敢找我的麻烦，我就每天打你一顿。"

遇到敌人和强硬的对手，恐惧是避免不了的。但是，不要忘记：你畏惧对手，对手可能也畏惧你，甚至比你对他的畏惧还要大。在这种情况下，谁更敢面对，谁就能获得胜利。

其实，面对问题又何尝不是如此呢?

美国共产党的领导人汉纳，一开始是一个不敢在大众面前开口讲话的人。当他第一次面对观众发表演讲时，脸色发白、膝盖颤抖，完全不知所措。但他又是一个非常有抱负的人，他并没有因此而退缩，面对演讲的恐惧，他开始一点点地培养自己的信心。

在第一次做政治巡回演讲时，他从一些很短的演讲开始，这样他的想法就可以表达得清楚一些，内心的紧张也没有那么强烈。他一点点地增加自己演讲的时间，在不断地锻炼中，汉纳终于找到了自信。等到这次的巡回演讲结束时，他已经可以连续地讲上半个小时了，而且一点也不觉得紧张和拘束。

后来，汉纳终于成为了一个非常出色的演讲家，公共演讲不仅成了他擅长的工作，还成了他娱乐的源泉。

我们不应该恐惧问题，而应该欣喜地面对，因为问题是我们成长所必需的过程，成功所需要的阶梯。

生活中，每一个人都不可避免地会遇到很多问题，而在工作中，所遇到的问题并不比生活当中的少。然而，工作中的问题，既是一个麻烦，也是一次考验自己才学与经验的机会，甚至还是一次让自己获得升迁的机遇。

日本"经营之神"松下幸之助说："危机和良机本质上是一样的，只要你改变观念，重新评估，趁机下手，危机就会变成良机。"

很多时候，优秀的员工都是在面对问题和面对机遇的矛盾中成长起来的。表面上看，问题会成为企业发展、员工成长过程中的绊脚石，但同时发现问题、提出问题、解决问题会让企业、员工抓住一次改变自己和超越竞争对手的机遇。

问题越多，机遇就越多；问题越大，机遇就越大。只要不害怕面对问题，就不害怕生活，不害怕工作，职业发展的机会就会更多地青睐于你。

最大的敌人往往是自己

人最大的敌人往往就是自己。当我们面对困难、问题的时候，试着“打开”你自己，打破自我限制和脑海中对于一些事物的看法，往往能发现更多的东西，甚至将“不可能”变成“可能”。

著名钢铁大王卡内基经常提醒自己的一句箴言是:“我想赢，我一定能赢。”结果，他真的赢了。在这里，很重要的一点就是他排除了自己“不可能赢”的想法，并且愿意付出努力，将所谓的“不可能”变成“可能”!

一切皆有可能。不敢向高难度的工作挑战，是对自己潜能的画地为牢，只能使自己无限的潜能白白地耗掉。

如果你想取得事业上的辉煌成就，使自己成为公司优秀的一分子，你就要丢掉心中的限制，积极找方法，用行动改写工作中的“不可能”。

在自然界中，有一种十分有趣的动物，名叫大黄蜂。曾经有许多科学家联合起来研究它。

根据动物学的观点，所有会飞的动物，其条件必须是体态轻盈，翅膀宽大，而大黄蜂却恰恰相反，它的身躯十分笨重，而翅膀却是出奇地短小。依照动物学的理论来讲，大黄蜂是绝对飞不起来的。

而物理学的论调则是，大黄蜂这种身体与翅膀的比例，从流体力学的观点来看，同样是绝对没有飞行的可能。

可是，在大自然中，只要是正常的大黄蜂，却没有一只是不能飞的，它的飞行速度甚至不比其他能飞的动物差。这种事实的存在，仿佛是大自然和科学家们开的一个大玩笑。

最后，社会学家揭开了这个谜。谜底很简单，那就是大黄蜂根本不懂“动物学”与“流体力学”。每只大黄蜂在它长大之后，就很清楚地知道，它一定要飞起来去觅食，否则就会活活饿死！这正是大黄蜂之所以能够飞得那么好的奥秘。

我们不妨从另外一个角度来设想，如果大黄蜂能够接受教育，明白了生物学的基本概念，而且也了解了流体力学。那么，这只大黄蜂还能够飞得起来吗?

改变工作中的“不可能”，首先就不要用“心灵之套”把自己套住，只要有了“变”的理念，就一定能够找到“变”的方法。

在遇到困难的时候，我们需要做的就是及时换个思路，多尝试几种方法，具有变负为正的勇气与气魄，和改变“不可能”的智慧与方法，相信困难只能成为你的一块磨砺石，而绝非挡路石。

没有什么是绝对的，也没有什么是不可能的。成败的差距不仅在于客观事实，也同样在于毅力和方法。或许今日在你眼中，这件事是绝对不可能的，也许不久它就能被实现。就如同人类总是做着在天空飞翔的梦，人类最终发明了飞机，实现了这一“不可能”的梦想。

为什么别人都认为不可能的事情，最终都成为现实呢？关键的一点就是抛弃了“不可能”的念头，只想着如何解决问题，想着如何全力以赴，穷尽所有的努力。

如果你真的希望能解决问题，真的渴望寻找到好的方法，那么，请驱除你心灵上的限制，不要再用“不可能”来逃避问题。因为正如拿破仑说的:“‘不可能’是傻瓜才用的词!”

很多事情并非不可能，而是我们在心里为自己设置了认为自己不可能成功的障碍和限制，不敢给自己一个机会去尝试突破。

如果我们坚持“不可能”这种限制性的信念，就会不断建立障碍意识来支持“不可能”的信念，从而“自我设限”。相反，当我们不说“不可能”，而坚持“我可以”的信念时，就赋予了自己使这些信念变为现实的力量，从而也赋予了自己走向成功的力量。

人总是在不断超越自我的过程中成长和发展，唯有突破心灵障碍，才能超越自己。一旦你捆绑住了自己，认为这根本没有可能，那问题永远得不到解决，你所想的就真的永远是不可能的了。

只有想不到，没有做不到

没有什么问题是不能解决的，面对问题，只有想不到，没有做不到。纵观整个人类进步史，你会发现这就是一部从不可能到可能的不断创新的历史。

6000年前，没有人认为手中的石器会被更为坚利的铁器所取代；1000年前，没有人认为一种粉末（火药）会造就一个新时代；500年前，没有人认为水蒸气会推动生产力的飞速发展；100多年前，没有人认为人类会实现飞天的梦想；50年前，没有人认为计算机会在人们的社会生活中扮演如此重要的角色……如今，所有这些先人眼中的“不可能”，都已成为我们的生活常识。

可见，世界上，没有什么问题是不可能解决的，就像人们常说的那句“只有想不到，没有做不到”。人的潜力是无限的，只要你相信自己能做到，并真正地去努力，那么你就能做到。

人潜在的智力犹如一座待开发的金矿，蕴藏无穷、价值无比。我们能够创造的方法也是无尽无穷的。相信自己，没有不可能。

约翰·库缇斯1969年8月14日出生于澳大利亚，但这个小男孩生下来后让所有人都震惊了：这孩子的下肢畸形，并且没有肛门。经检查，医生诊断出他患有先天性骨发育不全。要想孩子存活，必须做手术。父母忍痛将小小的婴儿送上手术台，经过切口手术，约翰·库缇斯虽然可以像正常人一样排便了，但是这个过程经历了常人难以想象的痛苦。

从小约翰·库缇斯就被人认为是个怪物，上小学时，没人愿意同他做朋友。有一次，一些坏学生用塑料胶带封住他的嘴，将他扔入垃圾桶，之后竟点上火烧他，幸亏老师及时发现，把他救了出来。就在这样的折磨中库缇斯升上了高中，但痛苦远没有结束。有一次上幻灯课，库缇斯突然感到腹部剧痛，必须马上去厕所，在光线黑暗的幻灯室内，他每用双手“迈动”一步，都感到掌心被扎得钻心的痛。爬出教室后他才发现，自己的两只手掌上都被恶作剧的同学扎上了图钉。最严重的是在 17 岁那年，正在考试的库缇斯突然发现自己翘在背后的那双畸形且毫无知觉的腿，被捣蛋的坏孩子用铅笔刀割得血肉模糊，两个脚趾还被切掉……

不久，他因伤口感染，动手术截去了毫无用处的双腿。库缇斯受够了这样的自己，也没有勇气再继续生活下去，于是他拿起爸爸的手枪准备自杀。还好这时妈妈赶来，轻轻地亲吻着他的额头说：“约翰，你是我们生命中所遇到的最可爱的孩子！永远都是。”爸爸也说：“每个人都不能忘记自己的责任，你的责任就是要给别人做出榜样！”终于，在父母的爱的感染下，库缇斯放弃了自杀的选择。

高中毕业后，库缇斯希望自食其力，经过百般努力，他终于在一家杂货铺找到了自己的第一份工作。后来他又做过销售员、技术工人，还在一个仪表公司拧过螺丝钉。那时，他每天凌晨四点半起床，赶火车到镇上，然后爬上他的滑板，从车站赶到几千米外的工厂。尽管生活艰辛，但是能够自食其力，还是令他非常开心。

库缇斯虽然身体残疾，但是爱好体育运动，他从 12 岁就开始打轮椅橄榄球。由于他没有双腿，做事全靠双手的力量，使得他的手臂力量惊人。1994 年，约翰·库缇斯成了澳大利亚残疾人网球赛的冠军；2000 年，他拿到澳大利亚体育机构的奖学金，并在全国健康举重比赛中排名第二。

一个偶然的演讲机会，开创了他人生的全新局面。那次他应邀对自己的经历作简短演讲，很多观众听了都感动得流下了眼泪，还有一个女孩因此而放弃了自杀的念头。这让约翰决定走上讲台，讲述自己经历过的恐惧和忧伤，讲出自己的挣扎和拼搏，给他人以启迪。于是，他开始到世界各地演讲，他的故事激励着更多的人，让更多的人走出了阴暗，走出了泥泞。

这就是生命斗士约翰·库缇斯的故事。库缇斯鼓励那些和他一样觉得自己很糟糕的人说：“不管你觉得自己多不幸，这个世界总会有人比你更加不幸。这个世界上每个人都有缺陷，我很幸运，因为我知道我的缺陷在哪里。那你知道你的缺陷在哪里吗？在你拥有的每一天，别对自己说‘不可能’，如果我可以做到，你也一定可以。”库缇斯用他的亲身经历为我们演绎了生命的顽强，告诉了我们，一切不可能都会在自己的努力之下被击碎。

李小姐大专毕业后进入一家化妆品公司工作，刚刚接受完培训时，公司经理决定找一个富有经验的老员工到另外一个城市去建立一个新的市场拓展点。可是当经理宣布动员令的时候，那些老员工都低下了头，没有人表示愿意去。的确，开拓新市场会遇到很多意想不到的困难，一旦砸了，自己也脱不了责任，谁愿意去做吃力不讨好的事情呢？

就在大家一片沉默的时候，还是新员工的李小姐举起手说：“报告经理，我想去。”别人把目光刷的一下都投向她，好像都在说“老员工都不敢接受的挑战，你刚来几天逞什么能？”经理也有点不相信地说：“但是，你……”经理的话还没有说完，李小姐便抢着说：“虽然我是新员工，但是我相信只要我全力以赴，一定能克服困难，顺利完成任务。”

出于对新员工的考验，经理同意了她的要求。下班后，李小姐听到同事在偷偷议论说：“她一个黄毛丫头，翅膀还没长出来，就幻想去飞，真是不知轻重。”李小姐也有点为自己一时的冲动后悔。回到家中，爸爸妈妈也指责她少不更事，刚去公司，不可能担当如此重任。别人的不信任反倒让李小姐愈加想尝试，她就不信自己做不好，既然别人认为自己做不到，自己偏要做好给他们看。

经理对李小姐的胆识很赏识，专门为她制订了一套严谨的工作方案，并在后方提供咨询服务。经过将近半年的艰苦奋战，李小姐终于在那个城市建起了一个稳定的市场拓展点，而且规模不断扩大，发展的势头很快。公司的人都开始对她刮目相看，她也理所当然地成为那里的部门经理。

本来默默无闻的人，经过几年的时间，成为自己行业里叱咤风云的人物，这是他们把不可能变成了可能的结果。而有的人，本来聪颖杰出，几年下来，却弄了个灰头土脸，找不到自己发展的道路，渐渐滑入平庸与无作为的轨道，他们把可能变成了不可能。

跟自己说“没有什么不可能”，只要积极思考，想尽一切办法，付出艰辛的努力去朝着自己的人生目标靠近，而不是找哪怕看似可以原谅的理由，你的意识里就不会产生“不可能”的想法。

永远也不要消极地认定什么事情是自己不可能做到的，很多事情不是不可能，而是看你有多大的决心和信心去尝试。

对于我们来说，那种“我不可能”的观念才是我们最大的敌人，只有把它从我们的脑子里剔除，我们才能获得成功的机会。

你是不能干，还是不愿干

有一天，孟子来到齐国，见到了齐宣王。孟子对齐宣王说：“有人说，我的力气能够举起3000斤的东西，却拿不动一根羽毛；我的眼睛能够看清楚鸟羽末端新长出的绒毛，却看不到一大车木柴。大王相信吗？”

“不相信。”齐宣王说。

孟子说：“拿不动羽毛，是因为完全没有用力；看不到一大车木柴，是因为闭上眼睛不去看。不是不能做，而是不去做。”

“不去做和不能做有什么区别呢？”齐宣王问。

孟子回答：“抱起泰山，去跨越北海，那是不能做；坡上遇到老人走路不便，不愿折枝给他当拄杖，那就是不去做。”这段《孟子·梁惠王章句》中的故事向我们阐述的就是能干与愿干的区别和关系。我们的工作中常有这样的博弈关系，面对一项工作或者任务，能不能干或许你决定不了，但愿不愿意干却是你首先要做的选择。

海尔集团首席执行官张瑞敏有这样精练的概括：“想干与不想干，是有没有责任感的问题，是德的问题；会干与不会干，是才的问题。”不会干不要紧，只要想干，就可以通过学习、钻研，达到会干；会干，但不想干，工作肯定做不好。

很多学历、技术和能力都很出色的员工，原本能有不错的发展，却因为粗心、懒惰、没有激情、没有做好分内之事而频频遭到解雇。有一位老板就曾经对一位“在公司混日子”的员工提出了严厉的批评：“你是不能干，还是不愿干？”

聪明地工作就是在“能干”的基础上，使自己成为“愿干”的德才兼备的人。

关于德与才的问题，著名企业家杰克·韦尔奇有个“框架理论”。他以职业道德为横坐标，以工作能力为纵坐标，把员工分成四大类：人才（有才有德）、庸才（有德无才）、歪才（有才无德）和冗才（无才无德）。

有一次，韦尔奇与英特尔公司总裁葛鲁夫在一起讨论对待这四类不同员工的对策时，韦尔奇唯独对有能力没品德的人特别提出了警告。

韦尔奇强烈主张：“有能力胜任工作，却消极怠工而不称职，这样的人，我发现一个就开除一个，绝不留情。”

老板们最不欢迎的就是有能力却不愿好好干的员工。职场中的确存在一些“会干但不想干”的人，对他们来说，每天的工作可能是一种负担、一种苦役。他们在工作中远离了“工作”，不愿意为此多付出一点，更没有将工作看成是获得成功的机会。

聪明的人不会和朋友这样谈论自己的老板和公司：“我要应付那些我不愿做的事，为什么一定要给那个讨厌的头儿干活。老板一点也不了解我，不信任我。”如果那样，你就容易给人一个消极、爱发牢骚的印象，也会使你自己丧失上进的动力和兴趣，从而阻碍你的发展。

职场中那种大事干不了、小事不愿干的心理要不得。从小事开始，逐渐增长才干，赢得认可、赢得干大事的机会，日后才能干大事。那些一心想做大事的人如果不改变“简单工作不值得去做”的浮躁心态，是永远干不成大事的。

职场成功的主要状态之一就是：每天保持对工作的兴趣，能够有持久的热忱，并能将每一天看得同样重要。你热爱工作，努力工作，工作也会眷顾你，回报你。每个人都必须工作，否则在经济上不能独立，其他想法也无法付诸实施。人不能不工作，工作是自己的责任和义务，一个人应为实现自我价值而努力奋斗。工作可以满足个人，让人快乐。人需要在工作中寻找归宿和价值，实现理想。

你是简单干，还是用心干

一个积极主动的员工能把心思全部用在工作上。在工作中他们往往能发现问题，并通过认真研究，找到解决问题的最好方法。

用心做好每件事，做每件事情都要用心，这是员工应该具备的职业品德。

用心工作的态度，会为一个人既定的事业目标积累雄厚的实力，也才会给公司和老板带来最大化的利益。所以，在每一个公司里，“用心”做事的员工是老板比较青睐的。

用心工作与用手工作不一样，只有用心工作才能获得好的质量和效果，也才能不辜负客户和公司，工作中要牢记“不做便罢，做就做好”。

在用心工作的同时，我们还要积极主动，要能够像老板一样对待自己的工作。

杰克逊现在是堪斯亚建筑工程公司的执行副总。

几年前他是作为一名送水工被堪斯亚一支建筑队招聘进来的。杰克逊并不像其他的送水工那样把水桶搬进来之后就一面抱怨工资太少，一面躲在墙角抽烟，他会给每一个工人的水壶倒满水，并在工人休息时缠着他们讲解关于建筑的各项工作。

不久，这个勤奋好学的人引起了建筑队长的注意。两周后，杰克逊当上了计时员。当上计时员的杰克逊依然勤勤恳恳地工作，他总是早上第一个来，晚上最后一个离开。

由于他对所有的建筑工作，比如打地基、垒砖、刷泥浆都非常熟悉，当建筑队的老板不在时，工人们总喜欢向他咨询。

有一次，老板看到杰克逊把旧的红色法兰绒撕开包在日光灯上，以解决施工时没有足够的红灯来照明的困难，老板决定让这个肯动脑又能干的年轻人做自己的助理。

后来，他成了公司的副总，但他依然特别积极主动地工作，从不说闲话，也从不参加到任何纷争中去。他鼓励大家学会用脑工作，学习和运用新知识，他还常常画草图、拟计划，向大家提出各种好的建议。

杰克逊没有什么惊世骇俗的才华，他只是一个普普通通的送水工，一个穷苦的孩子，但是凭着主动思考、积极工作的美德，幸运地被老板赏识。

你也许觉得你的工作简单、琐碎，提不起兴趣，也毫无创造性可言。但是，就是在这极其平凡的、极其低微的工作中，往往蕴藏着巨大的机会。只要把工作做得比别人更迅速、更正确、更完美，调动自己全部的精力，从中找出新的方法来，就能引起别人的注意，得到老板的赏识。这一切，都需要你积极主动、用心去做。

在做一件事情时，不妨这样告诉自己："我愿意做这份工作，而且我会竭尽所能、尽自己的全力、用心来做。"

成功者和失败者的区别就在于：成功者无论做什么工作，都会积极主动、用心去做，并力求达到最佳的效果，不会有丝毫的放松;失败者在做工作时，却常常轻率敷衍、得过且过。

你或许不喜欢你目前的工作，甚至感到厌烦，但你要记住，这并不是老板或公司的错。需要改变的是你自己，你要学着去喜欢你的工作！你只有喜欢你的工作，才能积极主动、用心去做。这是作为一个职业人最起码的职业道德和职业素养。

不论你现在所从事的是怎样一种工作，一个水泥工人，还是一个IT精英，你都应当以一种职业人的精神去对待。世界上没有卑微的工作，只有卑微的工作态度，只要你积极主动去做，再平凡的工作也能做得很出色。

能做到最好，就不要允许自己只做到次好。

马上就行动

有这样两位青年，小李与小刘，他们都是很有梦想并富有创造力的人。他们同时进了一家集团公司，分在不同的分公司工作。

这是一家特别重视创造性的公司，公司的董事长，总是在各种场合强调“员工的创造性是公司的最大财富”。两位年轻人能进入这样的公司，真的是如鱼得水，应该能大展宏图、创造非凡业绩了。

然而一年后，进行工作总结时，两人却受到了不同的待遇。小刘因为成绩突出受到了高度表扬和奖励，小李却因为业绩平平，受到了批评。

其实，刚进公司时，小李给大家留下的印象更好一些。因为他脑子比小刘更活，思维更敏捷、学识更广博，但为什么到头来却做得不如小刘好？

人事部的领导，对两位员工进行了研究分析后发现：一年来，两人都想把自己的创造性贡献给公司，也都很努力。两人唯一的区别是：小刘有了一个好的想法，便立即行动起来，即使要实现这一想法的条件不具备、会遇到困难，他也会毫不犹豫地去做。而小李，尽管脑子里有很多想法，但总是停留在构思的阶段，或者一与现实结合，遇到条件不具备等情况，他就立刻放弃，改换另一个想法。这样一来，尽管好想法不少，却没有一个付诸实践。

分析这点之后，人事部的领导与小李好好谈了一回心，说:“小李，一旦有好的想法，就应该尽快付之实践。现在不做，等于永远不做啊!”

人生是短暂的，要做就得立即做。早一点动手，就早一点起步，早一点往成功迈进。

晋代大书法家王羲之，12 岁时，在父亲的枕头下发现有前人写的《笔论》，便偷偷地拿来读。

父亲说:“不要性急，等你长大了，我会教你的。”

可是王羲之却回答说:“学习是不能等待的，像走路一样，不停地走，才能前进。等我长大了，再教就太晚了。”在这种精神的支配下，王羲之长期坚持勤学苦练，其书法艺术终于达到了炉火纯青的境界，被后人尊为“书圣”。

优秀人才给我们的启示是：先做再说！正如俗话所说:“早起的鸟有虫吃。”尽早起步后面才会有更大的发展！从 0 到 1 的距离，常常大于从 1 到 1000 的距离。做任何事，勇于开始最为重要。

YKK 董事长吉田忠雄，其人生观是“70 分主义”。他认为:“100 分主义无法再发挥潜能，若以 70 分为起点则成就当不止 100 分。”

对此，他在一篇演讲中阐述:“只要能成功，失败无所谓。谨慎行事可能没有失误，但充其量最多也只能有 50%的效果。若对每件事只有 70%的把握就去做，则集合各件事的效果，成就就不止 50%了。”

爱默生说得好:“要去某一地点，可以有 20 条道路，其中有 1 条是捷径，不过还是立刻踏上其中的 1 条吧!”

有的人并非不知道行动的重要，但是迟迟不愿意行动，结果又产生负疚感，造成意志的瘫痪。

与其说是因为恐惧而不去行动，毋宁说是不去行动而导致恐惧。

那么，该怎么办？不妨学习一下西点军校训练学生的经验——先把自己“豁出去!”

在西点军校的游泳救生训练中，有一个学生最害怕的动作：穿着军服、背着背包和步枪，从近十公尺的高塔上跳下游泳池，然后在水中解开背包、脱掉皮鞋和上衣，把这些东西绑在临时的浮板上。

尽管对每一个动作，学员们事前都反复演练过，但是真到了要往下跳的那一刻，大部分学生还是会迟疑，走到跳板尽头之后就会停下来。当然，退缩是绝不允许的，否则将被勒令退学。所以，尽管犹豫，学生们最终还是会纵身一跳。

很多学员都反映：成功跳出那一步的兴奋，是无可言喻的。学生学会了抛开自以为通过思想能够控制一切的假象，体验到行动就能够产生信心。

许多事情的难度，都由于我们的犹豫和摇摆加大了。事情并没有我们想象的那么艰难，只要我们马上去做，就可能产生出乎意料的奇迹。

美国混合保险公司的创始人史东，觉得对他一生影响最大的一句话来自于妈妈逼他遵守的一个行为习惯——立即就做！从卖报纸的时候起，他就一直遵守“立即就做”的准则，后来，他通过保险推销，训练了一批非常优秀的保险队伍，并成为百万富翁。

只要有好的想法，哪怕它看起来很荒谬，都应该立即付诸实践。说不定奇迹就等在你的前面。《福布斯》杂志创立者福布斯有一句名言：“做正确的事情，把事情做好，立即做!”

第二节 只要精神不滑坡，方法总比问题多

我们之所以不成功，就在于对问题屈服：无端地将问题放大，把自己看轻。其实，只要你努力去找方法，你怎么会找不到呢？越去找方法，便越会找方法。越会找方法，越能创造大的价值。这不仅提高了找方法的自信，而且越来越有找方法的窍门。

一定要有冒险精神

面对问题，我们总是要尝试各种解决办法。虽然有可能会失败，但如果不去尝试，如何知道能够成功？解决这些问题是一种创造性的活动，需要有冒险的意识。不冒点风险，哪来成功的机会呢？

很多时候，成功的机会是同风险叠合在一起的。要想抓住成功的机会，就得冒一点风险，否则，就会丧失许多可能是人生重大转折的机会，从而使自己的一生平淡无奇、毫无建树。当然，敢于冒风险的人并不一定都能成功，但成功者中，很多是因为他们敢于冒风险。

达尔文的父亲一直希望儿子能成为一名牧师，可是，由于不断地冒

险，达尔文给自己创造了进军生物领域的机会。为了实现理想，他自学了西班牙语，并且跟着一支地质考察队做了野外考察，这在当时已经被人们看成是冒险行为了。为了检验一下自己的胆量和独立工作的能力，达尔文还独自穿越了荒无人烟的斯诺登山区。在经过多次冒险后，他终于获得了一次环球旅行考察的好机会。

航行开始后，达尔文便迫不及待地投入了工作。他在船尾设置了一张大网，用来考察水生生物。他把捕捉到的动物逐个鉴定，然后登记造册，有的还做了解剖，画了解剖图。轮船每到一地，达尔文就登陆考察，地质结构、风土人情、生物种类等情况在达尔文厚厚的笔记本上都有详细记录。

1832 年，达尔文终于登上了令他神往已久的南美土地。在这块热带土地上，他考察了整整 3 年，得到了许多书本上没有的知识和标本。他明白了为什么鸵鸟都是集体下蛋，而不是各下各的；他看到了火山喷发和已经灭绝的动物遗骨；他登上了南美最南端的火地岛，看到了生活在那里的原始人……

离家 5 年以后，达尔文终于回到了阔别已久的故乡，带回了几百万字的考察笔记和数不清的生物标本。

达尔文绕地球一周，走过了许多人没有走过的地方，吃了别人没有吃过的苦。但艰难坎坷并没有使达尔文退却，他仍然一如既往地走自己的路，尽管这条路上随时都有可能遇到困难、阻挡，甚至会有死神的威胁。在远航考察的过程中，船上先后有 3 个人染上热病死了，但达尔文没有被吓倒，他思考的不是自己的生命问题，而是如何才能考察到更罕见、更奇特的生物。

用了整整 5 年的时间，达尔文的冒险换来了成功的喜悦——《物种起源》一书终于诞生。无疑，这是一条艰难的成功之路，它需要勇气，需要“敢为天下先”的精神。

其实，人人都是天生的冒险家。科学研究表明，人类从出生到 5 岁之间，即生命开始的前 5 年，是冒险最多的阶段，学习的能力远比往后数十年更强、更快。试想，一个不到5岁的幼儿，整天置身于从未经历过的环境中，要不断地自我尝试，学习如何站立、走路、说话、吃饭，等等。这个阶段的幼儿，无视跌倒、受伤，视一切冒险皆为理所当然，也正是因为如此，幼儿才能逐渐茁壮成长。反而是当一个人年纪越大，经历过越多事情之后，就会变得越来越胆小，越来越不敢尝试冒险。这是为什么？

理由很简单。因为，大多数人根据以往的经验，知道怎么做是安全的，怎么做是危险的。如果贸然从事不熟悉的事，很可能会对自己产生莫大的威胁。所以，年纪越大的人通常越害怕改变，喜欢安于现状，因为这样才能让他们感觉舒服。

行为学家把这种心理称为“稳定的恐惧”，意思是说，因为害怕失败，所以恐惧冒险，结果“观望”了一辈子，始终得不到自己想要的东西，殊不知，凡是值得做的事多少都带有风险。

丹麦的一个著名哲学家说过:“冒险就要担忧发愁，但是，不冒险就会失落自己。”

这话颇为有理。在冒险的经历中，你或许会发现，风险常常是与机遇之神结伴同行的，也就是说，我们必须要有一种冒险精神，才能够抓住成功的机遇。如果没有冒险精神，即使机遇出现了，你也抓不住它。

很多人害怕冒险，他们对冒险有种天然的恐惧感，这不是没有原因的。冒险意味着没有保障，同时还会有相当大的风险。可是冒险的高额回报又有很大的吸引力。面对冒险，很多人心中充满了矛盾。他们后来虽然迫不得已走上了冒险之路，心里也难免患得患失。矛盾其实没有必要，我们只有勇敢并抱着担当风险的决心，才能创造出奇迹。

喜剧表演家卓别林在他的自传中写道:“要记住，历史上所有伟大的成就，都是由于战胜了看来是不可能的事情而取得的。”21世纪是一个充满机遇和挑战的社会，是一个需要人们不断开拓创新的社会，也是一个要想成功必须冒险的社会。只有敢于探索、敢于尝试的人，才能享受真正的激情人生。

解决问题是对责任的考验

公司聘请你来，是让你来解决问题的，你的工作就是要解决问题。在公司眼里，你解决问题的能力就是你的职场竞争力。遗憾的是，很多人不明白这个道理。他们把问题留给了公司，也错失了从问题中成长的机会。

公司雇佣员工的目的，就是解决工作中的各种问题。公司有公司自己的问题需要解决，而员工也应该认识到，解决自己工作的问题是自己的工作职责。工作中遇到问题时，要明白这是自己分内的事。能够解决问题，就有更多发挥潜能的机会，同时也能建立起自己的职场信誉和形象。

解决问题是自己的职责，把问题留给上司就意味着工作不力。我们要把问题看做是自己的机会和发展空间，努力地借助问题来体现自己的价值，发掘出自己的潜能。很多员工有这样一种错误认识：上司应该比我更积极，我只不过是打工的。因此，解决问题是上司的事，员工要做的只是执行命令。

其实，在工作中，不论级别与岗位，所有人都免不了会遇上许多问题、挑战与压力，而解决这些问题、化解这些麻烦，也正是公司聘用员工的目的所在。因此，在自己的工作岗位上，一定要知道如何及时处理问题、正确地解决问题，不能把问题都留给上司。

管理学家史蒂芬·布朗说过:“领导并不是问题的解决者，而是问题的给予者。”事实上，你和上司的关系就是：你去工作，而不是由你去安排上司的工作。在完成任务的过程中，你应该随时地提醒自己：解决工作上的问题是我分内的职责！

如果你在工作中遇到问题，却不正视它、不设法解决它，那它就会给你带来更大的压力。与其用心思琢磨怎么逃避问题，不如把这种心机和才智运用到寻找解决问题的办法上。

不仅如此，躲避问题的做法势必会影响你的同事与上司。因此，你要做的就是积极主动地发现问题、解决问题，而不是等上司来督促了才做。这个过程，能帮你提升自己的思维技巧，了解工作细节，吸收行业日新月异的知识，锻炼自己做决策的勇气，提高自己的能力和信心。渐渐地，你会发现，工作上的问题很容易在你自己这里解决掉。

优秀的员工都是解决问题的专家。他们每天在工作中呈现出来的是胸有成竹、自信十足的风范，他们面对不可预期的困难总是从容不迫、干劲十足。他们从来都不抱怨遇到的困难，他们总能想出解决问题的方法。这样的人是一个公司向前发展的动力，上司就像信任自己一样信任他们，将他们委派到最重要的岗位上。

著名的出版家、作家阿尔伯特·哈伯德曾经说过:“每个雇主总是在不断地寻找能够助自己一臂之力的人，同时也在抛弃那些不起作用、不能适应公司文化的人——那些到哪个岗位都无法发挥作用的人，迟早都会被淘汰。”

当工作中遇到问题时，不要逃避，也不要犹豫不决，更不要依赖他人，而要敢于面对和迎接，敢于作出自己的判断。对于自己能够判断，而又是本职范围内的事情，要大胆地拿主意，让问题在自己那儿解决。解决了问题，你才能迎向新的契机。而当周围的人们都喜欢找你解决问题时，你无形中就建立起了善于解决问题的好名声，就取得了胜人一筹的竞争优势，上司必然就会知道你是个良才。这样，你才能受到上司的青睐和提拔。

问题总是与我们“朝夕相处，相依为伴”。然而，悲观者只看见机会后面的问题，乐观者却看见问题后面的机会。谁解决问题的能力更强，谁就是职场最需要的人。只要努力，成功对谁都是平等的。只要能迅速娴熟地解决各种问题，抓住各种机会，我们的人生就会取得最后的成功。

摆脱对成长的恐惧

人类中普遍存在某种“约拿情结”，即：不是追求高级需求，追求卓越，追求崇高的自我实现，而是相反，逃避高级需求，逃避崇高的人类品行。人们视天真纯情为幼稚可笑，视诚实为轻信，视坦率为无知，视慷慨为缺乏判断力，视热情为懦弱，视同情心为廉价和盲目。为了表现“男子”气概，英语中的Cool（冷）也因此而成了显示“有派”和“时尚”的赞美之词。在长期历史中曾显示出人类美好的、和谐的、崇高的、情感的东西竟成了当代人们不自觉的情感禁忌，无怪乎有人称人类的当代为精神病、神经症大发作的时代。

约拿情结的问题还在于，自己怕出名，如果别人出了名，他又会嫉妒，心里巴不得别人倒霉。这种情结阻碍生命成长和自我实现，马斯洛给它取名为“约拿情结”。

我们大多数人内心都深藏着“约拿情结”。心理学家们分析，这是因为在我们小时候，由于自身条件的限制和不成熟，心中容易产生“我不行”、“我办不到”等消极的念头，如果周围环境没有提供足够的安全感和机会供自己成长的话，这些念头会一直伴随着我们。尤其是当成功机会降临的时候，这些心理表现得尤为明显。因为要抓住成功的机会，就意味着要付出相当的努力，面对许多无法预料的变化，并承担可能导致失败的风险。

“约拿情结”是一种普遍的心理现象。我们想取得成功，但面临成功，总是伴随着一种心理迷茫。我们既自信，同时又自卑，我们既对杰出人物感到敬仰，又总是有一种敌意。我们敬佩最终取得成功的人，而对成功者，又有一种不安、焦虑、慌乱和嫉妒。我们既害怕自己最低的可能性，又害怕自己最高的可能性。

约拿是《圣经》里面的一个人物。他本身是一个虔诚的基督徒，并且一直渴望能够得到神的差遣。神终于给了他一个光荣的任务，去宣布赦免一座本来要被神毁灭的城市——尼尼微城。约拿却抗拒这个任务，他逃跑了，不断躲避着他信仰的神。神到处寻找他，唤醒他、惩戒他，甚至让一条大鱼吞了他。最后，他几经反复和犹豫，终于悔改，完成了他的使命——宣布尼尼微城的人获得赦免。马斯洛用“约拿”指代那些渴望成长又因为某些内在阻碍而害怕成长的人。

“约拿情结”是一种看似十分矛盾的现象。人害怕自己最低的可能性，这可以理解，因为人人都不愿意正视自己低能的一面。但是，人们还会害怕自己最高的可能性，这很难理解。但这的确是存在的事实：人们渴望成功，又害怕成功，尤其害怕争取成功的路上要遇到的失败，害怕成功到来的瞬间所带来的心理冲击，害怕取得成功所要付出的极其艰苦的劳动，也害怕成功所带来的种种社会压力……

简单地说，“约拿情结”就是对成长的恐惧。它来源于心理动力学理论上的一个假设:“人不仅害怕失败，也害怕成功。”它反映了一种“对自身伟大之处的恐惧”，是一种情绪状态，并导致我们不敢去做自己能做得很好的事，甚至不愿发掘自己的潜力。在日常生活中，“约拿情结”可能表现为缺乏上进心，或称“伪愚”。

马斯洛在给他的研究生上课的时候，曾向他们提出过如下的问题:“你们班上谁希望写出美国最伟大的小说？”“谁渴望成为一位圣人？”“谁将成为伟大的领导者？”等等。根据马斯洛的观察和记录，他的学生们在这种情况下，大家通常的反应都是咯咯地笑，红着脸，不安地蠕动。马斯洛又问:“你们正在悄悄计划写一本伟大的心理学著作吗？”他们通常也都红着脸、结结巴巴地搪塞过去。马斯洛还问:“你难道不打算成为心理学家吗？”有人小声地回答说:“当然想啦。”马斯洛说:“那么，你是想成为一位沉默寡言、谨小慎微的心理学家吗？那有什么好处？那并不是一条通向自我实现的理想途径。”

“约拿情结”是我们平衡自己内心心理压力的一种表现。我们每个人其实都有成功的机会，但是在面临机会的时候，只有少数人敢于打破内心的平衡。只有认识并摆脱自己的“约拿情结”，勇于承担责任和压力，才能最终抓住并获得成功的机会。这也就是为什么总是只有少数人成功，而大多数人却平庸一世的重要原因。克服“约拿情结”是一个非常复杂的心理问题、文化问题、社会问题，但毋庸置疑，我们可以做的首先就是不再浑浑噩噩，清楚了解自己的心理状况，勇敢面对冲突和矛盾，让自己不断走向新生。

优秀的人重视找方法

问题总是不断产生的，但我们不应该恐惧问题。从优秀的人身上，我们会发现，他们不恐惧问题，优秀的人是最重视找方法的人。他们相信只要有问题都会有方法解决，而且总会有更好的方法。

作为华人首富，李嘉诚的名字可谓家喻户晓。他之所以能成为首富，并非没有规律可循：从打工的时候起，他就是一个通过找方法解决问题的高手。

李嘉诚的父亲是位老师，他非常希望李嘉诚能够考个好大学。然而，父亲的突然去世，使得这个梦想破灭了：家庭的重担全部落到了才十多岁的李嘉诚身上，他不得不靠打工来维持整个家庭的生存。

他先是在茶楼做跑堂的伙计，后来应聘到一家企业当推销员。干推销员首先要能跑路，这一点难不倒他，以前在茶楼成天跑前跑后，早就练就了一副好脚板，可最重要的，还是怎样千方百计把产品推销出去。

有一次，李嘉诚去推销一种塑料洒水器，连走了好几家都无人问津。一上午过去了，一点收获都没有，如果下午还是毫无进展，回去将无法向老板交代。尽管推销得不顺利，他还是不停地给自己打气，精神抖擞地走进了另一栋办公楼。他看到楼道上的灰尘很多，突然灵机一动，没有直接去推销产品，而是去洗手间，往洒水器里装了一些水，将水洒在楼道里。十分神奇，经他这样一洒，原来很脏的楼道，一下变得干净起来。这一来，立即引起了主管办公楼的有关人士的兴趣，一下午，他就卖掉了十多台洒水器。

李嘉诚这次推销为什么成功了呢？原因在于把握了一个推销的诀窍：要让客户动心，就必须掌握他们如何受到影响的规律："听别人说好，不如看到怎样好；看到怎样好，不如使用起来好。"老讲自己的产品好，哪能比得上亲自示范、让大家看到使用后的效果呢？

在做推销员的整个过程中，李嘉诚都注意重视分析和总结。在干了一段时期的推销员之后，公司的老板发现：李嘉诚跑的地方比别的推销员都多，成交的也最多。

他是如何做到这点的呢？原来，他将香港分成几片，对各片的人员结构进行分析，了解哪一片的潜在客户最多，有的放矢地去跑，重点攻击，这样一来，他获得的收益自然要比别人多。

纵观李嘉诚的奋斗历史，其实就是一个遇到问题寻找方法改变命运的过程：把问题当成机会，问题就不是困难而成了奋斗的动力；把问题变成机会，问题就不是挫折，反而架起了成功的阶梯。

在一个公司里，上至高层领导，下至基层员工，不论他的工作是简单是复杂，不管他的职位是高还是低，问题总是避免不了的。这个世界上不存在一份没有问题的工作，或者说，只要有人的地方，就永远有问题存在。

遇到问题不可能因为我们的回避而自动消失；问题得不到解决，我们的发展就会受到一定程度的阻碍。所以，当我们遇到问题时，我们要做的不是抱怨、不是逃避，而是去面对、去学习、去钻研，找到解决问题的方法，使问题迎刃而解。

最优秀的人，往往是最重视找方法的人。他们相信凡事都会有方法解决，而且总是会有更好的方法。只有不断解决问题，不断找到更多、更好地解决问题的方法，才能不断进步，解决的问题越多，进步才能越快。

有问题绝不上交

当你把问题推给上司的时候，你不仅干扰了他的工作，同样也影响了你的工作能力。至少，你失去了培养自己解决问题的能力和与别人交往的机会。而这两点恰恰是卓有成效的工作所必须具备的。而且，你还会给你的上司留下一个不好的印象：你没有能力应付工作中的变化。虽然这与你的工作并无直接联系，但再也没有别的事情比这种不好的印象对以后的工作产生更为不利的影响了。

权限之争是经常发生而且让下属特别头疼的问题。当双方在他们自己的权力范围之内发生冲突时，这种局面尤其棘手麻烦。因为，如果站在自己上司的一方，那么就会引起另一方反感疏远，如果他采取中立立场调解以使双方达成妥协，他也许就会被上司认为关键时刻没有帮自己。所以，你要尽量避免你的上司涉及此类事情，当双方陷入权限之争时，尤其要这样做。如果有人在你权力范围内插手或拒绝你所需要的合作，那么，把问题摆到上司面前以前，你自己先要尽力去解决这个问题。

在大多数下属眼里，上司拥有的权威往往被夸大了。其实，上司的权威是很有限的，并且，几乎上司每使用一次权威，在某种意义上说，这种权威也就消失了。你也许并没有想到，当你请求上司让人事部门或生产部门澄清一件小事的时候，你的要求其实已经过分了。

你想一下，假如他为了其他事务正在要求人事部门或生产部门提供合作或帮助，为了满足你的需求，上司往往不得不软化他的立场，把他认为更重要的需要人事部门或生产部门合作的事情搁置起来。一个人能要求别人做的事毕竟有限。即使此刻没什么事情需要这两个部门的配合，他也知道，今天满足了你，那么明天要满足其他人提出的与此类似的要求就会变得更加困难。

当然，有些问题是应该由上司来处理的。事实上，如果这些问题不让他来处理的话，他会很恼火。因为，这些涉及权力或会产生纠葛的事情是与你不相干的。当然，也有些问题在你的职责范围之内，而你又非常希望得到他的帮助，当你真的要向上司提出这种问题时，你最好向他征求建议，而不要恳求解决方法。与其说："某某公司不愿付最后一笔贷款"，然后等他说应该怎么办还不如说："我没有办法让某某公司支付最后一笔贷款。如果你有什么建议的话，我将十分感谢。"这种方法能使上司做出积极的反应，因为你不是要他承担责任，只是想获得他的知识和专长罢了。但是，这种方法也有其局限性，因为，如果你连续不断地向上司征求建议，他很快会感到厌倦，而且很可能他对你也会感到不耐烦。所以，如果问题确实是你自己的，那么最好的办法是将它留给你自己，并且自己去解决它。

上司的主要职责是"管"而不是"干"，所以，不要什么问题都推给上司，如果什么问题都找他，还要我们干什么。如果你不将问题推给上司，这不仅对你有好处，而且对上司也有好处。有时你这样做也许只是为了给上司留下一个你处境困难的印象，即使如此，你也应该尽量抑制这种想法。因为上司认为他们自己的问题已经够多了，所以他们不会像你所希望的那样对你的困难表示同情。

冷静才会想出好办法

为什么说始终保持冷静是如此宝贵？因为在许多情况下，人们在压力之下的反常表现是导致事态更加严重的原因所在，特别是当他们无法让自己的大脑保持清醒时，影响更甚。这样做，通常还会引发类似某人突然在电影院大喊"着火了"，人们急涌到安全出口的灾难性事故。

保持冷静是与人交往所必需的素质。换句话表述就是，它是你的老板与同事最需要你拥有的一种能力。

举例而言，你们正在为次日的报告会做准备，这时你发现团队中的某位同事在准备自己的那部分报告时犯了严重的错误，对此你并没有暴跳如雷或手忙脚乱，而是清楚地意识到发脾气于事无补，大不了自己再干个通宵，肯定能将报告做好，因此你十分冷静地推动着整个准备工作继续向前。而坐在你邻座的那位仁兄像个小傻瓜，手忙脚乱地正在那乱搞一气，越搞越糟，令本来压力重重的状况更加恶化。试想，你觉得上述哪种工作表现会接到解雇通知书呢？

有些人天生心静如水，而其他人可以通过学习来让自己看上去平心静气，不管怎么讲，这对我们非常重要。那么，你能否在心乱如麻、焦躁不安时还能表现得心静如水呢？如果你希望自己在所有人抓狂的局面面前依旧表现出“众人皆醉，唯我独醒”般的冷静、内敛，你可以尝试如下方法：

1. 查明压力来自于哪里

是因为你所在的团队刚刚失去一位大客户？是因为有人把一件重要的事搞砸了？是因为那个你刚听到的，关于对你所在部门将被重组的传闻？随后，就已发生的事情或将要发生的事情，自己能掌控多少主动权要有个判断。99%的情况下，你会认为自己无法对此类事件所导致的结果进行快速掌控。如果是这样的话，那么就花些时间采取措施，让自己离这些压力的源头远一些吧。

2. 创建一个响应机制

当压力正近乎疯狂地与你零距离接触时，重拾自己平静的习惯是上上之策，它能助你控制举止，保持风度。首先，呼吸，让空气缓慢地通过鼻孔，然后再缓慢地从嘴里呼出。不断重复直到呼吸能控制住你的情绪。这样做，能帮助你摆脱那些接踵而来的危机。你还可以走出办公室，到外面散散步，让自己有时间理清一下思绪。

现在，你可以思考一下应对眼前压力的解决之道了。老板也会为你没有给眼前的混乱局面火上浇油而感激不已。如果你能够为眼前的危机提供解决之道——你知道，就像那个也置身于发生灾难的电影院中，以其冷静沉稳，把大家引领到安全地带的人——你的老板也会因为你挽救了他的工作而奖励你。

对你和其他人而言，保持冷静的部分作用就在于，在大家正为那些危机期间的谣传或误报消息慌乱不安时，它能拨云见日，让大家知道真相。提醒一句，即使你对如何解决问题插不上手，帮不上忙，也别发表那些令人难忘的煽风点火之语，而令问题更加恶化。

用心聆听晚间新闻主持人的声音，他们是为自己工作而不是为新闻本身，因此他们始终都能保持平静优雅的举止，让自己说话的声调始终都是低沉且平稳的，那么周围的人也会照着这样做。同时，让自己始终将精力集中在解决问题上，这样做也能起到安定人心的作用。

最后，让自己试着保持冷静。如果你正处于极度焦虑、神经紧张、没有任何把握或彻底崩溃的状态时，千万别显现出来。你无法改变自己，但能改变自己的行为和看问题的心态。像鸭子那样，只展现水面上的静若处子，而不让人看到水下那对疯狂划水的脚蹼。

第二章

用心思考，感悟成长

想办法是有办法的前提。如果让脑袋放假，即使天才遇到问题时也会一筹莫展。人的智力提高是一个逐步的过程。只要你能够战胜对艰难的畏惧，并下决心去努力，你就能越来越多地找到解决问题的方法。

第一节 发现是一种能力，发现问题比解决问题更重要

一个优秀的员工最重要的工作就是要充分发挥自己的智慧，努力发现工作当中的问题——如果一个员工连问题都发现不了，又何谈解决问题呢？事实证明，只有发现了问题之后才有可能正确地分析问题、解决问题，使自己在工作中有更大的发展。

勤于思考，不断提出问题

在人们的常识里，科学家、管理学家、企业家都应该是无所不知的人，他们应该知道一切问题的答案。但是，别忘了那句至理名言："我比别人知道得多，不过是我知道自己无知。"

很多已经提不出任何问题的人，往往是脑子装满了无知的人，因为他们的大脑已经被旧知识装满了，新知识已经填不进去了，脑子就自然变成了一潭死水，停滞不前。其实，很多时候，真正的突破都是在很多人认为普遍正确的地方。

当一个苹果从树上掉下来，砸到牛顿头上的时候，牛顿就问了一个

很傻的问题:“苹果为什么总是向下，落到地球上呢?苹果为什么不向上，落到月亮上去呢?为什么苹果往地球上落，而月亮不往地球上落呢?”正是由于牛顿持续不断地追问这一系列傻瓜至极的问题，才促使他发现了万有引力定律。

一个小时候被认为是弱智的孩子，一个高中都没有毕业的人，也像傻瓜一样，异想天开，问了一个很可怜的傻问题:“如果我坐上一架宇宙飞船，像光速一样快，时间会不会停下来呢?我会不会长生不老呢?”问这个傻问题的人，最终发现了让世界震惊的相对论，他就是爱因斯坦。

我们禁不住要质疑了，“天才”是什么?

真的是天上掉下来的、问题不断的“蠢材”吗?小孩子总是有一大堆、一连串的“为什么”，成人们都给出了一堆堆、一串串看似正确的“答案和理由”，可以说是“总有理”，很多人更可以获得“理由亿万富翁”的桂冠。可能，恰恰就是那些表面“答案”，扼杀了那些孩子探索的“好奇心”，把那些天生的“天才”变成了人造的“蠢材”。

很多见过李嘉诚先生的人，都会觉得李嘉诚就如一个老顽童一样“天真”，充满了“好奇心”，每天早上，他的办公桌上都会有一份全球新闻列表，让他及时了解世界经济、政治、民生、行业的最新动态;每天晚上，他都会坚持读书，涉猎哲学、宗教、经济、政治等各个领域，每隔一段时间，就更换一个新主题。或许，李嘉诚是世界上所剩不多，还对一切充满好奇心，满脑子傻问题的“天才”吧!

李嘉诚就是这样一个打破砂锅问到底的人，他说过:“决定大事的时候，我就算100%的清楚，也一样要召集一些人，汇合各人的资讯一齐研究。这样，当我得到他们的意见后，看错的机会就微乎其微。”李嘉诚召开会议的时候，会提前通知参会人员，让其提前做“功课”，开会时，他会习惯性地告诉参会者:“当你提出困难时，请你提出解决方法，然后告诉我哪一个解决方法是最好的?”

有一位小学毕业的营销总监，他没有傲人的学历，却有傲人的业绩，他开疆辟土的法宝，只有一个，那就是打破砂锅问到底。无论是企业内部员工，还是企业外部的客户，他见人就问，不是故作聪明地问，而是像傻子一样，追问很多看似“真理”的基本常识问题;在很多人的眼里，他恰似一个怀疑症患者，有些不正常，不是脑子进水了，就是脑子短路了。但是，实践是检验真理的唯一标准，业绩才是证明自己能力的唯一标准，他最傲人的业绩是在深圳一地，就实现了一亿元的销售额。

高绩效的员工从不回避问题，从不惧怕困难。他们总是积极思考，善于透过现象看本质，从而找出有效解决问题的办法。多问问题可以让人思路清晰，激发创意，指引做事的新境界与新方向，同时还能够激励组织与个人快速成长。

发现问题才能解决问题

发现问题是解决问题的前提。一个优秀的员工最重要的工作就是要充分发挥自己的智慧，去努力发现工作当中的问题——如果一个员工连问题都发现不了，又何谈解决问题呢？事实证明，只有发现了问题之后才有可能正确地分析问题，进而解决问题。善于发现问题是在工作中解决问题的重要环节。

尽管并不是所有的工作对于我们来讲都非常困难，但是只要我们用心，就一定能够找到更为简单有效的方法。而且最直接最有效的方法就是要求我们首先要能够正确地找出工作当中所存在的问题——人们只有在遇到问题的时候才能够发挥自己的聪明智慧，去细致地分析现实状况，去努力改进工作中的不足。许多企业的管理层都认为，发现问题甚至比解决问题更重要。

有一次，美国福特汽车公司有一台巨型发电机出现故障，不能正常工作。公司内部的很多资深技术员看了很久都没能排除故障。他们只好邀请了德国最著名的技术专家来解决这一难题。这位专家来到福特公司后，整整两个昼夜都坐在机器的旁边观察，并且仔细地检查机器的各种零部件，有时还会听听机器某个部位的声音。最终他只在机器的最上面画了一条白线，然后告诉修理工人，把机器顶上的盖子打开，画线地方的线圈应该要绕 20 圈，而现在仅仅绕了 19 圈。于是，人们照办了，机器又重新运转了起来。虽然机器的问题很简单，但是这位德国专家却索要 1 万美元的报酬。当时大部分技术人员都认为这个价格太昂贵了，因为这个机器并没有出多大的毛病，而且问题非常简单，处理起来也很容易。

可是福特的老总却不这样认为，他说，正是这位德国专家发现了问题，所以才有可能排除机器故障，公司也才能正常工作，不然很多事情都会被搁置起来，损失会更大。

当福特的老总把德国专家送走后，他又做出了一个惊人的决定：开除负责这个机器的两名技术员中的一名，因为是他的粗心大意——仅仅少绕了一圈线，而使得公司损失了 1 万美金和半个月的宝贵时间。当时这个技术员非常不服气，并且找到福特的老总辩解道："机器的线圈并不是由我亲自完成的，还有一个技术员。他也参加了机器的安装工作，你为什么不辞退他，而仅仅辞退了我。"

福特的老总笑呵呵地回答道："正是他第一个发现了机器的故障，而你，却没有！"

美国钢铁大王卡内基说过：大凡能够为人类事业做出贡献的人，在他们的思想中装着的尽是"问题"。他们的思维是不会清闲的，旧的问题解决完后，新的问题又接踵而至。

一个不善于发现问题的人，思维将是迟钝的，工作起来也不会灵活处事。而在问题面前睁一只眼闭一只眼，明哲保身，但求无过的人也不会得到企业的重用和青睐。所以，在工作中，要了解自己的工作，并多问几个为什么：我们每天的工作要朝着什么方向发展？我们每天都具体在做什么？工作进行得怎么样？自己工作的进度对于企业有什么影响？要时刻保持清醒的头脑和活跃的思维，让问题能够及时发现与解决。

糊弄工作就是糊弄自己

许多员工经常会说:“我已经做了,是别人没有做好。”但你想想,公司给了你职位和相应的报酬,就是让你把工作做到位。如果不能让工作有一个好的结果,那你的价值又在哪里?

那些经常出差或旅行喜欢带着旅行杯的人都有一个感触:旅行杯的盖子一定要拧到位,否则水就会漏出来,弄湿衣物。盖子拧不到位,等于没盖盖子。工作也是同样道理。如果一项工作做得不到位,就很难收到预期的效果,甚至等于没做工作!

现代职场中,很多企业的员工凡事都得过且过,工作总是不到位,在他们的工作中经常会出现这样的现象:

——5%的人不是在工作,而是在制造矛盾,无事生非=破坏性地做;

——10%的人正在等待做什么=不想做;

——15%的人正在为增加库存而工作=“蛮做”、“盲做”、“胡做”;

——10%的人没有对公司做出贡献=在做,但是负效劳动;

——20%的人正在按照低效的标准或方法工作=想做,但不会正确有效地做;

——只有40%的人属于正常范围,但绩效仍然不高=做不好,工作不到位。

你糊弄工作,就等于糊弄你自己。工作最怕不到位,到位才会有好位。

任何领导,都害怕下属工作做不到位,做事做不到位,不仅没把事情办好,还让问题更糟糕,因为领导也要负责任甚至负最大的责任。任何领导都喜欢那些做事做到位的员工,都重视那些胜任工作的员工,于是每当有好职位空缺了,往往首先提拔这些员工。

作为一个演说家,霍金斯发现自己成功的最重要一点就是让顾客及时见到本人和他的演讲材料。这件事如此重要，于是霍金斯在公司里专门安排了一个人来负责把他的材料及时送到顾客那里。

然而，一件事让霍金斯记忆犹新。那是一次他担任主讲人的演讲，他给办公室里负责材料的秘书打电话，问演讲的材料是否已经送到客户那里。秘书回答说："没问题，我已经在好几天前就把东西送出去了。""他们收到了吗?"霍金斯追问。"应该收到了，我是让联邦快递送的，他们保证两天后到达。"从秘书的话里霍金斯感觉她是负责任的，应该不会出问题。

遗憾的是，结果并非如此。客户虽然拿到了材料，但也许是每天收到的材料太多了，以致没有意识到这是演讲必不可少的材料，而是把它们放到一边，等用的时候却找不到了。

那次演讲的效果可想而知，其实，如果当时这个秘书再负责一些，只要随后再跟踪一下此事，与客户确认一下，就不会发生这样的事了。后来，霍金斯又安排了一次到上次的客户那里演讲。

当他问现在的秘书:"我的材料寄到了吗?"

"到了，客户3天前就拿到了，"秘书说，"只是我给她打电话时，她告诉我听众有可能会比原来预计的多300人，不过您别着急，我把多出来的也准备好了。事实上，我以前跟客户联系时，她就对具体会多出多少没有清楚的预计，因为还有些人临时入场，这样我怕300份不够，保险起见寄了500份。还有，她问我您是否在演讲前让听众拿到资料。我告诉她您通常都是这样的，但这次是一个新的演讲，所以我也不能确定。她决定在演讲前提前发放资料，除非我在演讲之前明确告诉她不要这样做。我有她的电话，如果您还有别的要求，今天晚上我可以通知她。"秘书的一番话，让霍金斯彻底放心了。

这位新的秘书明白工作必须做到位，她都让问题止于自己，所以没有像以前的秘书那样把事情推给别人。所有的老板和公司都渴望能找到像这位新秘书一样的员工来工作，因为把工作交给他们，老板根本不用担心工作会出现差错。

把工作做到位是每个员工最起码的工作标准，任何一家公司都需要把工作做到位的员工。各行各业，无不在呼唤能自主做好手中工作的员工。齐格勒说:“如果你能够尽到自己的本分，尽力完成自己应该做的事情，那么总有一天，你能随心所欲从事自己想要做的事情。”反之，如果你凡事得过且过，从不努力把自己的工作做到位，那么你永远也无法达到成功的顶峰。

不用心迟早会出大问题

你是做解决问题的员工，还是做一个问题员工？你是否考虑过工作中的问题为什么随处可见？问题员工为什么比比皆是？其实，只要多想一点点，多做一点点，多把心思放在工作上一点点，就不会有这么多问题存在了。有时，就是因为我们缺少一点点用心，结果就会很糟甚至带来灾难。

贝内特是一位火车后厢的刹车员，由于他聪明、和善，常常面带微笑而受到乘客们的欢迎。

一个冬天的晚上，一场暴风雪不期而至，火车晚点了。贝内特不停地抱怨着，因为这场暴风雪不得不使他在寒冷的夜里加班。就在他考虑怎样才能逃掉夜间的加班时，另一个车厢里的列车长和工程师对这场暴风雪警惕起来。

这时，两个车站间有一列火车发动机的汽缸盖被风吹掉了，不得不临时停车，而另外一辆快速车又不得不拐道，几分钟后要从这一条铁轨上驶来。列车长跑过来命令他拿着红灯到后面去。贝内特心里想，后车厢还有一名工程师和助理刹车员在守着，便笑着对列车长说:“不用那么急，后面有人在守着，等我拿上外套就去。”列车长非常严肃地说:“一分钟也不能等，那列火车马上就要来了。”

“好的!”贝内特微笑着说，列车长听完他的答复后又匆匆忙忙向前面的发动机房跑去了。

但是，贝内特没有立即就走，他认为后车厢有一位工程师和一名助理刹车员在那替他扛着这件工作，自己又何必冒着危险和严寒，那么快跑到后车厢去。他停下来喝了几口酒，驱了驱身上的寒气，这才吹着口哨，慢悠悠地向后车厢走去。

贝内特刚走到离后车厢十来米的地方，才发现工程师和那位助理刹车员根本不在里面，他们已经被列车长调到前面的车厢去处理另一个问题了。他加快速度向前跑去，但是，一切都晚了。那辆列车的车头已经撞到了自己所在的这列火车上，受伤乘客的嘶喊声与蒸汽泄漏的嗞嗞声混杂在了一起。

后来，当人们去找贝内特时，他已经消失了。第二天，人们在一个谷仓里发现了他。此时，他已经疯了，歇斯底里地叫："都是我的错……"

我们是到了反省自己工作的时候了，我们是到了自我纠正调整的时候了。遗憾的是，很多人在工作中出现问题时，总是认为社会有问题，同事有问题，单位领导有问题……把工作中出现的问题归咎于他人及其他外在因素。

一场众人期待的音乐剧演砸了，剧院经理特别生气，为了弄清楚究竟哪些方面出现了问题，他把剧组的工作人员全部都叫来。经理首先问导演："说说你的看法。"

导演说了一大堆理由：编剧设计的台词过于拗口、服装师迟到 20 分钟、演员的表演欠火候、灯光和美工没能按照要求工作等。

经理听了之后说："作为该剧的导演，我认为问题的根源就是你，因为你根本没有用心去解决问题。"

导演解释说："出现这样的问题根本不关我的事……"

没等他说完，经理又说："那么，从现在开始这里再也没你的事了。"

事情出现问题时，首先考虑的不是自身的原因，而是把问题归咎于别人或者外界，强调如果别人或外界没有问题，自己肯定不会出现问题，用以减轻自己的责任，这是很多人在出现问题时经常抛出来的理由。

"你就是问题的根源"正是这样一种理念：问题是否能够得到解决，取决于你是否能够用心并全力以赴地对待自己遇到的每一个问题。问题看起来都可能出自外在环境。但仔细分析，你就会发现，问题往往都是由于自己不用心造成的。你必须抛掉所有的"如果"，把问题归结到自己的身上来，仔细地反省自己，问问自己是否用心对待每一个问题。对待工作越用心，发生问题的几率就越低。

让用心思考成为一种习惯

善于动脑子分析问题并能妥善解决问题，给企业带来的价值是金钱所不能买到的。因为企业在发展过程中，总会不可避免地遭遇到各种各样的问题。因此，企业迫切需要那种能及时解决问题的员工。

能够及时解决问题的员工，一定是能够用心思考提升工作品质的人。一个用心思考问题、解决问题的聪明人，一定是受所有公司欢迎的人。在遇到问题时勤于思考、多动脑筋、用心工作，会让解决问题的效率大大增加。海尔集团洗衣机本部住宅设施事业部卫浴分厂厂长魏小娥就是一个面对问题，能够用心思考的人。

为了发展海尔整体卫浴设施的生产，1997 年 8 月，海尔集团派魏小娥前往日本，学习掌握世界最先进的整体卫浴生产技术。在学习期间，魏小娥发现，日本人试模期废品率一般都在 30%～60%，设备调试正常后，废品率为 2%。

魏小娥问日本的技术人员："为什么不把合格率提高到 100%？"日本人反问道："100%？你觉得能够做得到吗？"从对话中，魏小娥意识到，不是日本人能力不行，而是思想上的桎梏使他们停滞在 98%。

作为一名海尔员工，魏小娥的标准是 100%，即：要么不干，要干就要做到最好。她拼命地利用每一分一秒的学习时间。3 周后，她带着赶超日本人的信念和先进的技术知识回到了海尔集团。

半年后，日本模具专家宫川先生来中国访问见到了“徒弟”魏小娥，此时，她已是卫浴分厂的厂长。面对着操作熟练的员工、一尘不染的生产现场和100%合格的产品，他大吃一惊，反过来向徒弟请教。

“有几个问题曾使我绞尽脑汁想尽办法，但最终仍没有解决。日本卫浴产品的现场过于脏乱，我们一直想做得更好一些，但难度太大了。你们是怎样做到现场清洁的呢？100%的合格率是我们连想都不敢想的，对我们来说，2%的废品率和5%的不良品率天经地义，你们又是怎样提高产品合格率的呢？”

“用心！”魏小娥简单的回答又让宫川先生大吃一惊。用心，看似简单，其实很不简单。

原来，魏小娥从日本学习归国之后，便开始重点抓卫浴分厂的模具质量工作。不管是工作日还是节假日，魏小娥紧绷的质量之弦从来没有放松过。

有一次在试模的前一天，魏小娥在原料中发现了一根头发，这无疑是操作工在工作中无意间掉进去的。一根头发丝就是废品的定时炸弹，万一混进原料中就会出现废品。魏小娥马上给操作工统一制作了白衣和白帽，而且要求大家统一剪短发。就这样，在魏小娥的努力下，2%的责任得到了100%的落实，2%的可能被一一杜绝。终于，100%这个被日本人认为是“不可能”的产品合格率，魏小娥做到了，无论是在试模期间，还是设备调试正常后。

任何工作，无论它有多么的艰难，只要你全力以赴、用心去做，就一定能化难为易。如果你的工作出现问题，没有按照要求完成。那么，在向老板汇报之前先反问自己：

1. 我应该在这件事情上承担哪些责任？

2. 如果我用心去做，效果会怎样？

优秀的员工一定是习惯于用心思考问题的人。在工作中，要勤于思考，不管看到什么，都要仔细观察，把用心思考变成你的习惯。用心思考，不仅能够让我们及时发现问题，也能够让解决问题的效率大大增加。用心思考，是一个高效员工的必备素质。

第二节 没有解决不了的问题，只有找不到方法的人

一句“没办法”，我们似乎为自己找到了不做的理由。但也正是一句“没办法”，浇灭了很多创造之花，阻碍了我们前进的步伐。是真的没办法吗？还是我们根本没有好好动脑筋想办法？

工作太难不是借口

许多人的工作困境是自己造成的。如果你是一个勤奋、肯干、刻苦的人，就能像蜜蜂一样，采的花越多，酿的蜜也越多，你享受到的甜美也越多。

失败者的借口通常是“我没有机会”。他们将失败的理由归结为不被人垂青，好职位总是让他人捷足先登，殊不知，其失败的真正原因恰恰在于自己不勤奋，不好好把握得之不易的机会。

一次宴会上，奥里森·马登先生同一位面临着失业危机的中年人聊天，那个中年人一个劲儿地抱怨上司不肯给他更多的机会。

马登先生问他为什么不自己争取，他说，他已经争取过了，但他并不

认为公司给予他的是机会。他气愤地说:“我今年已经52岁了，可他们竟然派我去海外营业部。像我这样的年纪怎么能够经受得起这样的折腾呢?”

马登先生问他:“为什么你会认为这是一种折腾，而不是一种机会。”

他仍旧义愤填膺:“公司里有那么多年轻人，不派他们而让我去，这不是折腾人是什么？再说公司本部有那么多职位，却偏偏要把我调走，我真不知道他们安的什么心。还有，公司所有的人都知道我身体不好……”

“我无法确认他公司里的同事是否都知道他的身体不好，起码我是没有看出来，站在我面前的他红光满面、神情激昂；我想，这位先生并没有得什么病，我更倾向于认同他犯了一种最严重的职业病——推诿病。”马登先生事后对朋友说。

那些意志坚强的人则绝不会找这样的借口，他们不等待机会，也不向亲友们哀求；而是靠自己的勤奋努力去创造机会，因为他们深知，很多困境其实是自己造成的，而唯有自己才能拯救自己。

我们知道，一千个人就会有一千种命运。有的人大富大贵，有的人则只能数着米下锅；有的人活得非常充实幸福，有的人却碌碌无为……

其实，自己才是决定自己命运的最根本因素。所以，不要哀叹自己生不逢时，不要寻找借口说问题太难，须知，很多问题都是自己造成的。你只有突破自己、超越自己，才能掌握自己的命运，突破自己的极限。

准确界定问题，就等于解决一半

古人说:“不为浮云遮望眼，只缘身在最高层。”只有拥有了一种对繁冗事务的透视力、一种一针见血的洞察力，我们才能透过种种的假象，抓住问题的关键，正本清源，从源头上、根本上找到解决问题的办法。

在美国华盛顿的杰斐逊纪念堂前，有一堆造型别致的石头。

但是，没过多久这堆石头就被腐蚀得很厉害了。在很长的一段时间里，这成了纪念堂的清洁维护部门大伤脑筋的问题。他们也曾想到过直接更换掉石头，但这样做不仅需要大量的经费，更重要的是会大大地改变纪念堂的设计原貌。对这个左右为难的问题，许多专家都一筹莫展。

一天，一个年轻的清洁工走进了主管领导的办公室，声称自己已经找到了解决的办法。望着领导投过来的疑惑神情，他异常平静地问道："为什么石头会腐蚀？"

"很显然，当然是因为维护人员过度频繁地清洗石头。"领导答道。

"为什么需要这样频繁的清洗？"

"废话！你没看见那些经常光临的鸽子们留下了太多的粪便！"经理激动地回答。

"那为什么有这么多的鸽子来这里？"清洁工继续问道。

"当然，这里有足够多的蜘蛛可供它们觅食。"

"蜘蛛为什么都往这里跑，而不往其他地方去呢？"

"因为……每天傍晚，这里有许多飞蛾。"领导迟疑地答道。

"很好，"这个清洁工神秘地笑笑："那么，我们有没有想过，为什么这里会有如此众多的飞蛾呢？"

"哦，这个我倒从来没想过，应该是……是黄昏时纪念堂的灯光吧！"

领导豁然开朗，他立即命令推迟纪念堂的开灯时间。没有了灯光，飞蛾就不会光顾；飞蛾少了，蜘蛛也渐渐消失了，鸽子也就很少来了……

一个困扰了人们多年的难题，就这样被轻而易举解决了。

世界上有两种人：一种人是把简单的事情搞复杂，另一种人是把复杂的问题搞简单。第一种人是越做越忙，越忙越乱，最后连自己忙在何处都不得而知了；第二种人则越做越轻松，越做越成功。

两者的区别在于，能否抓住问题的关键，进而一举中的。

对于20几岁的我们来说，生活就是问题叠着问题。面对世事纷扰，我们有没有一种一针见血的洞察力，能不能在第一时间抓住事务的本质，将直接决定我们工作的利钝、事业的成败。

在20世纪初的日本，脚踏车的照明灯有三种：蜡烛灯最流行，但亮度不够，极易灭掉；进口瓦斯灯亮度足，不受外界影响，价格又太贵；电池灯亮度适中，不受外界影响，但有一个致命弱点：电池的寿命只有两三个小时。

经过对三种车灯进行分析，刚刚创业的松下幸之助生产出一种新型的电池灯泡。这种经过精心改良的灯泡，可以连续发光50个小时以上，相当于原来持续时间的25倍多！因为它的外形像炮弹，所以被人们戏称为“炮弹灯”。

望着第一批下线的电池灯，松下欣喜若狂。在全日本还能找到比这更好的电池灯吗？他对这种灯的销售前景信心十足：一定可以卖得很火！

但是，现实却无情地泼了松下一头凉水。

松下一连跑了几家商店，那些店主却并不相信他：“电池灯名声太坏了，以前不知道有多少人上了当，谁还敢再买？你别在这里骗人了！还是到别处去吧！……”

在数周内，松下走遍了大阪所有的商店，竟没有一家愿意进他的货。松下郁闷极了：这么好的产品怎么会卖不出去呢？

一个多月过去了，电池灯依然没有销出去一个，上游的材料商已经开始催款。松下心急如焚——如此下去，要不了几天，工厂就要倒闭了！

一天走在路上，就连小时的伙伴也开始拿他开涮：“松下君，你的炮弹灯什么时候炸响呀？我们已经等不及了！”松下本来就不善言笑，面对这样的诘问，更是难堪至极，无地自容。

松下的几个手下纷纷主张降价促销，把价格压到比改良前的电池灯还低，借此回收一部分资金，以解燃眉之急。但是，松下却坚决反对这样做。因为问题的关键是以前的电池灯厂家已经把市场做坏了，人们根本就不相信自己的产品，跟价格高低并不相干。事实上，自己产品的质量绝对没有问题，人们内心里拒绝的也并不是自己的产品，而是劣质的产品。只有让人们亲自看到产品的质量，才能从根本上打开局面。

于是，松下决定采用以试促销的方法。他在每一家店里都放几个电池灯，点亮其中一个，叮嘱店主一定要让灯一直点下去，看它能坚持多久。如果持续时间太短，可以不付钱。如果能够超过30个小时，那就表明产品的质量过硬。如果顾客要买，你们可以把剩下的卖给他。

这一招果然灵验。不过三天，所有的老板都一片声地叫好："你们的灯还真不错，亮得时间比说明书上说的还要长，这样的灯从来没有见过。这是货款，希望下次再送货过来！"

就这样，炮弹灯一炮炸响。不到一个月，库存的6000个电池灯就销售一空了。此后，电池灯在日本持续热销。这不仅为松下带来了滚滚财源，松下电器也因此在业界声名鹊起。

松下之所以能够在危急时刻扭转乾坤，并不在于他有多高的技巧，而在于他紧紧抓住了客户不了解产品质量这一关键，从而一举实现了事业的腾飞。

爱因斯坦说：将一个问题准确地界定，就等于解决了问题的一半。不管是解决工作中的各种问题，还是发明创造、经营实业或者做更大的事业，准确地界定问题，都是解决问题的前提。

如果不能准确地界定问题，抓不住问题的关键，即使我们再努力打拼、奋力抗争，也可能不得要领、收效甚微。抓不住问题的关键，我们就只能盲目地从一个事务的漩涡进入另一个事务的漩涡，我们所有对事业的追求就只能在较浅的层次上蹒跚而行，永远也不可能进入人生发展的快车道。

不钻"牛角尖"

要想成为一名杰出的成功人士，你就不能"一根筋"，死钻"牛角尖"，而是要勇敢地展开你思想的双翼，向左、向右、向上、向下，不断地飞翔，总有一个绝佳的方法在某个角落等待你去发现。常有一些人顽固不化，不知权变，做事一根筋，容易钻"牛角尖"，不会转变。许多本来可以解决的问题，也会被他看成是无法做到、难以解决的问题。

高效能的成功者从不迷信以往的经验、传统和权威，也从不迷信自己。他们只会用开放的胸怀接纳事物，用多变的思维解决问题！

A 鞋厂的老板派两名销售员到非洲考察新鞋销售的市场潜力，两人回国后先后向老板报告。销售员甲兴味索然地说："非洲人不穿鞋子，因此市场没有开发的价值，我们不必去了。"

销售员乙则兴致勃勃地指出："非洲大多数的人都还没有鞋子，因此这个市场潜力无穷，应赶快进行开发，先抢得商机。"结果销售员乙受到重用，销售员甲不久后被辞退。

为了职业发展与促进生活品质，人人都应充实自己、扩大视野，于日常生活中培养健康、合理与贴切的思考模式，作为行动的指导原则。

换一种思维方式，把问题倒过来思考，不但能使你在做事情时找到峰回路转的契机，也能使你找到生活上的快乐。

有一位老妇人，她有两个女儿。大女儿嫁给一个浆布的人为妻，小女儿嫁给了一个修伞的人，两家过得都不错。看着两个女儿丰衣足食的生活，老妇人原本应该高兴才对，可是她却每日都很痛苦，因为每当天气晴朗的时候，老妇人就为小女儿家的生意担忧：晴天有谁会去她那里修理雨伞呢？而到了阴天的时候，她又开始为大女儿担心了，天气阴湿或者下雨，就不会有人去她那里浆布啊？就这样，无论是刮风下雨天，还是晴朗的天气，她都在发愁，人眼见着瘦了下去。

一天，村里来了个智者，当他听老妇人讲完自己的想法时，微笑着对老妇人说："你为什么不倒过来看？晴天时，你的大女儿家浆布生意一定好；而下雨的时候，小女儿家修伞的生意就会好。这样，无论是什么样的天气，你都有一个女儿在赚钱啊！"老妇人听完之后，心情顿时豁然开朗起来。

生活中，有一些人常常陷入某种权威的思维定势之中，自设陷阱，自设障碍，死钻"牛角尖"，迷迷糊糊地转不过弯来，最终浪费了自己的聪明才智，使得很多本可以办成的事情没有办成，可以完成的工作没有按时完成。

一个灵活的头脑任何时候都不会吃亏。只要你善于思考，懂得创新，敢于打破规则，就一定能突破一切瓶颈，从而走向成功。

“此路不通”就换条路

现在开车的人越来越多了，当你驾车驶在路上，眼看就要到达目的地了，这时车前突然出现一块警示牌，上书4个大字：“此路不通！”这时你会怎么办？有人选择仍走这条路过去，大有不撞南墙不回头之势。结果可想而知，已言明“此路不通”，那个人只能在碰了钉子后灰溜溜地调转车头返回。这种人在工作中常常因“一根筋”思想而多次碰壁，空耗了时间和精力，却无法将工作效率提高一丁点，结果做了许多无用功。

有人选择停车观望，不再向前走，因为“此路不通”，却也不调头，或者是认为自己已经走了这么远，再回头心有不甘且尚存侥幸心理，若我走了此路又通了岂不亏了；或者是想如果回头了其他的路也不通怎么办？结果停车良久也未能前进一步。这种人在工作中常常会因懦弱和优柔寡断而丧失机会，业绩没有进展不说，还会留下无尽的遗憾。

还有另一类人，他们会毫不犹豫地调转车头，去寻找另外一条路。也许会再次碰壁，但他们仍会不断地进行尝试，直到找到那条可以到达目的地的路。这种人是工作中真正的勇者与智者，他们懂得变通，直到寻找到解决问题的办法，并且往往能够取得不错的业绩。

“此路不通”就换条路，“此法不行”就换方法，应该成为每一个人的生活理念。

有个地方由于一些工厂排放污水，使很多河流污染严重，以至于下游居民的正常生活受到了威胁，环保部门每天都要接待数十位满腹牢骚的居民，于是联合有关当局决定寻找解决问题的办法。

他们考虑对排污工厂进行罚款，但罚款之后污水仍会排到河流中，不能从根本上解决问题。这条路，行不通。

有人建议立法强令排污工厂在厂内设置污水处理设备。本以为问题可以得到彻底解决，但在法令颁布之后发现污水仍不断地排到河流中。而且，有些工厂为了掩人耳目，对排污管道乔装打扮，从外面不能看到破绽，可污水却一刻不停地在流。这条路，仍行不通。

之后，当地有关部门立刻转变方法，采用著名思维学家德·波诺提出的设想：立一项法律——工厂的水源输入口，必须建立在它自身污水输出口的下游。

看起来是个匪夷所思的想法，经事实证明却是个好方法。它能够有效地促使工厂进行自律：假如自己排出的是污水，输入的也将是污水，这样一来，能不采取措施净化输出的污水吗?

“此路不通就换方法”，正是遵循了这个信条，才最终找到了解决问题的办法。

一个真正卓越的人，必是一个注重寻找方法的人。当他发现一条路不通或太挤时，就能够及时转换思路，改变方法，寻找一条更为通畅的路。

一个优秀的人必是一个善于变换思路和方法的人，他不会固守一种思路，也不会迷信一种方法，他会审时度势，适时突破，在变化中迅速拿出新的应对方案。只有学会转变思路的人，才能打破解决问题的瓶颈，让问题的解决变得易如反掌。

不要只凭“老脑筋”办事

生活中种种看似艰难异常的事情真的就无法解决吗？种种看似无法逾越的险峰真的是无法超越吗？打开心灵的枷锁吧，只有打破思维的定式，才能冲破一道道难关，才能使我们不断迈向成功。

很多人在成长的过程中特别是幼年时期，由于遭受外界太多的批评、打击，奋发向上的热情被上了“枷锁”，因此既对失败惶恐不安，又对失败习以为常，丧失了信心和勇气，渐渐养成了懦弱、狭隘、自卑、孤僻、不思进取、不敢拼搏的性格。

一代魔术大师、逃生专家胡汀尼有一手绝活，他能在极短的时间内打开无论多么复杂的锁，从未失手。他曾为自己定下一个富有挑战性的目标：要在60分钟之内，从任何锁中挣脱出来，条件是让他穿着特制的衣服进去，并且不能有人在旁边观看。

有一个英国小镇的居民，决定向伟大的胡汀尼挑战，有意给他难堪。他特别打制了一个坚固的铁牢，配上一把看上去非常复杂的锁，请胡汀尼来看看能否从牢里出去。

胡汀尼接受了这个挑战。他穿上特制的衣服，走进铁牢中，牢门“哐啷”一声关了起来，大家遵守规则转过身去不看他工作。胡汀尼从衣服中取出自己特制的工具，开始工作。

30分钟过去了，胡汀尼用耳朵紧贴着锁，专心地工作着；45分钟、一个小时过去了，胡汀尼头上开始冒汗，两个小时过去了，胡汀尼始终听不到期待中的锁簧弹开的声音。他筋疲力尽地将身体靠在门上坐下来，结果牢门却顺势而开，原来，牢门根本没有上锁，那把看似很厉害的锁只是个样子。

小镇居民成功地捉弄了这位逃生专家，门没有上锁，自然也就无法开锁，但胡汀尼心中的门却上了锁。

你的心里是否也上了一把锁？所谓枷锁，其实只是心理作用，是自己给自己的心上了枷锁。

有些人的生活罗盘经常失灵，日复一日，在迷宫般的、无法预测也乏人指引的茫茫人生中失去了方向。他们不断触礁，别人却技高一筹地继续航行，安然战胜每天的挑战，平安抵达成功的彼岸。为了维持正确的航线，为了不被沿路上意想不到的障碍困住，你需要一个可靠的内部导引系统，一个有用的罗盘，为你在人生困境中指引出一条通往成功的康庄大道。可悲的是，大多数人从未抵达终点，因为他们借助失灵的罗盘来航行。这失灵的罗盘可能是扭曲的是非感，或蒙蔽的价值观，或自私自利的意图，或是未能设定目标，或是无法分辨轻重缓急，简直不胜枚举。聪明人利用罗盘，可以获得成功；卓越人士选择可靠的路线，坚定地向前行进，可以安全抵达终点。

在举重比赛当中，作为举重项目之一的挺举，有一种“500 磅（约 227 千克）瓶颈”的说法，也就是说，以人体的力量极限而言，500 磅是很难超越的瓶颈。499 磅（约 226 千克）的纪录保持者巴雷里，比赛时所用的杠铃，由于工作人员的失误，实际上超过了 500 磅。这个消息发布之后，世界上有 6 位举重好手在一瞬间就举起了一直未能突破的 500 磅杠铃。

有一位撑杆跳的选手，一直苦练都无法越过某一个高度。他失望地对教练说:“我实在是跳不过去。”

教练问:“你心里在想什么?”

他说:“我一冲到起跳线时，看到那个高度，就觉得跳不过去。”

教练告诉他:“你一定可以跳过去。把你的心从竿上摔过去，你的身子也一定会跟着过去。”

他撑起竿又跳了一次，果然跃过。

有句话如是说:“自己把自己说服了，是一种理智的胜利；自己被自己感动了，是一种心灵的升华；自己把自己征服了，是一种人生的成熟。大凡说服了、感动了、征服了自己的人可以凭借潜能的力量征服一切挫折、痛苦和不幸。”

其实，许多人的悲哀不在于他们不去努力，而在于总爱给自己设定许多的条条框框，这些条框限制了人们想象的空间和奋进的勇气，看似一天到晚在忙碌，实际上自己已经套上了可怕的枷锁，注定碌碌无为。可见，敢于打破自我设定的障碍，多一点超越，少一点盲从，生活就会大不一样。

日复一日、年复一年地工作、生活，常常会使我们形成某种固有的思维定式，对变化了的新情况往往会沿用过去的做法，凭“老脑筋”办事，长此以往，我们对新事物、新现象也就缺少了那份敏感性。

许多科学技术的重大发明，都是摆脱常规的思维定式束缚的结果。我们应该努力走出思维定式的圈子，摆脱心中的枷锁，不断拓展新的思维空间，提高独立思考问题和解决问题的能力，这样才能成为企业需要的创新型人才，成为企业不可或缺的人。

失败并非坏事

我们做事的时候，难免要遭遇失败。如果害怕失败，那你将一事无成。就如同孩子不摔几跤是学不会走和跑一样，所有人都是这样长大的，都是在不断的跌倒中爬起来继续前进。因为有了错误，所以我们得到经验和教训；因为有了失败，所以我们获得成长和发展。

22 岁开始做生意，最后以失败告终；

23 岁竞选州议员，最后以失败告终；

24 岁时又一次做生意，最后以失败告终；

25 岁时当选州议员，取得了人生的第一次成功；

26 岁时最爱的女人去世，惨痛打击之下，在 27 岁时精神崩溃；

29 岁时再次竞选州议员，最后以失败告终；

34 岁时竞选国会议员，最后以失败告终；

37 岁时当选国会议员，取得了人生的第二次成功；

46 岁时竞选参议员，最后以失败告终；

47 岁时竞选副总统，最后以失败告终；

49 岁时又一次竞选参议员，最后以失败告终；

51 岁时当选美国总统，取得了人生的第三次成功。

这就是美国历史上最伟大的总统之一——亚伯拉罕·林肯的经历。

虽然林肯一生只成功了三次，但凭借着他不懈地努力和追求，在多次失败的情况下依然不气馁，从头再来，最终成为了美国总统，至今仍被世人怀念和称颂。

伟人之所以成为伟人，是因为他们比普通人失败得更多，从失败中学习到的也更多。每一次失败，都为之后的一切种下一粒成功的种子。

一个人面对成功很容易，但面对失败的表现却千差万别，有的人会被失败所击倒，从此一蹶不振；有的人吃一堑长一智，从失败中吸取教训，从而走向成功。

爱迪生研制电灯，为寻找到最合适的灯丝，尝试了上千种材料，在无数次错误、失败之后，才有了我们今日的“光明”。

居里夫人在提取新元素的实验过程中，虽然一次又一次地失败，可她却毫不气馁，信心十足，不断总结，坚持试验，最后终于成功地发现了镭，对人类做出了巨大的贡献。

任何一个成功者，几乎都会被人们认为是会做事的人，人们情不自禁地把羡慕的眼光投向他们。可是，你是否想到，几乎他们中的每一个人都经历过失败的考验？

对于任何一个在成功之路上艰难跋涉的人来说，都不可避免地要遇到失败。就像一个人要生存就必须经历白天和夜晚一样，逆境就等于是黑夜。要学会做事，就必须先学会正确对待失败的打击，并且要把失败当做成功的垫脚石。

失败并非坏事，恰恰相反，它应该是件好事，我们绝对不应因它而感到羞愧。有很多原因可以让我们把失败当成一种巨大的财富，因为从失败中获得成功要比再试一次以期下次成功的做法要容易得多。这样做既节省时间、劳力和精力，又少走了弯路。如果你知道从何寻找以及如何寻找的话，一次好的失败的价值比得上一百次苦苦追寻的成功。

成功者也会失败，但他们之所以是成功者，就在于他们失败了以后，不是为失败哭泣流泪，而是从失败中总结出教训，并从失败中站起来，发奋图强，于是，成功接踵而来。失败者则不然，他们失败之后，不是积极地从失败中总结教训，而是一蹶不振，始终生活在失败的阴影里。

成功者与失败者最大的不同，就在于前者珍惜失败的经验，他们善于从失败中吸取教训，寻找新的方法，反败为胜，获得更大的胜利；后者一旦遭遇失败的打击，就坠入痛苦的深渊不能自拔，每天闷闷不乐，自怨自艾，直至自我毁灭。有谚语说:“再平的路也会有几块石头。”一个人要想超越别人，并不是件难事，而要想超越自己却不那么容易。失败并不可怕，重要的是要从中得到教训，总结经验，从失败中走向成功。

第三章

全力以赴，激发成长

什么是全力以赴？就是把我们全部的体能、智力和精力都毫无保留地用在工作上，尽一切努力，不达目标誓不罢休。一个人无论从事何种职业，都应该全力以赴，尽自己的最大努力，以求得不断的进步。这不仅是工作的原则，也是人生的原则。

第一节 只为卓越找方法，不为平庸找借口

主动寻找方法、积极解决问题的人，是最优秀的人，自然也就是最受欢迎、最容易获得成功的人。他们相信，凡事总会有解决方法，而且是总有更好的方法，因此无论遇到什么样的问题和困难，他们都不会用借口安慰自己。

解决问题最需要态度

全力以赴的员工是每个老板都梦寐以求的，这样的员工能够积极主动地工作，老板离开了还能够努力工作，就像老板在场一样。他们会默默接受老板交给的任务，不会问任何的愚蠢问题，也不会千方百计把它推给同事，而是全力以赴把任务完成。

全力以赴的员工是优秀的员工，他们具有高度的敬业精神，能对上级的托付立即采取行动，全心全意地去完成任务。

摒弃懒懒散散、漠不关心、马马虎虎的做事态度。工作只有做到全力以赴，才能脱颖而出，才能拥有一片属于自己的天空。

有一个关于猎犬和兔子的古老传说：猎犬经常夸口，说自己跑得比任何猎物都快。有一天，猎犬和主人一起去打猎，主人见不远处有一只野兔，为了考验猎犬，就命令它去追那野兔。经过半小时的追逐，猎犬无功而回，主人对它的表现十分不满。

猎犬自辩说："主人，你要了解，刚才我追那野兔，只是抱着玩耍的心态，而野兔却以逃命的心情逃跑，追它不到，也不太奇怪吧！"

从这则故事中我们可以看出，成败并非能力决定，态度才是最重要的。心态决定成败，不管一个人的能力如何，都要做到全心全意，全力以赴，否则，天才也没有用武之地。

在工作中，不乏能力出众的人，他们认为，公司的事情应该老板去操心，一个小小的员工管那么多干吗，纯粹是没事找事，而且，你用了心、费了力，老板也不一定知道。这是一种缺乏责任的表现，一个没有高度责任心的人是不会全力以赴工作的，这样的人跟那只猎犬有什么区别呢，明明能够做到，却不使劲、不卖力。天天把能力挂在嘴上，却不能实际去做事的员工是没有任何成就的。

员工全心全意地将自己的智慧和精力贯注于工作中去，让每一件事情都做得尽善尽美，从而在自己的普通岗位上发挥出最大能量并为公司获取利润最大化，这也是自身得到提升的最快捷的渠道。

无论做什么工作，都要能沉下心来，脚踏实地地去做。一个人把时间花在什么地方，就会在那里看到成绩，只要他的努力是持之以恒的。

要尊重自己所做的每一项工作，即便是普通的工作，每一件事都值得你去做，值得你全力以赴，尽职尽责，认真地完成。小任务顺利完成，有利于你对大任务的成功把握。一步一个脚印地向上攀登，便不会轻易跌落，而获得成功的秘诀就蕴藏在其中。

一位先哲说过："如果有事情必须去做，便全身心投入去做吧！"另一位明哲则道："不论你手边有何工作，都要尽心尽力地去做！"

做事一丝不苟，就能迅速培养严谨的品格，获得超凡的智能；它既能带领普通人往理想的方向前进，更能鼓舞优秀的人追求更高的境界。

从一个人对待工作的态度可以了解一个人对待生命的态度。所有正当合法的工作不仅间接或直接地促进了我们整个社会的进步和发展，而且肯定了人生的价值，同时还满足了物质和精神的欲望，实现了人生质的飞跃。

工作一定要竭尽全力，因为它决定一个人日后事业上的成败。一个人一旦领悟了全力以赴地工作能消除工作辛劳这一秘诀，他就掌握了打开成功之门的钥匙，能处处以主动尽职的态度工作，即使从事最平庸的职业也能增添个人的荣耀。工作是生命中的重要历程。一个人的工作态度折射着人生态度，而人生态度决定一个人一生的成就。

成功取决于态度

作为员工，要想获得最高的成就，就要永远保持主动率先的精神，在工作中投入自己全部的热情和智慧。成功取决于态度，时刻牢记自己肩负的使命，知道自己工作的意义和责任，并永远保持一种自动自发的工作态度。那些获取了成功的人，正是由于他们用行动证明了自己敢于承担责任而让人百倍信赖。

什么是主动？主动就是不用别人告诉你，你就能出色地完成工作；次之，就是别人告诉了你一次，你就能去做，也就是说工作要做的出色，会得到很高的荣誉，但不一定能得到相应的报偿；再次之，就是这样一些人，别人告诉了他们两次，他们才会去做，这些人不会得到荣誉，报偿也很微薄；更次之，就是有些人只有在形势所迫时才能把事情做好，他们得到的只是冷漠而不是荣誉，报偿更是微不足道了；最等而下之的就是这种人，即使有人追着他，告诉他怎么去做，并且盯着他做，他也不会把事情做好，这种人总是失业，遭到别人蔑视也是咎由自取。

美国战争爆发之时，美国总统需要马上与古巴的起义军将领加西亚取得联络。加西亚在古巴的大山里——没有人知道他的确切位置，可美国总统麦金莱必须要尽快地与他取得联络。

怎样才能找到他呢？有人对总统说：“如果有人能够找到加西亚的话，那么这个人一定是罗文。”

于是总统把罗文找来，交给他一封写给加西亚将军的信。至于罗文中尉如何拿了信，用油纸包好、上封，放在胸前藏好；如何坐了 4 天的船到达古巴，再经过 3 个星期徒步穿过这个危机四伏的岛国，终于把那封信送给加西亚——这些细节都不是我们这里要讨论的重点。

需要强调的是，当美国总统麦金莱把信交给罗文让他交给加西亚时，罗文接过信并没有问“他在什么地方”、“为什么要找他”、“怎么才能找到他”“别人去不行吗”等一系列的问题，而是立即行动起来，自动自发、不屈不挠地完成了“把信送给加西亚”的任务。

由阿尔伯特·哈伯德所写的《致加西亚的信》一书，首次发表于1899年，之所以很快就风靡全球，至今还能畅销不衰，是因为它倡导了一种理念：对上级的命令，自发执行，并以结果为导向，全心全意完成任务。

《致加西亚的信》的作者写道：我钦佩的是那些不论老板是否在办公室都会努力工作的人，这种人永远不会被解雇，也永远不会为了加薪而罢工。如果只有老板在身边时或别人注意时才有好的表现，卖力地工作，这样的员工永远无法达到成功的顶峰。

有些员工，每当领导交待工作任务时，总要问该怎么办。他们总是被动地应付工作，虽然他们遵守纪律，循规蹈矩，做事却缺乏热情、创造性和主动性，只是机械地工作，这种做事方法长此以往就会使他们失去对工作有效执行的态度。

有 3 个人到一家建筑公司应聘，经过考试，他们从众多的求职者中脱颖而出。人力资源部经理对他们说了一声“恭喜你们”后将他们带到一处工地。那儿有几堆摆放得乱七八糟的砖瓦。

经理告诉他们先每人负责一堆，将那些砖瓦码放整齐，然后在三人疑惑的目光中离开了。甲说:“我们不是被录取了吗？为什么把我们带到这里?”乙对丙说:“经理是不是搞错了，我可不是来干这个的。”丙说:“别说了，既然让我们干，我们就开始干吧。”说完就开始干了起来，甲和乙也只好跟着干。还没完成一半，甲和乙就慢了下来，“经理已经走了，我们还是歇会儿吧。”甲说，乙跟着也停了下来，丙却还在继续干着。

等经理回来的时候，丙还有十几块砖就全码齐了，甲和乙完成的还不到一半。经理说:“下班时间到了，先下班吧，下午接着干。”甲和乙如释重负般扔掉了手里的砖，丙却坚持把最后十几块码齐了。回到公司，经理郑重地对他们说:“这次公司只聘用一人，刚才是最后一场考试，恭喜丙，你被录用了。至于甲和乙，你们回去不妨想一下这次自己之所以落聘的原因。”

在职场中，像甲和乙这样的人大有人在，他们接到任务后推三阻四，不能立即执行到位。老板在与不在他们的表现完全不同，老板在的时候表现出一副忙碌、认真工作的样子，老板不在身边就偷奸耍滑，糊弄事。还有一种人，他们严格“遵守”老板的指令，让干什么就干什么，多一点都不会干。这种人完全属于只做别人交代的工作的人。

听命行事固然是员工的神圣职责，但主动进取更被公司所提倡。哪些该做，就应该立刻采取行动，不必等到别人交代。清楚了解公司的发展规划和你的工作职责，就能预知该做些什么，然后——着手去做!

当你主动工作，通过自身的努力或借助他人的力量不断解决一个个难题，你自身的价值就在这个过程中不断地增加，这样领导对你的依赖就会增加，当机会出现时，晋升晋级非你莫属。那些用鞭子抽着，用脚踢着才去工作的人，工作对他们来说就像是负担。这样的人必然不能得到领导的赏识和提升，随时都可能处在失业的边缘。

公司的生存发展完全依赖员工的努力程度，一个优秀的、有责任心的员工，都会主动去工作，尽最大的努力把工作做好。主动工作的员工具有一流的执行力，他们能够将工作落到实处，甚至更为有效，并能仔细、注重细节去完成某项工作或任务。

大多数情况下，即使你没有被正式告知要对某事负责，你也应该努力做好它。如果你能表现出胜任某种工作，那么责任和报酬就会接踵而至。主动要求承担更多的责任或自动承担责任是成功者必备的素质。

热爱是最好的老师

你只有像喜欢钓鱼一样喜爱你的工作，你才能热爱你的工作并做好你的工作。在钓鱼的工作中你能得到乐趣，在工作中你也同样能得到乐趣。

当我们在做自己喜欢做的事情的时候，很少感到疲倦，很多人都有这种感觉。例如周末的时候你到河边去钓鱼，在河边坐了整整 11 个小时，但是你一点都不觉得累，为什么？因为钓鱼是你的兴趣所在，从钓鱼中你享受到了快乐。要是你从事着你不喜欢的工作，不要说工作 11 个小时，可能工作 1 个小时你心里就早盼望着下班了。其实产生疲倦的主要原因，是对生活厌倦，是对某种工作特别厌烦。这种心理上的疲倦感往往比肉体上的体力消耗更让人难以支撑。

有一位心理学家曾经做过这样一个实验：他把 18 名学生分成甲乙两个小组，每组 9 人，让甲组的学生从事他们感兴趣的工作，乙组的学生从事他们不感兴趣的工作。没过多长时间，情况就不同了，从事自己不感兴趣工作的乙组同学就开始出现小动作，再一会儿就抱怨头痛、背痛，而甲组学生正干得起劲呢！这个实验证明：人们疲倦往往不是工作本身造成的，而是因为对自己从事的工作产生了乏味、焦虑和气馁的感觉，这种感觉消磨了人对工作的活力和干劲。

是否竭尽全力，是否积极进取，能表现出你是否热爱工作。竭尽全力，积极进取是敬业精神的核心。

一个人无论从事何种职业，都应该竭尽全力，积极进取，尽自己最大的努力，追求不断的进步。这不仅是工作原则，也是人生原则。一旦领悟了全力以赴地工作能消除工作辛劳这一秘诀，那你就掌握了打开成功之门的钥匙了。能处处以竭尽全力积极进取的态度工作，就算是从事最平庸的职业也能增添个人的荣耀。

有一个年轻人去拜访毕业多年未见的老师。老师见了年轻人很高兴，就询问他的近况。

这一问，引发了这个年轻人一肚子的委屈。他说："我对现在做的工作一点都不喜欢，与我学的专业也不相符，整天无所事事，工资也很低，只能维持基本的生活。"

老师吃惊地问："你的工资如此低，怎么还无所事事呢？你应该努力工作增加自己的收入啊！"

"我没有什么事情可做，又找不到更好的发展机会。"年轻人无可奈何地说。

"其实并没有人束缚你，你不过是被自己的思想抑制住了，明明知道自己不适合现在的位置，为什么不去再多学习其他的知识，找机会提高自己呢？"老师劝告年轻人。

年轻人沉默了一会儿说："我运气不好，什么样的好运都不会降临到我头上的。"

"你天天在梦想好运，而你却不知道机遇都被那些勤奋和跑在最前面的人抢走了，你永远躲在阴影里走不出来，哪里还会有什么好运。"

老师郑重其事地说，"一个没有进取心的人，永远不会得到成功的机会。"

如果一个人把时间都用在了闲聊和发牢骚上，就根本不会想用行动改变现实的境况。对于他们来说，不是没有机会，而是缺少进取心。当别人都在为事业和前途奔波时，自己只是茫然地虚度光阴，根本没有想到去跳出误区，结果只会在失落中徘徊。

如果一个人安于现状，安于贫困，视贫困为正常状态，不想努力挣脱贫困，那么在身体中潜伏着的力量就会失去它的效能，他的一生便永远不能脱离贫困的境地。

贫穷本身并不可怕，可怕的是贫穷的思想，以及认为自己命中注定贫穷的意念。一旦有了这种可怕的思想，你就不会竭尽全力，就会丢失进取心，也就永远无法成功。从今天起，以饱满的激情全心全意地热爱你的工作吧，振作起来，未来的一切都将会因此而改变。

激情提升工作品质

有位诗人说:“激情是瞬间燃起把黑夜照得漫天通红的熊熊烈火！激情是横扫一切驰骋千里的汹涌巨浪!”在诗人的眼里，激情不只是烈火，也是巨浪，在科学家眼中，激情是让他们废寝忘食、夜以继日钻研的狂热冲劲。当激情与坚定的信念融合时，就成为发明与创新的强大动力。

生活中，我们处处可见激情：赛场上，运动员在苦战中不屈不挠，奋力拼搏，是为激情；舞台上，演奏者全情投入，用心灵驾驭乐器，奏响生命赞歌，听者如痴如醉，唯觉韵律旋动，是为激情；台灯下，作家时而凝眸沉思，时而奋笔疾书，是为激情；月光下，恋人紧紧相拥，忘情热吻，天地皆春，是为激情；花丛中，双飞蝴蝶相嬉戏，不离不弃，是为激情；草原上，猎豹如箭飞驰，力量与速度的绝妙展示……这些都源自激情。

由此我们可以看出，什么是保持工作状态的最好动力？当然是激情。激情不仅能促使一个人去努力创造事业的辉煌，更能促使人体现和创造最大的人生价值。看看那些成功的人，你会发现他们有一个共同点：激情饱满、斗志昂扬！

有一位企业老总，33 岁就已经掌管了一个年销售 20 亿元的企业。当别人问他成功的秘诀是什么时，他回答说：永葆激情。

从工作的第一天开始，每天早上六点三十分，他都会听着贝多芬的《命运交响曲》起床。在激昂的乐曲声中，他对自己说："新的一天又开始了，你要用全部的激情去迎接和拥抱它！"无论是巅峰还是低谷，这样积极的自我心理暗示，都给了他勇往直前的勇气。遗憾的是，大多数人的工作状态是下面这样的：工作一年，干劲冲天；工作两年，心不在焉；工作三年，混一天是一天。

"工作时间一长，难免会有职业疲劳"、"面对这么没有价值的工作，傻瓜才会有激情"……这些都成了他们的最好借口。对生命而言，这样又能收获什么呢？只能是平庸的生活与心灵的烦恼罢了！重视生活品质的你有没有想过，工作也需要品质。没有品质的工作，就像没有品质的生活一样，不过是虚度和浪费。而激情，就是提升工作品质最好的途径。

凤凰卫视总裁刘长乐在与当代高僧星云大师对话时，格外提到：凤凰卫视企业文化的要诀之一，就是从领导到员工都永葆激情。他生动地表述说：凤凰卫视是一个"疯子"带着500个"疯子"。

激情为何对工作有这样大的价值？他引出一项人类学调查：一项针对世界500强企业前100名和100名以后的CEO所做的情商调查显示，这些人在智商、知识层次上没什么差别，真正的差别在激情方面。根据"情商之父"戈尔曼先生的分析，饱含激情的自我激励，是情商的第一要素，排前100名的CEO与排100名以后的CEO相比，前者的情商明显高于后者。

刘长乐还讲过这样一段话："小时候我读前苏联小说《船长与大尉》，里面有两句话一直记忆犹新：一句是'探求奋斗，不达目的誓不甘休'；另一句是'永远做一个出类拔萃的人'。出类拔萃不见得就是出人头地，但在某种意义上讲，一个有追求的人就是出类拔萃的人。"

人类因梦想而伟大，因梦想而实干。动物只为生命所必需的食物所激动，而人，却懂得为遥远的星辰——那毫无功利主义的光线所激动。毛姆说过："假如你非最好的不要，十之八九能如愿以偿。这可能是我们做事的因，也是成事的果。"

很多人都会说，谁愿意一上班就无精打采，谁愿意一遇到问题就往后退，我也希望有激情，我也希望创一番辉煌的事业，可问题是，我到哪里去寻找激情？

有一点需要提醒你：永远别指望激情主动来找你，激情不来自于外在，而来自于你自己的心里。还有很多人说："我也知道工作的价值和意义，但我已经这个岁数了，要改变哪那么容易，还是得过且过吧。"

只要你愿意改变，什么时候都不晚。哪怕今天是工作的最后一天，也起码还有 8 小时属于你。

中央电视台著名主持人敬一丹，33 岁才进入中央电视台经济部工作，对于主持人来说，这样的年龄已经不小了，但母亲一句"人的命运掌握在自己手里，真要想改变自己，什么时候都不晚"给了她挑战自己的勇气。看着镜中渐渐老去的自己，她内心的危机感和失落感与日俱增。这时，母亲的一句话再次打开了她的心结，母亲说："每一个人都不可避免会变老，有的人只是变得老而无用，可是有的人却会变得有智慧有魅力，这种改变，不是最好的吗？"这让敬一丹豁然开朗。心态一调整，工作的热情又回来了，领导依然把挑大梁的重任交给了她。就像敬一丹说的那样："年龄对一个人来说，可以是一种负担，也可以是一种财富。"

不要对自己说"年纪大了，干不动了"、"让年轻人多干一点"、"多少年都是这样，我不想改变了"之类的话，这世界上有 20 岁的"老头"，也有 80 岁的"年轻人"。

激情可以把生命注解成一朵朵美丽的风景，人会随着激情而年轻，向生命索要激情，原本就是我们活着和存在的理由。没有激情的生命，只是一具空壳；激情的观念之下隐含着对发现寻找与创造的永恒性渴望。

把工作做到无可挑剔

生活中，每个人都有不同的分工，有些人负责一些比较重要且引人注目的工作，另外也有一些人负责的是常被人们忽视的工作。假如你正好在从事那些常被人们忽视的工作，你或许经常感到沮丧，并因此忽视自己的职责，这样一来就很容易出错，一出错就会销蚀自己的自信。事实上，只有从常常被人们忽视的工作开始，逐渐增长才干，赢得别人的认可，赢得做比较重要且引人注目的工作的机会，日后才能成大业。

李素丽，北京人，1981 年参加工作，1984 年加入中国共产党，先后在北京市第一客运分公司 60 路、21 路任售票员，1998 年到北京第一客运总公司及“李素丽热线”工作，2000 年被评为“全国劳动模范”。

李素丽在近 20 年的售票工作中，用真情架起了一座与乘客相互理解的桥梁，把微笑送到四面八方，被广大群众誉为“老人的拐杖，盲人的眼睛，外地人的向导，病人的护士，群众的贴心人”，体现了公交行业“一心为乘客，服务最光荣”的宗旨，赢得了广大乘客的尊敬和爱戴。

她刻苦学习文化知识，认真学习英语、哑语，并努力钻研心理学、语言学，利用业余时间考察行车路线周边的地理环境，潜心研究各种乘客的心理和要求，有针对性地为不同乘客提供满意周到的服务。老幼病残孕，怕摔怕磕怕碰，李素丽搀上扶下；“上班族”急着上班，李素丽尽量让他们上车；外地乘客容易上错车或坐过站，李素丽及时提醒他们；中小学生天性活泼，李素丽提醒他们在车上遵守公共秩序，下车后注意交通安全。李素丽习惯在车厢里穿行售票，车里人多，一挤一身汗，可她说:“辛苦我一个，方便众乘客。”

一个人无论从事何种职业，都应该像李素丽一样全心全意、尽职尽责，这不仅是工作的原则，也是做人的原则。对待自己的工作，只有具有高度的责任感，才可以将其做到无可挑剔。

有一位退休的老员工告诫他刚参加工作的儿子说："无论未来从事何种工作，都要全力以赴、一丝不苟。能做到这一点，就不必为自己的前途担惊受怕。世界上到处是散漫粗心的人，那些善始善终者到处都是供不应求的。"

有许多老板，他们费尽心机地寻找能够胜任某一工作岗位的人。这些老板所从事的业务并不需要高超的技巧，而更多的是需要谨慎、朝气蓬勃与负责地工作。但是，相当一部分员工，却因为粗心、懒惰、热情不足、没有做好分内之事等不良习气而惨遭淘汰。与此同时，许多自作自受的人却在抱怨现行的法律、社会福利和对自己的不公。

许多人无法培养对待工作高度负责的作风，原因恰恰在于贪图享受，好逸恶劳，背弃了将本职工作做到无可挑剔的原则。

有一位年轻人通过不懈的努力终于进入了一家很有发展前途的公司，但在具体工作安排上，员工管理部门为他安排了几个工作岗位，他都觉得不满意，有的岗位即使勉强留下了，也是漫不经心，敷衍塞责。结果，不到一年便被公司辞退了。

有这位年轻人的心态的大有人在，他们甚至不知道职位的晋升是以忠实完成工作为基础的。实际上，如果你不尽职尽责地完成你的工作，你在老板眼里是永远不会得到提升的。但与此截然相反的是，很多年轻人在求职时常这样给自己寻找借口："做这样鸡毛蒜皮的工作，会有什么发展前途呢?"但是，巨大的机会往往蕴藏在平凡而低微的工作岗位中。

在工作中你应该以最高的标准要求自己。每当完成一项工作之后，你都要这样告诉自己："我热爱我的工作，我已全力以赴地做了我的工作，我期待任何人对我的工作提出意见和建议。"一个人成功与否在于他是否做什么都力求做到完美。成功者无论从事什么工作，都绝对不会敷衍应付。

把失误和缺陷降到零

如果满意于自己的现有成绩，不思进取，最终会被自己的“优秀”打败、击垮，由盛而衰……抱定“没有最好，只有更好”的进取心，坚持负责到底，永远把自己当新人，才能永远立于不败之地。

对待自己的工作，千万不要因为99.9%的成功而沾沾自喜，只要你还有0.1%的错误和不足，你的成功就不是完美的，随时可能被他人取而代之。

许多公司沾沾自喜于99.9%，认为质量合格率达到99.9%，就可以心满意足了；认为服务水平和客户满意度达到99.9%，就可高枕无忧了；认为计划完成率达到99.9%，就可万事大吉了……难道99.9%就足够好了？殊不知，99.9%并不意味着无可挑剔。

对公司来说，产品合格率达到99.9%，失误率仅为0.1%，看似已经无可挑剔了，但对每个消费者而言，如果遇到0.1%的失误却意味着100%的不幸！

某电热水器生产厂，声称自己的产品质量合格率为99.9%，各项指标安全可靠，并有双重漏电保护措施，让消费者放心大胆使用。一位消费者购买了该厂的电热水器，恰恰不幸摊上了0.1%的失误。

像往日一样，这位消费者未关电源就开始洗澡，意想不到的是，热水器漏电，而漏电保护装置又失效，他正好被电流击倒，一只胳膊当即被打断。按说，带电使用电热水器属于正常操作范围，不应出现这样的事故，即便发生漏电，漏电保护装置也会立刻断电，以确保使用者的安全，然而，这家公司99.9%而非100%的合格率，却对那位消费者造成了莫大伤害。

物美价廉，是客户选择产品的第一理由，否则，客户根本不可能向你“投怀送抱”，更不可能让你得以实现自己的利益。对此，海尔公司深有体会，并有许多令人效仿和称道的地方。海尔认为：“有缺陷的产品，就是废品”，不应该生产出来，更不能流通到市场上坑害消费者。

一次，海尔公司副总裁杨绵绵到分厂检查工作，在一台冰箱的抽屉里发现了一根头发丝。她马上召开相关人员会议，有的人不服气地说一根头发丝又不会影响冰箱质量，拿掉就是了，何必小题大做呢？杨绵绵却态度坚决地告诉在场的干部职工：“抓质量就是要连一根头发丝也不放过！”

又有一次，一名洗衣机车间的职工在进行“日清”时，发现多了一颗螺丝钉。大家都意识到，这里多出一颗螺丝钉，就意味着哪一台洗衣机少安了一颗，这可是关系到产品质量和公司信誉的大事。为此，车间职工下班后主动留下，复检当天生产的1000多台洗衣机，用了两个多小时，终于把问题查了个水落石出——发货时多放了一颗螺丝钉。

对质量的追求几近偏执狂的做法，才可以使产品优质可靠。而公司里所有的人，包括管理者和员工同样对质量一丝不苟，视缺陷为废品的态度，又怎能不使产品尽善尽美，赢得顾客的广泛信任和喜爱呢？

在客户服务中有一个公式：99.9%的努力＋0.1%的失误＝0%的满意度。这个公式说明：你纵然付出了99.9%的努力去服务于客户，去赢得客户的满意，但只要有0.1%的失误、瑕疵或者失误，就会令客户产生不满，对你的满意度降到最低。

如果这0.1%的失误，正是客户极为关注和重视的方面，或给客户带来的损失及伤害巨大，就会使你前功尽弃，以往所有的工作全部付之东流，为客户无情地抛弃。

军人深深懂得，在战场上根本不允许有任何失误，即便是0.1%的失误，也可能成为敌人反败为胜的机会，还可能是致自己于死亡的一个缺口。为了保全自己和其他战友的生命，赢得最终的胜利，每个战士都必须时刻谨记“我绝对不能失败”，高度负责，尽最大可能避免和防范任何错误发生。

市场竞争也是同样的道理，假若你在质量上有0.1%的瑕疵，竞争对手就会乘虚而入，推出零缺陷产品，轻而易举从你身边拉走客户；假若你在服务上有0.1%的疏漏，竞争对手又会推出“百分百”优质服务，诱使你的客户回心转意，以瓜分市场、提升其市场地位；假若你在市场上有0.1%的缺口，竞争对手即可乘你不备，最终一举摧毁你。只有高度负责，追求完美，才能确保你在比赛中稳操胜券，赢得金牌。

无论是公司还是个人，如果仅仅满足于99.9%的成功和优秀，是骄傲自满、不思进取的表现，只能裹足不前，不可能有什么大的作为和发展，更可怕的是，当竞争局势发生变化时，他很可能第一个遭到市场抛弃，淘汰出局。

实际上，做到零缺陷、零失误并非不可能，只要每个员工牢记自己的工作使命，保持高度的责任心和敬业精神，就必定能将工作做到尽善尽美，赢得客户的满意和认可，成为最优秀的员工和企业。

第二节 尽一切努力超越平庸，用方法达到卓越

方法总比困难多，那些在困难面前总是能够激情投入、大胆突破的人，往往更容易找到人生的突破点。每个人的面前总会有很多困难，不逃避、不抱怨、不懈怠，多思考解决办法，一切障碍必将被逾越。

以全力以赴的心态工作

很多时候，我们在做着一项工作，而心却始终游离于它。只有在八小时里面去想它，八小时之外，那是我的业余生活了，我为什么还要去想工作？即使在八小时里面，我们还有很多其他的事情要处理，还要浏览新闻，还要锻炼身体，还要聊天，还要休息，而真正把心思全集中在工作上，往往没几个小时。

由于投入工作的精力其实很少，工作的绩效也就好不到哪里去了。而往往事业成功的人，他的最大特征，就是对工作痴迷。八小时内，精力集中，一件事接着一件事处理。即使到八小时之外，他们依旧是想工

作、谈工作，对他们来说，是很难区分八小时的内外的。把八小时内外区分得清清楚楚的人，事业上基本是平平淡淡的。

星巴克的创始人霍华德·舒尔茨曾写过一本书，叫《将心注入》，主要的意思就是一个人事业是否成功的关键是：他有没有将心注入。

开汽车的时候，窗户打开，即便是60码的速度，我们也感觉到车子开得很快了；而把窗户关起来，车子开到120码，我们也没感觉到多快。

干工作也如开车，当耳边总在听外面的声音，什么事都要去关注一下的时候，我们的心是浮躁的，即使我们自以为很卖力地工作，进展得很快，其实，我们的工作远不如别人，因为别人的心是宁静的、专注的，在一段特定的时间里面，他能排除各种干扰，全身心地关注前方的目标，速度自然就快，绩效也自然就会好起来。能否集中精力做事，其实是一个人的习惯与能力，而这种习惯与能力将直接影响我们一生的成就。

把一只桶填满，第一层次是，在里面放几个石块就满了；第二层次是，再填一点小石块，也满了；第三层次，再放一点细沙进去，就更满了；第四层次是，还可以放一点水进去。

我们的工作，往往就如同这四个层次。粗枝大叶地填几个石块，就算完成工作了，也以为自己是全力以赴了，这是一种应付的状态，完成别人交给我的工作。第二层次，开始有点探索的精神，想把工作做得更好些，但标准较低，要求不高；第三层次，就处于一种用心的状态了，努力把工作做得更好；而第四层次，是一种全力以赴的状态，不是为了完成别人的工作，而是追求内心中那份完美，做任何工作都要最大限度地做到最好。我们的工作处于哪种层次呢？

大鹏鸟在远飞九万里的开始时刻，并非急着向前飞去，而是在低空盘旋，集中吸聚能量让自己不断地升高，一直向上升，忍受住寂寞，忍受住嘲笑，而一旦升到一定的高空时，才开始振翅向远方飞去，然后势不可挡，原先嘲笑它的小鸟没有谁能飞得有它远。它心中有梦，它能全神贯注于自己的梦，因而克服了渺小，排除了干扰，翱翔于天空。

全力以赴的力量来自于哪里？来自于内心的渴望，一种对理想的执着，一种对美好的追求。由于有了远方目标的召唤，所以可以忍受很多别人不能忍的东西，排除一切干扰，集中精力向前。

“帝王蛾”的幼虫时期，在一个洞口极其狭小的茧中度过。当它要变成蛾时，娇嫩的身躯必须拼尽全力才可以破茧而出。如果这时候它稍微偷懒一点，让别人帮助一下，它终生只能爬行。因为那狭小的洞口，恰是帮助帝王蛾两翼成长的关键所在：穿越的时刻，通过用力挤压，血液才能顺利送到蛾翼，唯有两翼充血，身子才能振翅飞翔。

我们很多时候，就处于帝王蛾破茧而出的关键时刻，唯有全力、坚韧，才能把握机会，达到目标。

遇到问题不轻易放弃

遇到问题，担当责任，是不需要理由的，更不要借口。如果，一个员工整天不在想如何干好工作，而是总琢磨“我为什么要每天这样辛苦？我一年才拿多少钱？干吗要我这么认真？”那么，我们必将陷入苦恼之中，工作也必将一塌糊涂。既然选择了这份职业，既然还在做着这份职业，我们就必须有这份担当，无论外部环境会发生什么变化。

我们每个人生活在社会中，都必须承担一定的责任，如同佛教说“每个人心中都有一个达摩”。只有勇于担当起自己责任的人，勇于面对问题，才会是一个成功的人、一个幸福的人。

有一则故事，说一位留学生去应聘迪斯尼乐园里面的临时清洁工，结果管理员答应了他的请求。但他被要求接受一个星期的培训。他很诧异，心想一个清洁工还需要培训什么？管理员告诉他：“作为迪斯尼乐园的一名员工，你必须了解迪斯尼乐园的基本情况，客人问路时，你应该能马上回答得出来；你必须学会拍照，当客人有需要帮忙时，你可以帮他们拍照；你必须学会照看小孩，当小孩迷路时，你能照看好他；你必须学会急救知识与能力，如果发生万一时，你能够……是啊，我们很多时候，不仅代表着自己，还代表整个团队的形象。只有自己特别看重自己的团队，看重自己的职业，别人才会看重我们。

担当责任，就要去解决问题。换句话说，工作就是解决问题。不要逃避问题，很多时候，我们一心要逃避问题，结果又陷入了另一类问题。问题是不可避免的，人人都有问题，没有问题的生活只是海市蜃楼，只会令我们迷失方向。我们的责任，就是去驾驭问题，去解决一个又一个的问题。很多人之所以失败，并不是因为他们缺少智慧、能力或机会，而是因为他们不肯对问题全力以赴。人若肯对问题全心投入，那么就算生命看起来平淡无奇，他也必定会成功。

遇到问题，担当责任，就要去主动工作。我们不能老是等待领导的安排，我们每个人其实都是一个项目、一件工作的“老总”，接受了这个任务，我们就要全权负责。

很多时候，我们不仅要学会领导下属，更重要的是要学会领导“领导”。不要等待领导的指示，而是先为领导想好思路与措施，然后努力说服领导；不要总是等待领导来找你，而应该主动去找领导，“主动去敲别人的门”的事，基本上都是对自己有用的事，而“坐在办公室里等待别人敲自己门”的事，通常都是对自己无用的事。我们要主动地争取各种资源，为自己的“问题解决”服务，特别是争取领导的资源。

担当责任，就要远离借口。借口总是听起来很感人，但借口终究会让自己损失惨重。有一本书叫《别让猴子跳到你的背上》，这只“猴子”就是借口，就是推诿，就是“带着问题复命”。

老总让小张去拿本《新华字典》来。小张马上会问：新华字典在哪？什么样的新华字典？老总告诉了他，小张一会儿就回来了，答复:“没有看见那本新华字典”。老总说:“你去问问小李字典放哪了”。小张一会儿又回来了:“小李不在。怎么办？”“那你打他电话吧。”“那他电话号码是多少？”“你去查电话号码簿啊。”“哪里有电话号码簿？”……我们反思一下，面对一项工作任务时，我们是否也有像小张这样的总“带着问题复命”呢？

遇到问题，担当责任，就要不轻易放弃。“山虽然难攀，但它不会变得更难，而我却会变得更强。当我让这些积极思想占据我的大脑时，跑上山也变得容易多了”，一位名人的话或许给我们以启迪。很多时候，我们可以休息，但不要放弃。

很多在平常人看来是不可能完成的事情，如果成为了事实，那么就会有人说，这件事是早就该完成的，是能够完成的。但是，关键是在这个过程中，我们不能被困难所吓倒，要勇往直前。

让上司看到你的才干

只要千锤百炼，丑小鸭也能变成黑天鹅！有两只相貌丑陋的小鸭子在芦苇塘边，其中一只黑鸭子不停地振翅欲飞。它飞起来又跌下来。摔得遍体鳞伤，白鸭子说：“别飞了，我们是鸭子！”。但是黑鸭子还是没有气馁。有一天，黑鸭子终于翱翔于天空，而白鸭子的翅膀则早已萎缩了。白鸭子看到飞起来的黑鸭子对自己的同类们说：“你们看，那只能飞的鸭子是我的伙伴！”。同类们都开始笑话白鸭子说：“你疯了，那是只黑天鹅！”

我们的能力不是一个一成不变的东西，在职场上影响我们能力发挥的仅仅是我们的态度！只要主动工作，我们就会拥有不可限量的发展潜力和发展空间。

同样，主动工作的员工，对于老板来说，是最值得信任和培养的员工，因为他能够为企业创造出更多的价值。对于员工个人来说，也同样是一件好事，因为主动能够为员工赢得更多的机会。一个在今天努力工作的人，才可能在明天登上成功的舞台。

某偏远山区的小姑娘进城打工，由于没有什么特殊技能，于是选择了餐馆服务员这个职业。在常人看来，这是一个不需要什么技能的职业，只要招待好客人就可以了。许多人已经从事这个职业多年了，但很少有人会认真投入这份工作，因为这看起来实在没有什么需要投入的。

这个小姑娘恰恰相反，她一开始就表现出极大的主动性，并且彻底将自己投入工作之中。一段时间以后，她不但能熟悉常来的客人，而且掌握了他们的口味，只要客人光顾，她总是能够点出令他们满意的菜，并且会给出很好的建议，不但赢得了顾客的称赞，也为饭店增加了收益。她总是能够使顾客成为回头客，顾客自己再次光顾不说，还会带一些新的客人过来。她能在别的服务员只照顾一桌客人的时候，同时招待几桌的客人，却依然井井有条，一点都不手忙脚乱。

就在老板逐渐认识到她的才能，准备提拔她做店内主管的时候，她却婉言谢绝了这个任命。后来，一位投资餐饮业的顾客看中了她的才干，准备投资与她合作，资金完全由对方出，她负责管理和员工培训，并且郑重承诺：她将获得新店25%的股份。现在，她已经成为一家大型餐饮企业的老板。

在工作中，如果你完成的每一项工作都达到了老板的要求，你可以称得上是一名称职的员工，你不会失业，或许还可以得到晋升的机会，但你永远无法给老板留下深刻的印象，永远无法成为老板的重点培养对象，也永远无法在公司中达到你事业的顶点。只有超过老板对你的期望，你才能让他记住你，才能让他在遇到一些高难度工作的时候想起你，给你一个锻炼的机会。

成功的机会是不会白白降临的，只有积极主动工作的员工才有获得更多好机会的可能。

如果你总是只在老板注意时才有好的表现，那么你永远也无法达到你想要的成功。如果你做到的比老板期望的还要多，那么你就永远不用担心没有机会。在任何一个公司里，那些不必老板交代就自己找事做的员工，那些接到任务时不会找借口的员工，那些永远也不问“怎么办”而是自己动手去克服困难的员工，那些主动请命为公司工作的员工，就是老板心目中最优秀的员工，在有升职机会时，老板首先想到的就是这些人。

我们常说，“不简单”。什么是不简单？不简单就是能以饱满的热情把重复、简单的工作始终如一地做好。主动工作的最大意义还在于，用饱满的工作热情获取快乐、价值和成就感，满足我们作为社会人的各种需求。

主动工作需要热情。要想在激烈的竞争中立于不败之地，需要我们以饱满的热情投入到自己所从事的工作中，努力把本职工作做到最好。反之，我们的工作就会失去动力，成功指数也会随之降低。

心中只有目标

我们做事情一定要全力以赴，做到心中只有目标。如果用一句话总结全力以赴的人，那就是好兵派克的座右铭:“保证完成任务!”这句话最能概括一个全力以赴的人的决心、恒心、忠诚、工作热情和责任感。把这句话牢记在心，那么一切皆有可能。

在红军长征的过程中，飞夺泸定桥是最关键的战役之一。如果不能及时夺取泸定桥，红军就有可能被国民党部队围剿消灭，重蹈太平天国时期石达开全军覆没的悲剧。

1935年9月，红军面临敌人的围追堵截。毛泽东主席和中央军委命令：红四团必须在三天之内，赶三百多里山路，一定要先于敌人赶到泸定桥，以粉碎敌人前后夹击合围的阴谋。

当时红四团刚刚经历了长途奔袭和战斗，人疲马乏，但听到这一命令，都毫无怨言，立即表态:“保证完成任务!”

第一天，他们克服重重困难，一边与沿途的敌人作战，一边在崎岖的山路上奔跑，终于跑了近100里路。

第二天，他们特意早一小时出发，5点钟就动身了。但没有想到，就在这时，再次得到急令：必须一天走完 240 里路。

这怎么可能呢？一天要走完两天的路，简直是天方夜谭。但是，不完成这一任务绝对不行。因为，泸定桥本来有敌人两个团防守，现在又有两个旅正向泸定桥增援。如果敌人比红军早到泸定桥，红军要想通过泸定桥就难上加难了。必须和敌人抢时间！要和敌人赛跑！

于是，该团一边行军，一边召集干部开会。会后，大家便分头深入连队进行动员。很快，在走过的队伍中，“坚决完成任务，拿下泸定桥”的口号声，此伏彼起。这声音压倒了大渡河的怒涛，队伍前进的速度更快了。

紧急任务的动员工作刚做完，部队又打了一场恶仗，等他们赶到大渡河岸一个小村时，已是傍晚七点了。从这里到泸定桥还有 110 里。

就在这时，天空突然降起了大雨，电闪雷鸣，士兵饥饿难耐，牲口、行李都跟不上……

但此时，红军只有一个信念：在有限的时间内保证赶到泸定桥。他们想尽一切办法来克服困难：走不动的时候，每个人都拄一个拐杖；来不及做饭，大家就嚼生米、喝凉水充饥。

当时，团政委杨成武腿上受了伤，走路很困难。许多同志都劝他骑着马走。但他认为这正是需要干部起模范作用的时候，于是以挑战的口吻向大家说：“同志们，咱们一块儿走吧！看看谁走得快！谁先走到泸定桥！”

这时意外情况出现了：对岸出现了一长串的火炬，原来是敌人在点着火把赶路！如果不快点，就有可能被敌人抢先了！

杨成武心生一计：也点起火把走路，当对岸的敌人问红军是谁的时候，便选出四川籍的同志和刚捉来的俘虏对答。对岸的敌人万万想不到，大摇大摆地跟他们并排走的，就是他们日夜梦想着要消灭的红军。

就这样，红军与敌人，像两条并列的长龙，一起向泸定桥进发。雨越下越大，到深夜十二点，对岸的那条火龙不见了。原来，也许是怕苦，也许是认为红军不会那么拼命赶路，敌人不走了。

这时的红军干部战士们，一个个也累得走不动了。但得知这一情况时，全团不仅没有一个人停留下来休息，反而都很高兴地表态：这是好机会啊！抓紧走吧！一个跟着一个拼命地向前赶路。

经过一天一夜的急行军，红四团在第二天早晨六点多钟胜利到达泸定桥。这一天，除了打仗、架桥外整整赶了240里路，这真是只有飞毛腿才能做得到的事情！

平心而论，现在我们工作中要完成的任务，比起红军时代要容易多了。但是，许多人还是以各种各样“难”的借口，拖延着不执行任务，或者执行任务时，总要打一些折扣，甚至导致本来容易完成的任务，最终没有完成。

对此，我们是不是要以飞夺泸定桥的红军英雄们为榜样，消灭工作中的借口呢？我们起码可以向这些英雄们学习四点：

第一，接受任务不畏难。

面对当初交给他们的任务，他们也能以“时间太紧了”、“太累了”、“天气不好”等理由来推托，这样就不可能在有限的时间内完成艰难的任务。但是，不管当时已经多辛苦，摆在面前的任务有多艰巨，他们仍然明确表态：“保证完成任务！”

第二，临时“加码”不抱怨。

当得到一天走完240里路的命令后，他们完全有理由说：路是一步一步走的，这不可能完成。但是，他们没有从自己的利益出发，而是从组织的需求出发，毫无怨言地去执行。

第三，干部永远要带头。

作为政委的杨成武受伤了，完全有理由受照顾。但是他有马不骑，而要和大家比赛谁走得更快。这正是优秀人士吃苦在前、享乐在后的精神，对整个团队的带动作用不可估量。

第四，把别人的借口当成自己的机会。

敌人的部队开始也是连夜冒雨赶路的，但是当他们以“雨太大”、“路太难走”、“人太累”、“红军也许不会这么拼命赶路”等理由放弃时，红军却依然坚持自己的目标，最终抢先赶到泸定桥。

曾有记者采访皇明太阳能集团有限公司董事长黄鸣，问他心目中最优秀、最顶尖的人才应该具备什么样的素质。

出人意料，黄鸣的标准只有一条——“思想简单，心里不长草，唯有目标和效果。”

黄鸣说：“现在我们欠缺的就是这种思想简单的人，欠缺这种心同赤子，敢管敢干，唯公司大局和目标是从，一马当先浑身是胆的人才。最优秀的人才，对社会对公司最有价值的人才，最根本的品质就是简单。”

实际上，最优秀的员工，在完成任务之前，他们不会想任何让自己从任务中分心的事，那样只会让自己犹豫，影响目标的实现。要做到心中只有目标，心无旁骛，就一定可以实现目标。

激情可以把一座山推倒

干工作是要有激情的。鸟儿翱翔蓝天，靠的是强健的翅膀；干工作要想取得成功，靠的是高昂的激情。干工作缺少激情，就像鸟儿失去了翅膀，就像船儿失去了风帆，只会浑浑噩噩，一事无成。

比尔·盖茨有句名言：“每天早晨醒来，一想到所从事的工作和所研发的技术将会给人类生活带来的巨大影响和变化，我就会无比兴奋和激动。”他认为，成就事业者最重要的素质是工作激情。这种理念，成为“微软大厦”文化的核心和基石。

激情体现的是一种状态、一种精神境界。工作有没有激情，是检验一个人境界和素质的重要标准。古往今来，凡成大事者，必是激情澎湃，壮怀激烈者。共产党人在长期的革命和建设时期，就始终充满激情，永不言败，奋勇向前，用激情书写了中华民族伟大复兴的壮丽诗篇。“铁人”王进喜“宁可少活20年，拼命也要拿下大油田”的顽强意志和冲天干劲，鼓舞激励了一代代产业工人。正是由于这样一大批充满激情的共产党人，我们党才会始终充满活力，我们的事业才会不断推向前进。

工作激情不会与生俱来，它来自强烈的使命感。使命感产生动力，创造激情。“铁人”王进喜把摘掉祖国“贫油”的帽子当做自己的神圣使命，把自己的生命融入了石油事业，正是强烈的使命感让他像铁人一样顽强拼搏。一个把祖国和人民的事业当做自己使命的人，一个自觉地把自己的命运与祖国和人民的事业紧密相连的人，一定会始终充满上进的激情，充满干事创业、不辱使命的激情。相反，一个缺乏使命感、把自己与集体与国家发展割裂开来的人，注定缺乏向上的动力，激情注定不会持久。

工作激情不会凭空而来，它来自强烈的责任感。对工作有责任感才会产生激情。责任感是对企业的忠诚和对工作的热爱。我们无法想象一个缺乏责任感的人，会对工作充满激情。党的好干部焦裕禄，对党无限忠诚，为人民鞠躬尽瘁，用42岁的激情人生为我们立下了不朽的丰碑。他的激情来自何处？来自他对祖国和人民无限的爱，来自他为劳苦大众服务的强烈的责任意识。正是强烈的责任感，成为焦裕禄激情人生的不竭源泉。一个对企业充满热爱，把工作责任视为生命的人，就一定会激情不止，奋力向前。

工作激情不会一成不变，它来自永不懈怠的追求。目标有多高，追求就有多长；追求不停，激情就没有尽头。我们看到，大凡成功的人，都会不断地为自己设立目标，都会在追求目标的过程中，永不放弃，永不松劲，永远保持向上的一股气；我们也看到，凡是精神萎靡、不思进取的人，都是缺乏追求的目标，都是放弃了人生的追求，都是放松对自己、对工作的要求。在工作上，只有更好没有最好，有追求才会有激情，有追求才会有动力。

激情成就梦想，激情造就伟业。干工作要有激情，是时代对我们的要求，是企业发展对我们的要求，更是事业对我们的要求。做好工作，可以缺少一些条件，但绝对不能缺少激情。只要有激情，一切都有可能；只要有激情，就没有克服不了的困难，就没有做不好的事情。

对于一名员工来说，激情就如同生命。凭借激情，我们可以释放出潜在的巨大能量，发展出一种坚强的个性；凭借激情，我们可以把枯燥乏味的工作变得生动有趣，使自己充满活力；凭借激情，我们可以感染周围的同事，让他们理解你、支持你，拥有良好的人际关系；凭借激情，我们可以获得老板的提拔和重用，赢得珍贵的成长和发展的机会；凭借激情，我们可以想出更多战胜困难的方法，从而真正把工作做到位。在工作中培养激情，在激情中愉快工作，提高的不仅仅是工作质量，而且还有人生的境界，做人的价值。激情地工作成就着我们的事业，而激情的人生将使我们得以永恒。

从生理角度讲，人的激情涌起时，心脏的跳动加快，收缩更加有力，流到全身的血液速度加快，流量增加，同时脑垂体分泌出一种特别的激素，使人精力充沛，精神饱满，肌肉收缩强而有力，动作刚劲利落，整个人神采飞扬，让人一看就觉得他充满活力与冲劲。

从心理角度讲，人内心充满激情时，精神振奋，斗志昂扬，自信刚强，热血沸腾，觉得自己能战胜一切困难而决不屈服。彼时思如泉涌，灵感如潮，脑子一转就是一个好主意。自我感觉非常良好，达到一个前所未有的高度。

激情是让人热情洋溢、热血沸腾的强烈感觉，似乎前面有一座山也能把它推倒!

培养工作的乐趣和激情

评价一个人责任落实的效果，只要看他工作时的精神和态度即可。如果一个人工作起来充满热情，他就能够做到精益求精和完美；如果一个人做起事来总是感到受了束缚，感到工作劳碌辛苦，没有任何趣味可言，那他也绝不会把自己的责任落实到位。

要培养自己的工作乐趣和激情，有效落实责任，“零一二三四五”自我修炼法就很值得我们学习和掌握：

“零”即每天早上将思想清零，甩掉包袱，从头再来，锲而不舍。

“一”即学会在实践中抓“一”，因为“一”代表了这个事物的本质，它决定了事物的性质，抓“一”也就是抓事物的主要矛盾。

“二”即二维，也就是与人交往时采取的两种不同的沟通方式，朋友沟通讲究直来直去，商业的沟通要学会外圆内方，讲究圆滑。

“三”即三维，一个人在一生中所拥有的资源财富是其胸怀的宽度、思维的高度、眼界的长度三者相乘的结果，即一个人一生所拥有的资源财富。所以，人应当在工作、学习中开阔眼界、提高认识、放大胸怀。

“四”即成功交往的四个要素：明主、贤妻、良师、益友，尤其交友应多交“益友”，避开“损友”。有句俗话：“与穷人同行你即为穷人，与富人同行你即为富人。”世间万事万物虽不可绝对一概而论，但也确有一定道理，这里的穷与富不应只是以物质财富作为标准，更重要的是精神财富上的交流。

“五”即五行，作为一种人生境界，应努力去做一个高尚的人、有道德的人、纯粹的人、脱离了低级趣味的人、有益于他人的人。

全面理解和掌握这五点，你会找到人一生中不可缺少的四感，即安全感、使命感、成功感、归属感。

能否竭尽全力去工作，这是决定一个人能否落实责任及事业成败的关键。只要你能够领悟到通过全力工作免除工作辛劳的秘诀，那么你就掌握了达到成功的原理。

把工作生活化，把生活艺术化，始终保持工作的兴趣和生活的乐趣，这样你就能够永远拥有健康快乐的心态，你展现给世人的就会是一个完美的自己。

能否竭尽全力去工作，这是决定一个人能否落实责任及事业成败的关键。只要你能够领悟到通过全力工作免除工作辛劳的秘诀，那么你就掌握了达到成功的原理。

成为解决问题的行家里手

凡是最成功的人，都是表现最为卓越的人，可以说是行业里的顶尖人物。他们在自己的职业生涯里，不在乎付出多少时间，不在乎付出何种代价和牺牲，以这样的决心成就了不同凡响的业绩，以至成为了行业专家，成为了行业内不可替代的人物。自然，他们的收入也比常人高出了三倍、五倍甚至是几十倍。

成功没有秘诀，只有成为行业里最优秀的人才能成功。如果你对自己的工作没有做好充分的准备，又怎能因自己的失败而责怪他人、责怪公司呢？现在，最需要做到的就是“精通”二字。作为员工，一定要把自己的工作做到最好，做到全公司最好，做到同行业最好。

不要以为别人比自己强，别人比自己聪明，所有的技巧都是可以学会的，只要努力，你也可以成为行业里的专家，成为一个顶尖人物。

成为专家不仅是你个人对自己的要求，现在的公司也越来越需要这样的人才。所以，无论从事什么职业，你都要下决心做到比别人更精通。

把自己从事的工作做到精通，首先要做的就是对自己所从事的事情由衷地热爱。只有这样，才能最大限度地发挥你的潜能，做到独当一面。作为员工，我们应以极大的热情投入到所从事的事情中去，只有这样才能够达到多数人达不到的地方。

无论做什么工作，都应该精通它。精通某一件事，比对很多事情都懂一点皮毛要强得多。一个总统在得克萨斯州一所学校演讲时对学生们说:“与其他有能力做这件事的人相比，如果你能做得更好，那么，你就永远不会失业。”

一个成功的经营者也曾经说:“如果你能真正地制造好一枚别针，应该比你制造出粗陋的蒸汽机赚到的钱更多。”

成功者和失败者的分水岭在于：成功者无论做什么，都会尽自己所能达到最佳境地，丝毫不会有所懈怠。

每个人的成功都是在坚持不懈地努力中实现的。无论你处在什么地方，即使你的环境困苦，只要你全心投入工作，力争做到比别人更专业、更精通，最后总会获得成功，取得经济上的自由以及人格上的完善。

一份英国报纸曾经刊登了一则招聘教师的广告：工作很轻松，但要全心全意，尽职尽责。这句话很有哲理。

好好工作吧，下决心掌握自己工作内的所有问题，使自己变得比别人更精通、更专业。如果你是工作方面的行家，精通自己的全部业务，尽职尽责，追求尽善尽美，你就会受到别人的尊重，也会得到老板的重视，当然也就拥有了成功的根基。

很多人以为自己有文凭在手，就自以为了不起，其实，还差得很远，那些一知半解的人是最要命的，什么都懂一点但什么都不全懂，真正到工作中较起真儿来，就什么也不是了，任何困难都解决不了。一些浮躁的员工，不但做不好工作，而且还老出问题。这样的员工没有哪个老板愿意雇用他。

当然，任何人都不可能一下子做到精通，但是我们却可以在不断提升自己的同时，要求自己向着精通的方向努力。

不管在什么情况下，不要满足于平凡的工作表现，如果抱着“还行”的态度，那么你在工作上很难有起色。

每一位在事业上取得成功的员工，无一不是全心全意、尽职尽责、精通自己的工作，一丝不苟地把一切做得最完美的人。

每一位老板都在寻求能精通工作、做事一丝不苟的员工，这是一件相当困难的事情，那种把任何工作做得完美、善始善终的员工却是更少见。对于员工本人来说，不要疑惑，不要抱怨，而应该先反思一下自身的问题：自己是否真的走在前进的道路上？为了使自己的业务更精通，或者为了自身完善或是为了公司需要，你是否认真研读过专业方面的书籍？

无论从事什么职业，都应该精通它。这是优秀员工的座右铭。从现在开始，你就开始行动吧，掌握自己职业领域的所有问题，使自己变得比他人更精通。如果你是工作方面的行家里手，精通自己的全部业务，就能赢得良好的声誉，也就拥有了成功的有力武器。要想成为一个公司或一个行业里薪水最高的人，就必须成为公司或行业里面表现最佳的人。

挫折和失败并不可怕

适度的挫折具有一定的积极意义，它可以帮助人们驱走惰性，促使人奋进。挫折又是一种挑战和考验。生活中的失败挫折既有不可避免的一面；又有正向和负向功能。既可使人走向成熟、取得成就，也可能破坏个人的前途，关键在于你怎样面对挫折。

英国哲学家培根说过："超越自然的奇迹多是在对逆境的征服中出现的。"首先，挫折帮助你成长。人的成长过程是适应社会要求的过程，如果适应得好，就觉得宽心和谐；如果不适应，就觉得别扭、失意。而适应就要学会调整自己的动机、追求和行为。一个人出生时，根本不知道什么是对，什么是错，正是通过鼓励、制止、允许、反对、奖励、处罚、引导、劝说，甚至身体上的体罚与限制才学得举止与行为的适应和得当，学会在不同环境、不同时间、不同对象、不同规范条件下调整行为。

德国天文学家开普勒，从童年开始便多灾多难，在母腹中只待了七个月就早早来到了人间。后来，天花又把他变成了麻子，猩红热又弄坏了他的眼睛。但他凭着顽强、坚毅的品德发愤读书，学习成绩遥遥领先于他的同伴。后来因父亲欠债使他失去了读书的机会，他就边自学边研究天文学。在以后的生活中，他又经历了多病、良师去世、妻子去世等一连串的打击，但他仍未停下天文学研究，终于在59岁时发现了天体运行的三大定律。他把一切不幸都化作了推动自己前进的动力，以惊人的毅力，摘取了科学的桂冠，成为"天空的立法者"。

很多人在顺境的时候，心中充满了激情，但只要一遇到挫折，就会完全变样。他们通常有两种表现：一是以“我不行”为借口，破罐破摔。不是哪里跌倒从哪里爬起，而是哪里跌倒，就在哪里一蹶不振。二是以“环境不行”为借口，不从自己身上找原因，把责任归结于外部环境，或者说单位不行，或者说上级和同事不行，想赶紧换个地方重新开始。

在这两种情况的背后，总有他们不负责任的种种借口。而现实是：没有一个单位是为你量身打造的，世界永远不会以你为中心。做任何工作，都会遇到挫折和问题，如果稍有不顺心就换个地方重新开始，那么就算一天换一个工作，也还是找不到工作的激情。

在高峰和顺境的时候拥有激情并不难，难的是遭遇失败的时候，还能一如既往地保持激情。而成功的人，即使在最差的境遇下，也会永不言败，永远有向上的斗志。因为他们明白一个最简单的道理：要么战胜失败，把它踩在脚下；要么被失败战胜，让它压得无法翻身。

一些优秀人士，他们同样遭遇各种挫折，却没有找借口放弃努力，而是越挫越勇，并因此取得巨大的成功。他们总是这样说：“开心也是属于你，不开心也是属于你。带着激情去好好工作在于你，带着消极心态去应付工作也在于你。我们怎么能将开心或不开心的根本原因，推到外界呢？我们又怎么能将丧失激情的原因，责怪他人呢？”

那么，我们该如何永葆激情呢？

第一，永当自己的发动机。

从郭一平的身上我们可以学到一点：激情不是别人给你的，而是发自你内心的，它也是可以一直持续下去的。只要你愿意，只要你下定决心，就可以找出无数种自我激励的方法。

自我激励可以说是最合算的东西，它不花一分钱，没有任何成本，但得到的效果却往往惊人！

第二，以心境影响环境，不以环境影响心境。

这点与前面一点紧密相关，也是拒绝借口的重要法宝。

“环境不行”，这是很多人为自己找的借口。但有哪一个环境是专门为你准备的？

我们无法掌控环境，但可以掌控自己的心境。而且，往往心境一变，所谓“差”的环境也就显得不那么“差”了，即使真有不如意的地方，通过我们的积极努力，也能让它往好的方面发展。

第三，不忘初衷。

相信每个人在踏入职场的第一天，都怀着美好的愿望，都有着做出一番成绩的激情。但为什么慢慢地，我们的激情逐渐消退，甚至进入了“混一天是一天”的恶性循环中？

因为，我们忘记了自己的初衷。你可以好好地回想一下，当自己刚刚开始工作的时候，是不是满怀豪情，希望做一番轰轰烈烈的事业，希望在工作中体现自己的价值，成为一个对社会有贡献、对别人有帮助的人？

而现在，经历了这样或那样的不如意之后，你是否还保持了最初的想法？

在激情消退的时候，不妨多想想自己当初工作的目的，并以此来激励自己，绝不让借口消磨了动力。

第四，把挫折当做成长的“资粮”。

不要老从消极的角度看挫折，它也有积极的作用。一个人遭遇挫折的时候，可以更清醒地认识自己，改正自己的缺点，并提升自己内在的力量。

如果把工作比做一把披荆斩棘的“刀”，那么，挫折就是一块不可缺少的“顽石”。为了使工作这把“刀”更锋利，让我们勇敢地面对挫折的磨砺！

今天是解决问题的最好时机

今天是解决问题的最好时机，只有善于关注今天的人，才能拥有骄傲的明天，任何好高骛远或盲目悲观都是空中楼阁，因为只有脚下的土地才最坚实。

1871 年的春天，一位正在普通医学院读书的年轻人，面对自己一直不曾优秀的学业、面对现实生活中的繁难、面对不可预料的前途，极度地悲观起来，他忧心忡忡担心毕业考试不能通过，担心即使勉强通过了，毕业后又该如何求职、如何创业、如何与人相处、如何少走一些弯路、如何才能少遭遇一些生活的磨难等等，不尽的忧虑，使他感觉不到人生、生活的美好。

无边的烦恼困扰着他，他无助地翻开了一本书。蓦然，书中的一句话像晴空一个霹雳，深深震撼了他的心灵。从那天起，他完全变成了另外一个人，他把所有烦恼统统甩得远远的，用快乐和充实来安排第一天。后来，他成了他所生活的那一时代最负盛名的医学家，创建了世界著名的约翰·霍普金斯医学院，获得了英帝国学医的人所能得到的最高荣誉——成为牛津大学医学院指定讲座教授，他还被英国皇室册封为爵士。

他就是威廉·奥斯勒。他在 1871 年春天读到的改变他一生命运的一句话，内容极其简单——“最重要的就是不要去看远方模糊的画，而要做手边清楚的事。”

1917 年，他在耶鲁大学演讲时，许多同学追问他成功的秘诀是什么，他微然一笑说了四个字——活在今天。

威廉·奥斯勒博士说得没错。昨天的一切都已属于过去，都已成为身后的风景，而明天的一切尚未到来，还只是未知数。聪明的人会把昨天和明天的担子甩开，聚精会神地关注今天，把手头的事情全心全意做好。

所以，你要全身心拥抱每一个迎面而来的今天，让充实、快乐的每一个今天，成为应对明天的最好准备。抓住了“今天”，才谈得上积极进取，力争向上；抓住“今天”，才不至于被时代所淘汰；抓住了“今天”，才不至于处处被动，以至于在急剧变化的形势下手足无措。

有一些人的时间抓不紧，便埋怨今天天气不好、身体不舒服，或者有几个材料没找到不好动手，待找全了资料一鼓作气完成；或者说现在条件不成熟，急不得，慢慢来；或者说昨天夜里没睡好，头昏昏然；或者认为中国向来是“枪打出头鸟”，“雨打出头椽”，还是看看“左邻右舍”再说吧，等等。用不一而足的理由原谅自己。

总之，是今天不宜做事，甚至搬出前人的经验，“那些犯错误的不都是急急忙忙傻干的人吗?”“你看人家××，临事从来不走到前头，话不多说一句，事不多干一点，明天、后天可以办的事，决不今天办，从来不犯错误。”等等。好像犯错误是“说干就干”的结果，好似充分抓住“今天”就必定犯错误。

抓紧“今天”，充分利用时间和犯错误没有必然联系。如果违背国家的法律，所作所为不符合社会公共道德，早干晚干、干快干慢都是错误的。那种工作拖拖拉拉，毫无生气本身就是浪费青春，是一种慢性自杀。

在时间面前，弱者是无能的，他只是看着珍贵的时间白白流去；而强者却是时间的主人，充分利用分分秒秒为实现理想而努力工作。不要等待，不要观望，从自己立足的地方，大踏步朝前迈就是了。没有条件，努力去创造条件，没有知识，努力去获得知识，在时间上千万不能等待未来。只有牢牢抓住今天，才能赢得未来。

音乐巨人贝多芬曾说过：我们没有学习到一些有用事物的日子，都白白浪费掉了。没有比光阴更贵重、更有价值的东西了，所以千万不要把你今天该做的事拖延到明天去做。

第四章

多担责任，带动成长

工作中每个人的岗位不同、职责有别，但要把工作做得精益求精、尽善尽美，却都离不开强烈的责任心。有了责任心才叫敬业，才能不抱怨、不找借口，把心思完全放在工作上。

第一节 把忠诚敬业当成一种习惯

忠诚敬业是每一个人都应具备的职业素养，更是成功的基础，如果你能做到忠诚敬业，并把忠诚敬业变成自己的一种习惯，你一定会一步步走向事业的成功之巅。

问自己能给公司做什么

很多时候，我们更关心自己的利益，关心自己是否能够获得足够的支持；而现在我们发现，其他人也都一样“精明”，这使得职场工作变得举步维艰。在和家人、朋友相处的过程中，很少有人考虑“我能为他们做些什么”，他们总认为人是自私的，索取是天经地义的。

约翰·肯尼迪在总统就职典礼上曾说过这样一句话：“不要问你的国家能为你做些什么，而应该问你能为国家做些什么。”肯尼迪总统的这句话，道出了大多数人无法获得事业成功的原因，并改变了我们对工作的看法。肯尼迪的这番话完全可以改变你我。在商场上，我们应该提供物超所值的产品和服务给客户——这是我们能为他们做的，也是他们渴望得到的。毕竟，我们对客户的需要远远大于客户对我们的需要。

在职场上，你要学会站在企业、主管、员工、同事的立场来想“我能为他们做什么”，这会为你带来更愉快的合作和更高的工作效率。面对家人和朋友，“我能为他们做什么”的想法会使生活变得更加丰富而让人留恋。当你这样做时，你就会发现，给予他人越多，你就能获得更多。

在满世界都是“聪明人”的今天，肯尼迪的教诲仍应是每个人的行为准则。想一想，难道你在企业的位置是真的无人替代吗？你的客户非得和你做生意吗？显然，这不是事实。

那些始终思考“我能为企业做些什么”的员工根本不用担心没有出头的机会，更不用担心失业。因为他们想对了问题，做对了事。

在美国西部，有个年轻的小伙子梦想着自己能够成为一名新闻记者，可他没有经验也没有熟人，他不知道如何才能得到一份报社的工作。有一天，他灵机一动，给报界名人马克·吐温写了一封求助信。

几天后，他就收到了这封改变他未来命运的信，信中说：“假如你能按照我所说的去做，我可以帮助你在报界谋得一个职位。你现在要告诉我的是，你想到哪家报社去工作？”

小伙子把这封信翻来覆去看了几遍，又异常兴奋地写了一封回信。信中说明了他所心仪报社的名称和地址，并向马克·吐温诚恳表态，表示愿意听从他的指示。

又过了几天，小伙子收到了马克·吐温的第二封信，信中说：“如果你肯暂时只做工作而不拿薪水，你到任何一家报社，那么人家都不会拒绝你；至于薪水问题，你可以慢慢来。你可以对报社的人说，我非常热爱记者的工作，我可以从零做起，并且不要任何报酬。听我的，我保证你会找到一份你想要的工作。”

“在你得到第一份工作之后，不要以为不拿薪水就可以没有工作压力；正相反，你一定要全力以赴。得到那家报社的重视以后，你再到各地去采写新闻。如果你所采写的新闻稿件确实符合编辑的要求，报社自然就会陆续发表你的作品。当你正式成为一名外派记者或编辑时，也就自然成为这个报社中的一员了。慢慢地，大家也会觉得离不开你，你自然也就不用为自己的薪水担忧了。”

读完这封信，年轻人很兴奋也很担心，这确实是一个好办法，但问题是能否行得通。但最后他还是照做了。就这样，他来到了一家向往已久的在当地很有名气的报社。在报社工作的第一个月里，他遵照马克·吐温先生的嘱咐，兢兢业业地去做好每一件很琐碎的事情。不久他就能采写新闻稿件供给编辑室了，而编辑部也注意到了这样一位与众不同的小伙子，于是，他采写的新闻频频出现在报纸上。

渐渐地，这位年轻人的才气与名气已广为其他报社所熟知。几个月后，他收到了另外一家知名报社的聘书，表示愿意出高薪聘请他。他所在的报社听说此事后，以双倍的薪水待遇将他留了下来。就这样，他在那里继续做了四年。四年后，他成了那家报社的主编。

除了他之外，另外几个年轻人也在马克·吐温的点拨下找到了理想的工作。这位世界级的大师告诉年轻人，只要用心，走到哪里都不难找到工作；只要有了工作，就不难迅速晋升。在些过程中，不要只想着企业能给你什么，而应想着你能为企业做些什么，那些只知道向企业索取的人则会遭遇失败。

不要整天考虑“企业能给我提供什么、能为我做些什么”，不妨想一下，你是否值得别人为你付出，是否已到舍你其谁的地步？“不要只想着企业能给你什么，而应该问你能为企业做些什么。”只有把企业挂在心上的人，企业才会给他留出更多的发展空间。

忠诚的人值得委以重任

一位成功学家说：“如果你是忠诚的，你就会成功。”作为一名员工，你的忠诚对于你而言，就是你成功的通行证。忠诚的人容易获得别人的信任和支持，也值得别人对他委以重任。因此，忠诚的人更容易获得成功的机会。

从古到今，没有谁不需要忠诚。皇帝需要他的臣民忠诚，领导需要他的下属忠诚，丈夫需要妻子的忠诚，妻子需要丈夫的忠诚。在职场中，人们更是奉“忠诚”为衡量员工品质的首要标准。在一项对世界著名企业家的调查中，当被问到“您认为员工最应该具备的品质是什么”时，他们几乎无一例外地选择了忠诚。

在诱惑颇多的今天，人们很容易背叛自己的忠诚，而能够守护忠诚的人就显得更加珍贵。克里丹·斯特是美国一家电子公司很出名的工程师。他所在的这家公司只是一个小公司，时刻面临着规模较大的比利孚电子公司的压力，处境很艰难。

一天，比利孚电子公司的技术部经理邀请克里丹共进晚餐。饭桌上，这位经理对克里丹说：“只要你把公司里最新产品的数据资料给我一份，我会给你很好的回报，怎么样？”

一向温和的克里丹一下子就愤怒了，“不要再说了！我的公司虽然效益不好，处境艰难，但我绝不会出卖自己的良心做这种见不得人的事，我不会答应你的任何要求的！”

“好，好，好。”这位经理见克里丹这种反应，不但没生气，反而颇为欣赏地拍了拍克里丹的肩膀，“好好好，别生气，这事当我没说过。来，干杯！”

不久，克里丹所在的公司因经营不善而破产了。克里丹失业了，可一时又很难找到工作，于是他只好在家里等待机会。可是没过几天，克里丹竟意外地接到比利孚公司总裁的电话，说是让他去一趟比利孚电子公司。

克里丹百思不得其解，不知“老对手”找他有什么事。他疑惑的来到比利孚公司，出乎他意料的是，比利孚公司的总裁热情地接待了他，并且拿出一张非常正规的大红聘书——他们要聘请克里丹做“技术部经理”！

克里丹惊呆了，他喃喃地问：“您为什么相信我呢？”总裁哈哈一笑，说:“原来的技术部经理退休了，他向我说起了那件事，并特别推荐你。小伙子，你的技术是出了名的，你的正直更是让我佩服，你是值得我信任的那种人!”

克里丹一下子明白过来了。后来，他凭着自己的技术和管理水平，成为了一名一流的职业经理人。

面对诱惑，不少人都禁不住考验而丧失忠诚，昧着良心出卖一切，其实，在他出卖忠诚的同时，他也出卖了自己。

有一位双料博士，他先在北京大学修完了法律课程，又在清华大学修完了工程管理课程。这样优秀的人才，理应工作顺利，事业飞黄腾达。然而，他的经历却恰恰相反，这位博士最后不仅登上了多家企业的黑名单，而且成为了这些企业永不录用的对象。这是为什么呢?

原来，博士毕业后，他去了一家研究所，并凭借自己的才华，研发了一项重要技术。因为觉得自己待遇太差，不久，他就跳槽到一家私企，并以出让那项技术为筹码做了公司的副总。不到三年，他又带着公司机密跳槽了。就这样，他先后背叛了不下五家公司，以至于北京的大公司都知道了他的品行，不再用他。

直到最后，这位博士才发现，原来受打击最严重的并不是那些企业，而是他自己。因为被贴上了“不忠诚”的标签，他被多个企业列入了黑名单，几乎每一个了解他情况的老板都明确表示，绝对不会聘用他。

任何上司都不会容忍或原谅下属对自己不忠，如果为了一己私利不惜牺牲公司的利益，终究会被职场所淘汰。面对诱惑，克里丹不为所动，经受住了考验，忠诚不仅没让他失去机会，反而让他赢得了机会。更为重要的是，除此之外，克里丹赢得的还有一份尊重。

才华出众，不代表你就能赢得好的事业，缺少了忠诚，谁也看不上你的才华。仅仅为了个人利益就放弃忠诚，将会成为一个人职业生涯中永远抹不去的污点。双料博士之所以找不到工作，就在于他缺乏对企业的忠诚。

当一个人失掉忠诚时，连同它一起失去的将是个人的尊严、诚信、荣誉以及个人的真正前程。

有人说，忠诚是职场中最值得重视的美德，因为每个企业的发展和壮大都是靠员工的忠诚来维持的。只有所有员工都对企业忠诚，才能发挥出团队力量，才能拧成一股绳，劲往一处使，推动企业走向成功。

对老板来说，员工对老板的忠诚，能够让老板拥有一种事业上的成就感，同时还能增强老板的自信心，更能使公司的凝聚力得到进一步的增强，从而使公司得以发展壮大。所以，现代企业在选用人才时，不仅仅看重个人技术能力，更看重品行道德，而在品行道德中，企业最关注的就是忠诚度。那些朝秦暮楚，只管个人得失的人，即使能力再高，也不可能被企业重用。可见，一个缺乏忠诚的人，不仅会丧失发展的机会，而且会丧失立足社会的生存资本。

我们设身处地的想一想，一个企业很有可能是老板的毕生心血，他怎么可能将自己的心血交给一个不忠诚的人呢？因此，任何时候都不要背叛企业，如果你觉得这个企业不适合你，你可以选择离职，但请不要将企业的商业秘密泄露给其他人，因为一次背叛就会被扣上不忠诚的帽子。如果你被别人认定是一个不够忠诚的人，那么你的前途就有可能受到影响，并且很有可能你会因此走到事业的尽头。

有些员工过高地估计了自身的能力和综合实力，并且对公司抱有过高的期望值。一时想不通，便跳槽了。从表面上看员工跳槽直接受到损害的是企业，但从更深层次的角度来看，员工自身造成的损失更大。盲目跳槽的人往往会给自己找许多借口，不断离开一个个的公司，久而久之，自己就不再勇于面对现实、积极主动克服困难了，而是在一些冠冕堂皇的理由下回避、退缩。而且使你养成“这山望见那山高”的习惯，使你自身价值降低了许多。

忠诚是什么，忠诚不是叫你从一而终，它是一种职业道德。在我们的职业生涯中，流动是很正常的，但流动带给我们的只是环境的变化，不变的应该是我们的忠诚。忠诚是一种自始至终的责任——对公司的责任，对老板的责任。

忠诚的人自觉解决问题

现在，普遍认为找企业是双向选择，来去自由，老板可以炒员工鱿鱼，员工也可以炒老板的鱿鱼，稍有不顺心的事，就想跳槽，根本谈不上忠诚，而是一直在三心二意之中。

市场经济条件下的聘用制度对每个人来说，自由度增大了，但这绝不是不安心本职工作的理由。人生是短暂的，青壮年阶段更是有限的。在任何企业、任何岗位对自己都是锻炼，都是走向成熟的过程。

什么是责任与忠诚？责任是我们需要对我们所关心的事情做出反应，而不是一种由外部强加在我们身上的义务。责任是我们的本职工作，忠诚是我们对待工作的一种态度。忠诚是对企业全心全意，而非三心二意。把自己和企业融为一体，业兴己兴，业荣己荣，业衰己衰，与企业同呼吸，共命运。以能够成为企业的一员为荣，想企业之所想，急企业之所急，对企业有事业心和责任感。

对许多员工来说，认为企业是老板的，但我们很少考虑过整个企业的发展与我们自身的发展有着直接的关系，企业的发展会促进我们自身的发展，这就要求我们对企业一定要有强烈的责任感与忠诚度，才能真正为企业所着想，促进共同发展。

商品经济是个高投入、高回报的经济制，即使想争取到最理想的境地，也必须从现在做起，把所承担的事情作为全部事业来做，步行千里始于足下。

能者必能上，庸者必能下，前提是能不能与企业共存共荣，一条心地干出成绩来。用成绩来证明自己存在的价值！有了对企业忠诚的心态，行动上才会主动，才会有强烈的责任心。《把信送给加西亚》一书中说的十分清楚："就是不用别人告诉你，你就能出色地完成工作"。

有人说，“上司怎么说就怎么干。”这是对的，应该是令行禁止，但不能说是责任心。在“怎么干”里面有积极地、创造性地、出色地干；也有消极地、保守地、平庸地干。所谓“不用别人告诉你”，是指任务已经确定，是在你的职责范围内发挥自己的主观能动性。主动和服从并不是对立的。老板不可能部署任务事无巨细，面面俱到。事事都等着老板的部署，这就被动了，是缺乏责任感的表现，接受任务之后，能够千方百计地去完成它，才是有责任心的体现。

日本推销之神原一平说:“只有卖棺材和墓碑的人才可以等生意上门。”他每月用名片1000张，每天必访顾客15位，没访问完决不回家休息。他们都是有着高度责任感，凭着艰苦、韧劲才出色完成事业的。

只有在对企业无限忠诚的前提下，才能增强责任心、事业心，在一定的工作范围内，自觉地发现问题，自觉地主动地解决问题，发挥主观能动性，创造性地完成任务。当然，有时候，接受任务有一定的困难，在困难面前，是前进还是退缩，这正是对责任心的考验。如果有强烈的责任感，就会变压力为动力，去分析困难，研究对策，克服困难。如果缺乏责任心，就会退缩，就会打退堂鼓，甚至撂挑子。

当你进入一家公司，就好像上了一条船，只要你是公司的员工，你就是这条船的主人，你必须以“船员”的心态来管理这条船，而不是以“乘客”的心态渡过茫茫大海。

作为“船员”，你要毫无保留地忠诚于公司，将上司和同事视为同舟共济的团队伙伴，与“船”同风雨、共命运。

荣誉虽然看不见，但它存在于每个人的心里，是一个人的“无价之宝”。它比任何看得见的东西都更值得我们去珍惜、去拥有。

在工作中，每个人都有属于自己的战场，每个人也都是自己的英雄。真正的荣誉，其实不是他人的赞扬和奖赏，而是自己内心深处的满足。

忠诚胜于能力

无论一个人在企业中是以什么样的身份出现，对企业的忠诚都应该是一样的。我们强调员工对企业的忠诚，就是因为无论是企业和个人，忠诚都会使其得到利益。其实，每位员工的价值，在老板的心里都会有一个评判，员工是否忠诚，老板都看在眼里。如果你能做好自己该做的，并且能一直忠于职守，老板一定不会让你失望。

在决定事业成功的诸多因素中，一个人的知识水平、能力的大小占了20%，技能占了40%，态度也仅占到40%，而100%的忠诚是你获得成功的唯一途径，是自我价值得以创造和实现的保证，它使你成为企业真正需要的人。因此，美国一位成功学家曾无限感慨地说："如果你是忠诚的，你就会成功。"

有一个公司老板聘用了一个年轻人做自己的司机，年轻人只领取属于自己的那一份酬金。而可贵的是，这个年轻人并不满足于此，还经常为老板寄发一些信件，处理一些手头上的问题。这样一来，他对公司的一些业务也了解了很多。

渐渐地，如果老板有事情脱不开身时，就让他代为处理。他还在晚饭后回到办公室继续工作，不计报酬地干一些并非自己分内的工作，而且在超越自己的工作范围内也力求做得更好。

有一天，公司负责行政的经理因故辞职，老板自然而然地想到了他。在没有得到这个职位之前已经身在其位了，这正是他获得这个职位最重要的原因。当下班的铃声响起之后，他依然坐在自己的岗位上，在没有任何报酬承诺的情况下，依然刻苦训练，最终使自己有资格接受这个职位，并且使自己变得不可替代了。

有人认为：忠诚，无非是要做出无私的奉献，这对我根本就没有任何好处，我对别人忠诚了谁对我忠诚？难道我忠诚了老板会多给我钱吗？抱着这种想法的员工一定不会有好的工作态度。而一个员工的工作态度，他是否以公司为家，是否以公司的事业为自己的事业，其所能做出的成绩和发挥出来的潜能是大不一样的。

踏踏实实做事，在心中有忠诚奉献的意识，并能付诸行动的人，即使他本来才智平庸，也会在不断地磨炼中进步，当他能力达到一定程度的时候，也必将得到老板的赏识；而对公司没有归属感，总想着跳槽的人，其神思必定恍惚，其用心必定不专，即使他能力很强，也很难发挥一二，这样的人，当然也不会得到老板的信任。

托马斯·杰克逊曾说："敢于行动而且忠于职守的人一定能够成功。"对事业、对公司忠诚的品质一旦养成，就会积累成职业责任感和职业道德，而这些是任何一个公司、任何一个老板都最需要的。如果你拥有了这些品质，那么无论你在任何地方都会得到老板的信任，如果你得到老板的信任，那老板必然会把你作为培养的对象，当你在老板的培养下获得一定的能力后，你的发展空间也必将更加广阔，在这样一步步前进的过程中，成功的砝码也将快速向你倾斜。

《史记》中记载了这样一个故事，它很好地说明了忠诚与信任的关系。

季布原来是项羽的部将，骁勇善战，经常令刘邦伤透脑筋。汉高祖灭项羽之后，以重金悬赏季布的首级，并且颁布命令：凡是窝藏季布的人，一律诛杀全族。

季布歇容乔装，以奴隶的身份藏匿在侠客朱家的家中，朱家知道实情，对他特别礼遇。有一天，朱家拜访夏侯婴说："季布到底犯了什么滔天大罪，被这么急急追赶？"

"季布仕宦于项羽时，常造成陛下的困扰，陛下对他憎恨有加，所以无论如何都要捉到他。"

"您对季布的看法如何呢？"

"嗯，他是一个很伟大的人。"

"为了主君鞠躬尽瘁，是臣下的义务，季布效忠项羽也是忠于自己的任务。就因为季布曾经是忠于项羽的部属就是非杀不可吗？天下平定，汉高祖身为一国之君，难道要为了一己的私怨而拼命追杀过去的敌将吗？这样不是显示自己的度量狭小吗？”

夏侯婴觉得有理，所以上书汉高祖，汉高祖于是赦免季布，并且重用他。

历史上，季布常常受项羽的指派率领军队与高祖对垒，并且经常能把汉高祖刘邦打败，这让刘邦很是难堪，因此刘邦对季布恨之入骨，可为什么最后刘邦不仅赦免了季布，而且还对他委以重任呢？我想这其中不外乎两个原因，一个是忠诚，一个是才能。

季布在项羽手下的时候，屡次为项羽立战功，因为项羽是他的“老板”。作为手下，他不仅忠于老板，也忠于自己。正因为他对项羽的忠诚，赢得了朱家的尊敬，也赢得了汉高祖的信任。汉高祖认为，他对项羽如此忠诚，那么如果他作为自己的手下，也一定会忠于自己，况且季布是一个如此有才能之人，为什么不能重用呢？

从季布的身上，我们可以看到，一个人的忠诚不仅不会让他失去机会，相反，还会让他赢得机会，除此之外，他赢得的还有别人对他的尊重和敬佩。

比尔·盖茨说：“这个社会不缺乏有能力有智慧的人，缺的是既有能力又忠诚的人。相比而言，员工的忠诚对于一个企业来说更重要，因为智慧和能力并不代表一个人的品质，对企业来说，忠诚比智慧更有价值。”

忠诚是一种美德，也是每一位员工值得具备的品质，因为忠诚能给你带来你暂时看不到的“无形回报”——信任。作为一名员工，要赢得老板的关注，除了要有过硬的专业技能外，还需要有赢得老板信任的人格魅力，而忠诚无疑是最好的选择。

有荣誉感的人更忠诚

当你以自己的工作为荣，当你以所处的企业为荣，当你将做好自己的工作视作自己的荣耀时，你会发现，你的体内拥有了一股强大的推动力，你不再视工作为一种谋生的手段，你会把它当成自己的一份事业，而工作对你而言，将不再是枯燥乏味的，它将不断地带给你乐趣与幸福。

荣誉感是一种宝贵的精神财富。树立荣誉感，为荣誉而工作，是我们每位员工人生价值的最高境界。

小王在一家软件企业上班，但他只是一名普通的软件销售员。有一天，他很意外地被通知在家待岗。待岗比辞退好不到哪里去，只不过每月能够领取一点点象征性的生活费而已。之前，他一直都拿着较低的薪水，没有什么积蓄，一家人的生活一下陷入了困境。

待在家里才几天，他就一连接到了三个奇怪的电话。打电话的人自称是他原来上班的那家企业的竞争对手，他希望小王为他们提供一些那家企业的市场机密，之后他会给小王提供一份工作或者十万元作为回报。

第一次接到电话时，小王断然拒绝了。第二次，那个人将报酬提高到二十万元，小王还是严词拒绝了。

“你那家企业已经让你待岗了，跟辞退你有什么区别，你没有必要为他们保守秘密了，不值得呀！”电话里的那个人劝说道。

“替企业保守秘密，是我的做人原则，别说我还没有被辞退，即使被辞退了，我也会如此的，你不必再说了。”小王再一次拒绝了。

第三个电话打来时，小王正在四处借钱，以维持家庭生活之用。而这时，电话里的那个人开的价已高达四十万元！

小王还是拒绝了。

电话再也没有打来，一切似乎都过去了。然而，一个星期后，小王很意外地被通知去上班，老板把代表企业最高荣誉的奖章——忠诚奖章发给了他，同时，老板还发给他一份聘书，聘任他为企业市场开发部经理。

原来，那三个电话都是老板安排他人打的，根本不存在什么竞争对手，那不过是一次干部聘任前的考察罢了。

小王用忠诚捍卫了自己的荣誉，同时，他也因此而赢得了更高的荣誉，并且得到了老板的充分信任，被委以重任。小王之所以会对公司如此忠诚，是因为他重视自己的荣誉，他认为一个人可以没有金钱，但是不能没有企业荣誉感。

有人说，荣誉与忠诚之间是双向的，两者存在着良性循环。什么意思呢？拥有荣誉的人会更加珍惜自己获得的荣誉，同时也会表现的更加忠诚。他会努力捍卫自己的荣誉，而荣誉又来自于忠诚，要捍卫荣誉就需要忠诚，因此，可以说荣誉强化忠诚。

忠诚的员工可以获得更高的荣誉，荣誉感强的员工也会更加忠诚于企业。没有羞耻之心的人就不会顾及自己的荣誉，这些人也是最容易背叛企业的。在他们眼里金钱价值更高，为了金钱利益，他们会出卖企业的秘密，出卖自己的人格。而当一个人心中充满荣誉感的时候，他会听从内心职责的召唤，会发挥出极大的工作热情，因而也能更迅速、更容易地获得成功。

现代企业中，老板在聘用员工的时候，也是很看重一个人的荣誉感的。我们作为一名员工，在了解了荣誉对我们的重要性之后，更应该树立自己的荣誉感。为荣誉而工作，就是为忠诚而工作，就是对企业忠诚的表现。

为荣誉而工作，就是主动争取做得更多，承担更多的责任；为荣誉而工作，就是全力以赴，满腔热情地做事；为荣誉而工作，就是为企业分担忧虑，给老板减轻压力，给上司以支持，给同事以帮助；为荣誉而工作，就是替他人着想，为客户着想，把自己最优异的工作成果奉献给社会；为荣誉而工作，就是展示你的才华，展示你的无私和无畏，展示你迷人的工作形象；为荣誉而工作，就是自动自发，最完美地履行你的职责，让努力成为一种习惯。努力工作，忠诚于企业，在捍卫企业荣誉的同时，也树立了自己的荣誉。

荣誉来自于忠诚，你努力工作，忠诚于企业，在捍卫企业荣誉的同时，也将树立自己的荣誉。

敬业让人成为专家

在事业发展中，有了敬业精神我们就会深深地喜欢上我们所从事的职业，由此我们才会更进一步地专心致志地从事我们所做的事，从而达到专业的程度。专家才会成为赢家，如此你也就成就了你的事业。

一个员工如果缺乏敬业精神，那么他丢掉工作也是迟早的事。敬业是公司的需求，同时也是对自己的厚爱。因为敬业才能立业。敬业是立业的前提和基础。有了敬业精神，才能有立业之志，有立业之能，才能增立业之才。

敬业是一种积极向上的人生态度。秉持这种态度的人会树立“这个世界没有卑微的工作，只有卑微的工作态度”的职业价值观。敬业的人对自己的职业水准有很高的要求：精益求精，永远对工作现状不满意，永远在改善工作。这种敬业精神，在职业生涯发展道路上，直接决定了职业发展的高度。

如果你去问今天大专院校的学生们，工作好不好找，相当一部分人会说不好找。如果你去问今天的公司经理们，人才是不是很易得，同样也会有相当一部分人说找个合适的人才并不易。其中的原因，绝不是“信息不对称”所能解释的。没有敬业精神，做不好本职工作，你又怎么能找到自己立业的突破口？

从这个角度说，敬业又是一种职业能力。我们把制约职业生涯发展的主观因素称为能力，而敬业就是在一定职业生涯发展阶段制约、影响我们进一步发展的主观因素。所以，没有敬业精神就不单单是职业道德的问题，更是一种职业能力的缺失。

有一个集团公司的行政总监，在他成为行政总监之前，不过是公司行政部的一名普通职员。

从他进入公司那一天起，他就非常努力、敬业，主动承担责任。很多工作虽然不是他分内的事，但他还是主动做得尽善尽美。他每天第一个到办公室，最后一个离开。虽然没有人承诺给他加班费，他还是经常加班，为的是不让工作拖到第二天。他总能提前完成主管交办的工作，并且做得很好。

他这样做的时候，自然也有同事嘲讽他。但他没有在乎这些人的嘲讽，依然坚持自己的工作态度和做事原则。因为他做得越多，对公司了解的也越多，掌握的技能也越多，公司也就越需要他。

他的表现，部门经理看在眼里，总经理也看在眼里。总经理在交了一两件事给他办之后对他产生了信任，之后便交给他更多的任务让他去完成，并有意地让他参与公司的一些重要会议。

有同事对他说："总经理增加你的工作，你应该要求加薪。"

但他没有要求加薪。他知道自己已经得到很多——他在很多方面其实已经超过同部门的老员工，这种收获绝对不是薪水所能换来的。

总经理给他增加任务实际上是在考察和培养他。总经理早对原来的行政经理不满，那个行政经理年龄虽不大却一副老气横秋的样子，自负傲慢又不肯承担责任，出了问题总为自己找一大堆借口。

在经过一段时间的考察和培养后，总经理做出决定——解聘原来的行政经理，让这个普通的职员取而代之。人事命令一公布，整个集团为之哗然。人们开始议论纷纷，这时总经理说出自己的看法："这个年轻人身上有一种最宝贵的东西，这也是我们公司所需要的，而且是很多员工所缺少的，那就是勤奋、敬业和忠诚。我承认他的管理能力和经验都还欠缺，文凭也不高，但只要有勤奋、敬业和忠诚就什么都学得到，我相信他一定能够胜任行政经理的工作。"

事实证明，总经理的决定一点也没有错，这个年轻人只在刚上任的一两个月里感到有点吃力，之后就表现出了游刃有余的愉快神情，因为他勤奋、敬业和忠诚。所以，企业里敬业的员工，才是老板最欣赏最看重的员工，也是最容易成就事业的员工。

路易大学毕业后，先是在父亲开的清污公司干活。父亲用一桶清洗液和一把钢丝刷，头顶烈日为儿子上了重要的一课：每一件工作都好比是你的签名，你的工作质量实际上等于你的名字，只要脚踏实地，埋头苦干，迟早会出人头地。他按照父亲的教导，用钢刷蘸着清洗液把砖头洗得干干净净。

后来，路易在西南食品超市由包装工升为存货管理员，整天干着装装卸卸、摆摆放放这些细小麻烦的工作，但他始终一丝不苟、乐此不疲。有朋友屡次劝他:“别把青春耗费在这种没出息的事情上!”但他却不以为然，仍是坚守着自己的工作信条：工作无大小，干好当下每件事。朋友认为他是个大傻瓜，一辈子也干不出什么名堂来。然而，他却为自己能干好这件谁都不愿干的工作而自豪不已。他相信父亲的话:“只要自己不断努力，只要认真地做好每件事，上帝一定会眷顾你的。”

果不其然，数年后路易脱颖而出，成为拥有 8 家商店、一年总营业收入达几千万的大老板。而当初劝他的朋友们却大都默默无闻。

敬业的员工，他们努力、尽职尽责、力求完美地干好工作，不是为了对老板有个好的交代，而是敬业精神驱使他们无论干什么样的工作，都必须做到尽善尽美。

在竞争越演越烈的现代职场，敬业更是成就大事不可或缺的重要条件。它是强者之所以成为强者的一个重要原因，也是一个弱者变为一个强者应该具备的职业品行。你如果在工作中具有敬业精神，并把敬业变成一种习惯，那么无论从事什么行业，你都是现在领域里出类拔萃的佼佼者。

有人曾经在雨天对公交车的停车方式做过调查，结果发现：一个路边有很深积水的车站旁边，75%的司机把车停在了距离乘客 2 米左右的地方，乘客没有办法一步跨上车，只能踩着水过去，15%的司机在快到车站的时候，没有减速，以至于车轮溅起的积水淋到了乘客身上，只有10%的司机主动减速停车，并把车停在乘客抬脚就能上车的地方。后来，调查人员发现，那10%主动为乘客着想的司机，在工作中一直十分敬业，也获得了更快的提升。

通用电气公司的前总裁杰克·韦尔奇曾经说过："任何一家想靠竞争取胜的公司必须设法使每个员工敬业。"敬业的人是企业争抢的香饽饽。员工敬业的最直接结果是企业的不断发展。而希望自己的事业兴旺发达，则是每个老板的愿望。本着这样的愿望，他自然就会需要一个、几个乃至一批兢兢业业、埋头实干的下属。你如果具有这样的品质，那你必然是受企业欢迎的人。

一个没有敬业精神的人，即使有能力也不会得到人们的尊重和接受；能力相对较弱但具有敬业精神的人却能够找到自己发挥的舞台，并步步实现自身的价值，最后更有可能发展成为广受尊重的人。敬业精神的强度取决于一个人的职业态度，敬业是一种职业态度，也是职业道德的崇高表现。

敬业是一种踏实的人生态度

敬业是付出，敬业也是收获。敬业是积极向上的人生态度，忠于职守、热爱本职、兢兢业业、精益求精、一丝不苟，等等，都是敬业的具体表现。

敬业还是施与，施与社会，施与自己。就像克里斯托夫·查普曼在墓碑上刻着的那行字："我从施与当中获得充实。"你也会因施与而充实，因付出你所应该付出的而心安。

查理在一家高科技公司的收发室工作，是一个临时工。在近一段时间，公司要进行人事改革、机构调整，目前正处于人员去留不定的等待阶段。由于公司对人才素质要求很高，许多年轻的大学生都认为自己将有可能被淘汰，在还没有得到确切消息之前，他们就干脆不来上班了。查理心里知道，像他这样的临时工，公司是绝对不会留用的，更应该早做打算。但是，在还没有交接钥匙之前，他不想丢弃自己的分内工作。他依然像往常一样勤奋地工作着，及时地把报纸、信件送到各个部门后，又马不停蹄地为自己增加了一份额外的工作——替各个办公室搞卫生，因为志愿不定，连卫生工作都显得有点紊乱，查理默默地主动担当这项工作。

时间的脚步永远不会停滞不前，交接的这一天终于到了，查理知道自己真的要和这份工作说再见了，他决定坚持做好最后一次。查理干得格外认真、仔细，甚至为将要接替他的工作的人画好了去各个部门的线路图。

这时，有个年轻人来到收发室问他："许多人早就不来了，你怎么坚持到现在还在工作?"查理说："今天是我干这份工作的最后一天，明天我也不来了，但是我把今天的事情做完、做好了，走时心里才踏实。无论做什么，总得要有始有终吧。"

年轻人没说话，点点头走开了。查理继续做着他的事情，他把收发室收拾的干干净净，一尘不染，又把桌凳上稍微有点松动的螺丝拧紧一些，把盛放报纸的壁橱再次整理一番，直到下班，他到接收办公室交钥匙时，还不忘给阳台上的花草浇浇水。

第二天，是公司宣布留用人员名单的日子，大家惊奇地发现，竟然有查理的名字！原来，和查理谈话的年轻人就是公司的新任董事长。他在当天全体员工大会上郑重宣布："公司需要做事认真，有责任心，爱岗敬业的员工，查理就是一个对工作敬业的典型。不爱岗的人必然下岗，不敬业的人肯定失业。"

热爱工作的人，工作不仅仅是满足他们生存的需要，而且也是生活的第一需要。它使人振作、充实、有活力、有朝气，他们常常忘记辛苦，忘记得失，全神贯注地工作，一心一意把工作做好。

你有没有过这样的体验：当你回家自己摆弄电脑、修补渔具、养花种菜时，你虽然也进行着劳动，但你从没有想过报酬的问题，因为你陶醉于其中，劳动成果就是自己的报酬，你是在为你自己工作，为实现你自己的目的而劳动。当人们只为了真正认可的目的而自觉工作的时候，物质报酬只是附带的，他们收获更多的则是自我价值实现的感受，是充实而安宁的生活。

敬业使一个人工作愉快，有活力。它使人乐于工作，尽心把工作做好，从而获得成功和喜悦。而在乏味的被动情况下，你不可能提高工作质量，也不可能在工作上发挥创意。敬业的人有一种认真的工作态度和坚持的工作作风。古人坚持“一日不做，一日不食”，勤勤恳恳地把工作做好，把它当做与生命意义密切相关的问题来看待。也正是如此，敬业的人，一生都绽放着活力和光彩。

无论你在何时何地，也无论你从事什么样的工作，都应该尽职尽责投入其中，认认真真地做好每一件事，并竭尽所能去完成它，那样于人于己都心安理得，争取自己所做的每一项工作都能善始善终，你会发现，敬业最终会改变你的人生。

敬业是易事，因为每个人都可以做到，但是敬业也是难事，因为不是每个人都能做到；敬业也是小事，因为它很难马上体现在薪资的涨跌上，但是敬业也是大事，因为它关系到一个人职业生涯的兴衰。

敬业比能力更重要

一个员工能力再强，如果他不愿意付出，他就不能为企业创造价值，而一个愿意为企业全身心付出的员工，即使能力稍逊一筹，也能够创造出最大的价值来。一个人是不是人才固然很关键，但最关键的还是这个人是不是一个敬业的员工。

在工作中，总是有许多人爱作壁上观，他们总说等到“万事俱备”之后才投入这场赛局当中。当报酬令他们感到满足的时候，他们才愿意投入一些心力。当他们确定自己的努力会受到注意的时候，才会多做一些本分之外的努力。这场赛局的时间不断流逝，但是他们却老是在等待，有些人甚至根本来不及加入，比赛就已告结束，实在是太可惜了。

如果把工作比作航船的话，敬业的员工总是坚守着航向，这个航向是他们自己给自己确定的，即使有大风大浪，他们也能镇静地掌稳船舵，驶向远海。相反，那些缺乏敬业精神的员工，他们的航向一会儿往东，一会儿往西，他们的许多时间都浪费在寻找工作上，却一次次被拒之于工作的大门外。

“告诉我，你要我做什么，我就会去做。”

在一家电脑配件店上班的泰德，每天都对经理这么说。所以，经理每天都告诉他，怎样把商品摆得更显眼，怎样接待顾客，怎样介绍商品，如此等等，像教刚工作的学徒一样。

这样的员工是“无心人”，好像心思飘忽着，总不能落在地上，落在实处。

有本书叫《不可阻挡》，作者是辛西亚·克西，书中记述了一个“推销英雄”比尔·波特的故事。

他是美国成千上万推销员中的一个，与其他人相同的是他每天早上起得很早，为一天的工作做准备。与其他人不相同的是，他要花 3 个小时到达他要去的地点，不管多么痛苦，比尔都坚持着这段令人望而生畏的路程。工作是他的一切，他以此为生，同时以此体现生命的价值，他热爱他的工作，也因此而敬业于他的工作。

要知道，他比一般人艰难得多。他出生于 1932 年，母亲生他时，大夫用镊子助产时不慎夹碎了他大脑的一部分，导致他患上了大脑神经系统瘫痪，影响到说话、行走和对肢体的控制。比尔长大后，人们都认为他肯定在神志上会存在严重的缺陷和障碍，州福利机关将他定为“不适于被雇用的人”，专家也认为他永远也不能工作。

比尔应该感谢他的母亲，是她一直鼓励他做一些力所能及的事情，她一次又一次对他说:“你能行，你能够工作，能够自立!”比尔受到母亲的鼓励后，开始从事推销工作。他从来没有将自己视为残疾人。最初，他向福勒刷子公司申请工作，这家公司拒绝了他，并说他根本不适合工作。接着几家公司采用同样的态度回复他。但比尔没有放弃，最后，怀特金斯公司很不情愿地接受了他，但也提出了一个条件——比尔必须接受没有人愿意承担的波特兰、奥根地区的业务。虽然条件苛刻至极，但毕竟有一份工作了，比尔当即答应了。

1959 年，比尔第一次上门推销，犹豫了 4 次，他才鼓起勇气按响门铃。第一家人没有买他的商品，第二家、第三家也一样……但他坚持着，即使人们对他的产品丝毫不感兴趣，甚至嘲笑他，他也不灰心丧气。终于，他取得了成绩，由小成绩到大成绩。

他每天工作及路上的时间得花去 14 个小时，当他晚上回到家时，已经是筋疲力尽，他的关节会痛，偏头痛也时常折磨着他。每隔几个星期，他会打印一份顾客订货清单。由于他只有一只手是管用的，这项别人做起来非常简单的工作，他却要花去 10 个小时。他辛苦吗？当然辛苦，但心中对公司、对工作、对顾客的热爱支撑着他，他什么苦都能够顶住。比尔负责的地区，有越来越多的门被他敲开，许多人购买了他的商品，他的业绩也不断增长。在做到第 24 年时，他已经成为销售技巧最好的推销员。

进入 20 世纪 90 年代时，比尔 60 多岁了。怀特金斯公司已经有了 6 万多名推销员，不过，他们是在各地商店推销商品，只有比尔一个人仍然是上门推销。许多人在打折商店整打整打地购买怀特金斯公司的商品，因此比尔的上门推销越来越难，面对这种趋势，比尔付出了更多的努力。1996 年夏天，怀特金斯公司在全国建立了连锁机构，比尔再也没有必要上门推销了。但此时，比尔成了怀特金斯公司的“产品”，他是公司历史上最出色的推销员、最忠诚的推销员、最富有执行力的推销员，公司以比尔的形象和事迹向人们展示公司的实力，公司还把第一份最高荣誉“杰出贡献奖”给了比尔。

比尔·波特能够成为推销英雄，在于他的敬业精神。他的工作热情，弥补了他自身的生理缺陷造成的不足，奇迹般地让他成为推销技巧最好的推销员。比尔的故事不正说明了敬业比能力更重要的道理吗？

对一个公司来说，员工是老板最重要的资本，品牌、设备或产品都无法和他们相比。正是员工创造了这一切，包括产品、服务、客户等。员工的敬业程度是公司顺利发展的保证。如果他们拖拖沓沓、做事漫不经心、缺乏向上的斗志等，这些不良因素最终都会在公司的生产、服务和销售中表现出来。

比如，接线员不接电话、销售员为难客户，这个公司即使有最优秀的生产能力，又有什么用呢？如果售货员对客户的态度是爱理不理，商店装潢得再富丽堂皇，又有什么用？

相反，如果所有员工仿佛充足了电，动力十足，能全身心地投入对客户的服务中，那么企业将一往无前。每个人和客户相处得其乐融融，关心呵护每一位顾客——一家企业如果保持这样的景象、这样的氛围，企业的竞争对手恐怕永远没有可乘之机了。

如果现代企业想要登上成功的最高阶梯，它的每个员工都要明白："敬业比能力更重要。"我们也注意到，在现实生活以及工作中，敬业的精神经常被忽视，人们总是片面地强调能力。

的确，战场上直接打击敌人的，是能力；商场上直接为公司创造效益的，也是能力。而敬业，似乎没有起到直接打击敌人和创造效益的作用。可能正是因为这一点，导致人们重视能力而忽视了敬业。

人力资源考官在招聘新职员时，关注的总是"你有什么能力"、"你能胜任什么工作"、"你有什么特长"之类关于能力方面的问题，而很少关注"你热爱自己所做的事吗"、"你觉得工作是无聊还是有趣"、"你会为顾客带来什么样的服务"等关于敬业的问题。

随着社会高科技的发展，生存竞争将日益激烈，无过硬业务素质者，必将被激烈竞争社会所淘汰而"下岗"。现在很流行一句话"今天工作不努力；明天努力找工作。"所以，敬业精神是时代的呼唤、社会竞争的需要、社会发展的需要，也是自己生存的需要。“人无远虑，必有近忧”这是古训。

有些人靠投机取巧和运气巧合而获得晋升，但这些人晋升只能是短暂和不连续的。因为纸终究包不住火，只有真金才不怕火炼。

敬业者不愿混天聊日，虚掷光阴，为了胜任工作，他们调动自己的聪明才智，补基础、查资料、练技术、攻难关，为学而做，做中求学，在学识和业务才能上的进步与日俱增。在业务上的不断进步，必将使职称和职务获得持续晋升，这是水到渠成的必然规律。敬业者，永远水到渠成；废业者，必将枉度一生。

让忠诚敬业成为习惯

一个视职业为生命的人也许并不能获得老板的赏识，但至少可以获得他人的尊重。那些投机取巧之人即使利用某种手段爬到一个高位，也往往会被人视为人格低下，无形中给自己的成功之路设置了障碍。不劳而获也许非常有诱惑力，但你将很快就会付出代价，他们会失去最宝贵的资产——名誉。

从世俗的角度来说，敬业就是敬重自己的工作，将工作当成自己的事，当成“天职”，其具体表现为忠于职守、尽职尽责、认真负责、一丝不苟、善始善终等职业道德，其中糅合了一种具有道德意义的使命感和责任感。这种使命感和责任感在当今社会得以发扬光大，使敬业精神成为一种最基本的做人之道，它也是成就个人事业的重要条件。

然而，无论我们从事什么行业，无论到什么地方，我们总是能发现许多投机取巧、逃避责任和寻找借口的人，他们不仅缺乏一种神圣的使命感，而且对敬业精神缺乏一种最广泛意义上的理解。他们的理解大多偏执，狭隘。

他们理解不到的是，敬业表面上看起来是有益于公司，有益于老板，但最终的受益者却是自己，当我们将敬业变成一种习惯时，就能从中学到更多的知识，积累更多的经验。这种习惯或许不会有立竿见影的效果，但可以肯定的是，当“不敬业”成为一种习惯时，其结果也就可想而知。工作上投机取巧也许只给你的老板带来一点点的经济损失，却可以毁掉你的一生。

一个颇有才华的年轻人，但是他工作散漫，缺乏敬业精神。一次报社急着要发稿，他却不急不慢，影响了整个报纸的出报时间。这种人永远不会得到尊重和提升，人们宁愿尊敬那些能力中等但尽职尽责的人。

不论你的工资多么低，不论你的老板多么不器重你，只要你能忠于职守，毫不吝惜地投入自己的精力和热情，渐渐地你会为自己的工作成就感到骄傲和自豪，也会赢得他人的尊重。以主人和胜利者的心态去对待工作，工作自然而然就变成很有意义的事情。

一个对工作不负责任的人，往往是一个缺乏自信的人，也是一个无法体会快乐真谛的人。要知道，当你将工作推给他人时，实际上也是将自己的快乐和信心转移给了他人。有人问一位成功学家:“你觉得大学教育对于年轻人的将来是必要的吗?”这位成功学家的回答发人深省。

“单单对经商而言不是必需的，商业更需要的是一颗责任心。事实上，对许多年轻人来说，大学教育就意味着丧失全力以赴的工作精神。很多人进了大学就开始了他一生中最惬意最快活的时光，而当他走出校园时，正值生命的黄金时期，但此时此刻他们往往还很难将自己的身心集中到工作上，结果眼睁睁地看着成功机会从身边溜走，真是可惜啊。”

珍妮是一家公司新来的秘书，她每天的工作是整理、撰写、打印各类文件材料。在很多人看来，珍妮的工作显得单调而乏味。但珍妮并不这么认为，她觉得自己的工很有意思，她说:“检验工作的唯一标准是你做得好不好，是否已经尽职尽责，而不是别的。”

珍妮每天做着这些工作，久而久之，细心的她发现公司的文件存在很多的问题，甚至公司在经营运作上也有不可忽视的问题。

于是，每天她除了完成必做的工作外，她还认真搜集一些资料，包括那些过期的材料。她把搜集到资料整理分类，查询了很多经营方面的书籍并进行认真分析，写出建议。后来，她把做好的分析结果及有关资料一并交给老板。老板起初也没在意。

一次偶然的机会，他才读到珍妮的那份建议。这让老板非常吃惊：这个年轻的新秘书，居然有这样缜密的心思，而且分析得细致入微，有理有据。老板决定采纳珍妮所提的多条建议。从此，老板开始对这位秘书另眼相看，并委以重任。但珍妮还是认为，她只是尽心尽职地做好工作，天经地义，没有必要一定要得到奖赏，因为她已经养成了敬业的习惯。老板为有珍妮这样的员工而感到欣慰，而珍妮的敬业也会为她赢得机会。

对待敬业，目光短浅的人看到的是为了老板，目光长远的人则深知也是为了自己。敬业的人总能在工作中学到比别人更多的经验，而这些经验是你向上发展的踏脚石，当你以后换到其他地方，从事其他行业时，你的敬业习惯也必会助你一臂之力。

敬业的员工是老板最倚重的员工，如果你的能力一般，敬业可以让你走得更好；如果你十分优秀，敬业会将你带向更成功的领域。所以说，养成敬业习惯的人更容易获得成功。不是所有敬业的人身上的敬业精神都是与生俱来的，对大多数人而言，敬业精神是需要培养和锻炼的，这种培养和锻炼的起点就是迈入职场的那一刻。

敬业精神是支撑现代社会的精神支柱之一，它是人们对自己所选择职业的高度认同和接受，同时也是社会责任感的具体化，因而是一种发自内心的持久的动力，而不是一时的激动与热情；它是一种职业素质、一种职业精神，是一种做事做人的境界。

从你的第一份工作开始，就对工作认真负责，总是能积极主动地工作，这样经过一段时间，敬业便成了一种自然而然的习惯，即使换到其他职位上也会一如既往。可见，在职场上，敬业精神是相通的，它将会使职业人士终身受益。

第二节 若一件事值得做，就一定值得做好

如果你决定做一件事，那么你一定认为你值得做这件事；若一件事值得你去做，就一定值得你把它做好。要做就做到最棒，要么就不做，这是卓越人士所遵循的做事准则。

把每个问题都看做是机会

机会从不青睐没有准备的人。不要抱怨没有机会。如果你真想获得机会，先问问自己是否存在尚未解决的问题。如果有，恭喜你，你的机会来了，抓住它！如果一个员工从来没有发现过工作中的问题，那么他也不会成为一名出类拔萃的员工。

有一些员工，他们习惯用“放大镜”看自己公司的缺点，用“望远镜”看别的公司的优点。当工作遇到问题的时候，他们不是束手无策，就是沮丧消极。他们忽略了一个重要问题：公司的问题是转变命运的机会，更是提升能力的大好机会。

加藤信三是日本狮王牙刷公司的普通职员。当时，公司正陷入困境，

产品一直打不开市场，作为市场部的员工，加藤信三也非常着急。

一天早上，他用本公司生产的牙刷刷牙时，牙龈被刷出血来。他气得将牙刷扔在马桶里，擦了一把脸，满腹怨气地冲出门去。牙龈被刷出血的情况，已经发生过许多次了，并非每次都因为自己不小心，而是牙刷本身的质量存在问题。真不知道技术部的人每天都在干什么？

当他准备向技术部发一通牢骚时，忽然他想起管理培训课上学到的一条训诫："当你有不满情绪时，要认识到正有无穷无尽新的天地等待你去开发。"他冷静下来，心想：难道技术部的人不想解决这个问题吗？一定是暂时找不到解决的办法。这也许是一次发挥自己能力的好机会呢！于是，他掉头就走，打消了去技术部发牢骚的念头。

后来，加藤信三和几位同事一起，着手研究牙龈出血的问题。他们提出了改变牙刷造型、质地、排列方式等多种方案，结果都不理想。一天，加藤信三将牙刷放在显微镜下观察，发现毛的顶端都呈锐利的直角。这是机器切割造成的，无疑是导致牙龈出血的根本原因。于是，加藤信三就向领导建议：公司应该把牙刷毛顶端改成圆形。改进后的狮王牌牙刷在市场上一枝独秀。作为公司的功臣，加藤信三从普通职员晋升为课长。十几年后，他成了这家公司的董事长。

工作中的问题是什么？是你进步的机会。你进步了，当然就能获得晋升。如果你能发现一些别人发现不了的问题，那你就能在竞争中独树一帜，最终被公司赏识，也就等于抓住了加薪晋职的机会。

每遇到一个问题时，都看做是一次机会，这样解决问题的能力才能越来越强。在工作中，培养并提高解决问题的能力是十分重要的。解决的问题越多，完成的任务越大、越难，在企业的地位就越稳固。

有责任让你发现问题

责任和热情，会给你一双发现问题的慧眼，给你进取的力量，使你总能想出别人想不到的好办法。在解决问题、提升绩效的过程中，责任常常比能力更重要。

卓有成效和积极主动的人，他们总是在工作中积极承担责任，主动解决问题。那些每天早出晚归的人不一定是认真工作的人，那些每天忙忙碌碌的人不一定有优秀的绩效，那些每天按时打卡、准时出现在办公室的人不一定工作没有失误。对于任何一个公司，它需要的绝不是那种仅仅遵守纪律、循规蹈矩、缺乏热情和责任感的员工，而是需要积极主动、自动自发地去投入热情的员工。

世界上没有做不好的工作，只有不负责任的人。世界上没有不能解决的问题，只有不肯付出努力的人。想解决问题，先要培养责任心。培养责任心可以从以下几个方面入手：

1. 不要自我设限，积极面对现实

成功人士都是以积极心态看待问题的，他们从来不会在没有做之前，就假定“这件事情我做不好”。害怕承担责任的一个重要原因就是没有勇气，自己给自己设制了太多限制。而相信自己的潜能，就能使你勇敢地承担责任。同时，也不要轻视自己的工作，再平凡的工作都是未来不平凡的积累。只有做事积极，一丝不苟，才能够在工作的过程中发现问题、驾驭问题，并保证自己时时刻刻都有所进步。

2. 要有强烈的使命感

使命感来自于兴趣和义务感。兴趣会使人的“内在激励”更持久、更经济、更有效，因为责任与兴趣是相伴而生的。所以，寻找工作的意义，培养兴趣是第一步。如果你对你的工作实在无法培养兴趣，就没有必要浪费更多的时间，不如去积极寻找感兴趣的工作。

义务感是一个人成熟的标志，意味着一个人不再做天上掉馅饼的白日梦，不再指望不付出就能得到收获。简单地说：工作是对薪水的义务。

3. 不要置身事外

不要以“这不是我的职责”、“老板没要求我这么做”为理由，推卸责任，置身事外，而应该抱着“公司的事就是我的事”的工作信念，为公司的发展着想。

如果你是公司的一名货运管理员，当你发现发货清单上有一个看似与自己职责无关的错误时，你该如何处理呢？如果抱着“反正不是我的错”的心态，到真的酿成大祸时，你可就摆脱不了责任了！如果你是一名过磅员，如果磅秤的刻度发生了错误，这能说与你的工作无关吗？

4. 不要坐等问题解决

不要抱有“等着瞧”的态度看别人工作，这是一种消极的行为，也是渎职的行为。有成就的人都是积极的参与者，而不是旁观者。

5. 主动地为团队解决问题。

不论我们处在公司的财务部、销售部、制造部、营销部、研发部、行政部、企业总部还是分支机构，我们都在同一个团队里，为同一个公司服务，所以，我们必须为公司的整体利益着想，通过部门间的合作来解决公司的问题。同一部门的同事更要精诚团结，每个人都要主动地为团队想一想。

真正的岗位责任心应该包括两个层次:第一个层次就是基本的工作职责、工作责任意识，根据岗位要求完成工作任务，这只是一种起码的工作责任；而第二个层次上的责任心是在前一种基本责任的基础上，对自己工作的角色能够有一个全面深刻的认识，认识到本职工作的性质、功能、价值等，而后会在这个全面认识的基础上升华出一种主动的、精益求精的责任感。

公司最需要能及时解决问题的人

公司最需要的是能及时解决问题的人。当一位员工从进公司那一刻就该明白：自己能为公司做些什么？一定要先主动地、积极地、创造性地把属于自己的工作做得尽善尽美，然后你才能获得“公司能给我什么”的报酬。

公司在以各种方式为我们搭建着成长的舞台。首先，公司会经常安排我们参加各种培训，使我们在各个方面完善自己的知识储备，并更好地与实践相结合；其次，公司为我们提供舒适的工作环境，让我们的心情愉悦。我们的身边拥有优秀的同事，可以互相学习，取长补短，即便在我们丧失信心的时候也会有领导的鼓励和同事的关怀，帮助我们尽快走出低谷，重新回到人生的顶峰。

你应该明白你和公司的工作关系是这样的：你是执行公司分配的工作，而不是你安排公司的工作。所以，在工作上遇到种种的问题时，不要抱怨，而要敢于面对和迎接。无论我们的工作是多么的不愉悦，那都是我们展开职业生涯的开始；无论我们曾经为公司做出多大的贡献，取得多么辉煌的成就，我们应该清楚，是公司为我们提供了成长的舞台，是公司成就了我们。

我们利用公司提供的条件开始一步一步地前进，从做一些辅助性的工作，到自己独当一面，然后进一步地拥有了自己的团队，成为团队的领导，成为公司的高层管理者。可以说，我们前进的每一步，都离不开公司为我们的付出。

在企业的发展过程中，总会不可避免地遭遇到各种问题和困扰。问题会时不时地出现，就像每个人都会生病一样。所以，公司迫切需要的是那种能及时解决问题的人才。没有任何事情能比一个员工处理和解决问题更能表现出他的责任感、感恩精神和不可替代的价值。可以说，没有任何一个上司愿意看到自己分配和安排的任务被员工当做皮球一样踢来踢去。作为员工，如果你不能解决问题、不能完成任务，那公司请你来干什么呢?

一个经常为公司解决问题的人，肯定能最先得到公司的青睐和提拔。首先，他没有让问题延误，酿成大患；其次，他让上级非常省心省力，上级可以把精力集中到更重大的问题上。有了这样的员工，上级就少了很多后顾之忧。

在很多企业里，上级不得不亲力亲为，去做下属做不好的事情，有时甚至还要帮下属收拾烂摊子。可以说，这不仅是下属们的耻辱，更是公司的不幸。只有先能够为公司解决问题，才能要求公司解决自己的问题。当上级喜欢找你解决问题时，你就取得了胜人一筹的优势，公司自然会知道你是一个良才。

明确自己的责任

如果我们明白自己的责任是什么，就会向目标更进一步，如果你每承担一项新的工作，或者担任一个新的职位，你能问自己，“我的责任是什么”，相信你会一步步走向成功。对于工作而言，首先你要清楚你在做什么。只有做好自己分内工作的人，才有可能再做一些别的事情，相反，一个连自己工作都做不好的人，怎么能让他担当更重的责任呢?

“明白自己的责任是什么”包括几层意思：

一是要弄清楚自己该承担的责任，而不是没有责任；二是要明白自己该负有哪些责任，只有明白了，你才可能承担起属于自己的责任；三是要明白自己的责任是什么，不要推卸责任；四是弄清了自己的责任后，你才知道自己能承担起这份责任。

在第二次世界大战时期，有一个著名的“首先明白自己的责任”的案例：

据英国《泰晤士报》报道，盟军最高司令艾森豪威尔将军的参谋长费雷德里克·摩根中将早在1942年底和1943年初就对诺曼底登陆行动进行了长时间的周密策划，但是，英国首相丘吉尔和艾森豪威尔将军都对这一计划能否取得成功表示怀疑。

当时，艾森豪威尔甚至用铅笔在草稿纸上写下了他将在登陆行动失败后宣读的文字。那段文字是：“我们在瑟堡——阿费尔地区登陆时，未能找到令人满意的据点，我已下令撤回部队。我是依据我得到的最佳情报作出发动进攻的决定的。空军和海军部队表现出了英勇无畏和忠于职守的精神。如果这次登陆行动失败，责任由我一个人承担。”

在这一事件中，艾森豪威尔将军展现出了崇高的职业精神。他清楚自己的责任是什么，虽然，他完全可以将责任推给执行命令的将领，或者推给作战的士兵，但是他没有那么做。虽然他可以找出各种借口为自己开脱，诸如天气问题、装备问题、敌人太狡猾、消息泄露等，但他没有寻找任何借口。

遗憾的是，在职场上，很多人不清楚自己的责任，却非常“清楚”他人的责任，当工作出了问题，他们不会在自己身上找问题，而总是说“这是某某的责任”。尤其是责任模棱两可或者在责任共担的情况下，他们总会想方设法地把自己的责任推得一干二净。

工作中，谁都不希望出现失误，但一旦做错了事，就不要推卸责任了，否则你就会被炒鱿鱼。然而，生活中，为自己的错误竭力开脱的人却比比皆是，他们以为这样会把责任推得一干二净，可以保全自己“从不犯错”的良好形象，殊不知，上司能够容忍员工犯错，却无法宽恕一个人推脱责任。

在老板看来，一个员工对待错误的态度可以直接反映出他的敬业精神和道德品行。一个称职的员工，对于自己应该承担的责任就该负责，而不是随便找个理由推脱。

埃克森石油集团的副总裁爱德·休斯说："工作出现问题是自己的责任的话，应该勇于承认，并设法改善。慌忙推卸责任并置之度外，以为老板不会察觉，未免太低估老板了。我不愿意让那些热衷于推卸责任的员工来做我的部下，这会使我不踏实。"对于任何人来说，推脱责任都是有害无益的，它会断送一个人的前途，并注定一个人平庸的结局。

当一个人敢于承担责任，他就拥有了号召力，拥有了威信，进而获得大家的拥戴。责任来了，承担起来，你才是一个有价值的人。一个有价值的人才能得到企业的重用，才能不断地进步。责任是可以感染他人的，若想让更多的人团结在你的身旁，帮助你、支持你，你必须要有一个信念，那就是"我是一切的根源"。

自动自发是解决问题的保证

当我们明白了工作的意义和责任，并能保持自动自发的工作态度时，你会发现，加薪不再是奢望，升职也不再遥远，而工作带给你的回报也远远不止这些。

成功学的创始人拿破仑·希尔曾经聘用了一位年轻的小姐当助手，替他拆阅、分类及回复他的大部分私人信件。她的主要工作就是听拿破仑·希尔口述，记录信的内容。

有一天，拿破仑·希尔口述了下面这句格言："记住，你唯一的限制就是你自己脑海中所设立的那个限制。"从那天起，她把这句格言深深地刻在了自己的心里，并付诸行动。她开始比一般的速记员提早来到办公室，而且在用完晚餐后又回到办公室，从事不是她分内而且也没有报酬的工作。

她开始研究拿破仑·希尔的写作风格，不等口述，直接把写好的回信送到拿破仑·希尔的办公室来。由于她的用心，这些信回复得跟拿破仑·

希尔自己所能写的完全一样好，有时甚至更好。

她一直保持着这个习惯，直到拿破仑·希尔的私人秘书辞职为止。当拿破仑·希尔开始找人来补这位男秘书的空缺时，他很自然地想到这位小姐。实际上，在拿破仑·希尔还未正式给她这项职位之前，她已经主动地接受了这项职位。

这位年轻小姐的办事效率太高了，因此也引起其他人的注意，很多更好的职位对她虚位以待。对这件事拿破仑·希尔实在是束手无策，因为她使自己变得对拿破仑·希尔极有价值，她的价值还不止于她的工作，更在于她的进取心和愉快的精神，她给公司带来了和谐和美好。因此，拿破仑·希尔不能冒失去她做自己的帮手的风险，不得不多次提高她的薪水，她的佣金达到她当初来拿破仑·希尔这儿当一名普通速记员的4倍。

有的人虽然也很勤奋，但他总是在被动地工作，机械地完成任务，这样工作很难做出成就；而这位速记员面对上司交代的任务，总是能积极主动地创造性地完成，最后超出上司的期望，给上司带来惊喜，以至于老板不得不多次提高她的薪水。她的做事方法告诉我们："无论做什么事情，都不要懒得动脑筋，多想一点会使你受益匪浅。对于一个能在工作中主动发现问题、解决问题的员工，老板没有理由不加薪，没有理由不重用他。"

工作不单单是每天准时的上班、下班，它是一个包含了诸多智慧、热情、信仰、想象和创造力的词汇。

工作卓有成效的员工，他们总是在工作中付出更多的智慧、热情，而工作毫无起色，庸庸碌碌的人，却将这些深深地埋藏起来，他们有的只是逃避、指责和抱怨。

美国钢铁大王安德鲁·卡内基在自己还是一个小职员的时候就明白了这个道理。

卡内基在宾州匹兹堡铁道公民事务管理部担任小职员时，一天早晨在上班途中，他发现一列火车在城外发生车祸，他想要打电话给上司，却联络不上。

他知道每多耽误一分钟，都将对铁道公司造成非常巨大的损失。在没有办法的情况下，他以上司的名义，发电报给列车长让其快速处理，并且在电报上面签下了自己的名字。他知道根据公司严格的规定，这么做等于是自动辞职。

过了几个小时，上司回到座位，发现卡内基的辞呈，以及今天所做之事的详细情形。那一天过去了，一切正常。第二天卡内基的辞呈被退回来，上面用红笔批了三个大字:“不同意”。

几天之后，上司把卡内基叫到办公室说:“小伙子，有两种人永远只在原地踏步。第一种人是不肯听从命令行事；另一种人是只肯听从命令行事。”这种事情让上司明白，卡内基比那些铁路警察有用多了。

在卡内基看来，为了企业的利益，不能事事都等老板交代，如果是正确的，即使是有损于自己的利益也要去做，当然，重要的还是要对自己所做的事情负责。

忠诚的员工，凡事都会积极主动，该做的事马上就会去做。每个公司都希望自己的员工能主动工作，带着思考工作。只有那些能准确领悟公司的指令，然后凭借自己的智慧，把公司布置的任务完成的比期望的要好的员工，才能得到公司的赞赏与器重。

主动去做好公司交给你的每一项工作，开动你的智慧，富有创造力的去工作会让你超越别人，让公司对你更加器重。优秀的员工，懂得如何去获得工作的主动权，懂得工作不是要达到老板的期望，而是要超越老板的期望。

英特尔总裁安迪·葛洛夫曾说:“不管你在哪里工作，都别把自己当成员工，应该把公司看成自己开的一样，积极主动地工作。”自动自发地工作是业绩突出的保证，是事业成功的基础，更是对公司、对老板忠诚的表现。

用业绩证明自己

如果说肯干是工作的通行证，那么能干就是工作的资格证。能干是你被企业选中的最基本要求，不能胜任谁会选你?

你不能在试用期里一直试下去，企业不是慈善机构也不是培训组织，需要你尽快进入工作状态，创造价值。因此，这个时候，你需要用业绩来证实自己。

职场中，有些人总是喜欢打听同事、同行的收入情况，比来比去。一旦自己收入不如别人，就义愤填膺，觉得自己的付出多，抱怨自己的收入低。其实，这是一种非常不好的风气。因为你在比较的时候只把目光放在了待遇上，却没想过对方的能力和付出。要知道，在职场上，业绩才是硬道理！每一分收入都有相应的付出。为什么不在比收入之前先比一下业绩呢?

管理专家彼得·德鲁克说:“没有利润，就没有企业。”没有利润，企业就无法存活，更无法发展。那么，企业如何才能获得利润呢?老板和员工一同努力去获得业绩。如果一个企业没有业绩，企业就会倒闭，而员工也将失业；如果一个员工不能为企业创造业绩，那么必将无法在企业立足；如果一个员工不能带来出色的业绩，就很难获更大的职业发展。

业绩是企业衡量员工的关键指标。有业绩，才有发展，才有提升；没有业绩，不但升迁无缘，甚至无法立足。可以说，业绩是你安身立命的根本，也是你出人头地的入场券。在职业发展的道路上，有业绩，畅通无阻，没有业绩，寸步难行！

想要高薪吗?想要获得赏识吗?想要晋升吗?拿业绩来证明你自己！无论你曾经付出了多少心血，做了多大努力，也不管你学历有多高，工作年限有多长，人品是如何的高尚，只要你拿不出业绩，那么老板就会觉得他付给你薪水是在浪费金钱，你的结局也就不言自明。

戴尔·卡耐基曾经说过:“一个不能给他人带来财富的人，自己也无法获得财富。你必须持续地为他人创造价值。”你不为老板创造价值，老板拿什么去给你作为报酬？多劳多得、少劳少得、不劳不得，永远是职场立足的根本。

一个员工必须要把努力创造业绩当做神圣的天职。因为，业绩才是硬道理。没有业绩，公司就无法运营下去。如果你无法用业绩来证明自己的能力，就很难在公司立足。

培养高度的责任感

西点军校认为，一个人要成为一个好军人，就必须遵守纪律，有自尊心，对于他的部队和国家感到自豪，对于他的同志们和上级有高度的责任感，对于自己表现出的能力有自信。这样的要求，对每一个企业的员工也同样适用。

美国西点军校的学员章程规定：每个学员无论在什么时候，无论在什么地方，无论穿军装与否，也无论是在担任警卫、值勤等公务，还是在进行自己的私人活动，都有责任履行自己的职责和义务。这种履行必须是发自内心的责任感，而不是为了获得奖赏或别的什么。

这样的要求是非常高的。但西点军校认为，没有责任感的军官不是合格的军官，没有责任感的员工不是优秀的员工，没有责任感的公民不是好公民。在任何时候，责任感对自己、对国家、对社会都不可或缺。正是这种严格的要求，让每一个从西点军校毕业的学员都获益匪浅。

那么，如何培养我们的责任感呢？

1. 学会直面现实

莎士比亚认为，当事情出了差错时，“我们就会把我们的灾祸归怨于日月星辰，好像我们做恶人也是命中注定，做傻瓜也是出于上天的旨意。”换句话说，我们很容易将自己的困苦归咎于命运、经济状况甚至是行星的位置，就是不会直面现实，找出自己的责任并予以承担。

2. 不要推脱责任

为自己开脱是我们最原始、最基本的防卫机制，我们似乎很容易就学会了为自己推脱责任。“不是我，是他”；“我没干这个；是她干的”；“别指责我！这不是我的错”……当我们在如此努力地为自己开脱的同时，我们也几乎是没有希望获得成功了。

每一个人在生活中都应该勇敢地承担责任，应学会说：“是我错了，但我保证下次一定改正！”即使有时并不是自己的过错，也该对其所造成的麻烦表示一下抱歉和同情，并予以纠正。这样才能更加赢得别人的尊敬和信任。

3. 对自己的承诺负责

在日常工作中，我们会很草率地给别人一个承诺；而承诺过后，却发现要实现这个诺言，需要很大的勇气，存在很大的困难。于是，有些人就选择了违背自己的诺言，或干脆对此采取弃之不理的态度，这将会使自己的可信任度大打折扣。

其实这样做是不对的。做人应当言而有信，自己亲口答应别人的事情、许下的诺言都要尽全力去履行，即使有些事自己不情愿但也必须这样做，因为这样做是对别人负责，也是对自己负责。

4. 意识到勇于负责才会受到别人的重视和提拔

在当今时代，很多人受社会的影响，滋生出了一种自由散漫、不受约束、不负责任的习惯。他们没有意识到，只有责任感才能够让个人的价值得到实现，也只有具备勇于负责精神的人，才会受到别人的重视和提拔。

5. 拒绝依赖他人

有些人习惯在生活中依赖别人，本来应该自己做好的事，却处处抱怨他人。例如，销售业绩差，怪产品不好卖；和同事关系不融洽，怪那些同事不好相处；没找到好工作，怪朋友不帮忙；结婚没房子，怪父母没能耐……

如果我们习惯于长期依赖别人为自己的行为负责的话，在遇到没有人为我们负责时，我们就会哀叹自己的命运坎坷，抱怨别人的“无情”，在诉苦中历数自己做出的努力以及受到的种种不公正待遇。事实上，这所有的抱怨都对我们有害而无益。我们更应该做的是通过解剖他人的行为来查找自己的责任所在，这才能够让我们的责任感逐步培养起来。

一切重在落实

“落实”融入军队的文化中，这种文化融入每一位军队成员的血液中，成就了军队这个具有强大落实力的组织，同时也成就了具有强大落实力的军人。正是因为拥有强大的落实力和落实文化，军队才成为屹立千年不倒的钢铁组织。

1948 年，在一个炮火纷飞的战场，解放军的一支连队执行阻击任务，上级的指示很明确：听到集结号才能撤退，集结号不响，即使打得剩下一个人也要继续打。武器与对手的差距很悬殊，人数更难以抵挡敌人的攻势，但是，这群钢铁般的战士一直在坚守，打退了敌人一次又一次的进攻，没有一个人退缩。最终，全连只有连长谷子地得以幸存，其余 47 人全部牺牲。他们为大部队的撤退赢得了宝贵的时间。

这是 2007 年的电影《集结号》中甚为震撼人心的一个场面。令人震撼的不只是战争的惨烈，更是中国军人身上体现出的精神。当原本贪生怕死的指导员在生与死的考验中毅然坚持“没有听到集结号”；当他大喊着冲出山洞奋勇杀敌；当他将个人的生死抛却脑后，勇敢地拉响了最后的炸药包与敌人同归于尽时，一个标准的中国军人的高大形象伫立在了我们的面前。

从过程来看，优秀军队具有高度的落实力；从结果来看，优秀军队具有强大的战斗力。军队的落实力和战斗力源于军队一以贯之的文化，以及一整套的管理模式。

企业，若想成为常青的组织，同样必须培养具有落实意识与落实能力的人，打造落实型组织，构建落实文化。在企业工作中，只有一个人或几个人讲究落实并不起作用，要让落实成为企业文化的一部分，形成一个“人人思落实，事事必落实”的文化氛围，让组织中的每一个人都在“落实”思想的指引下开展工作，并努力争取最好的结果。

落实力对一个企业的生存发展至关重要，也是员工取得事业成功的关键。因此，拥有高效的行动力是一名优秀员工必备的职业素质。那些不去做现在应该做的事情，却等着在将来去做的人，往往是没有毅力、习惯逃避现实的人。他们虽然不想拖延，但却又没有勇气去立即行动来改变，每天都生活在等待和无奈之中。这样的人，最终将会一事无成。

小王每次接到新任务的时候，总是抱着“等一下就去做”、“我手头还有其他的工作没有完成”的态度，结果总是他在加班但还是没有让老板满意。如果你也有类似的情况，请马上列出自己的行动计划，去做！从现在就开始，立即去做自己一直在拖延的工作！如此一来，我们就会发现拖延时间毫无必要，而且还可能会喜欢上自己一拖再拖的这项工作，从而不想拖延，逐步消除拖延的烦恼。像小王这样的员工根本谈不上什么落实力，不能为企业创造价值，最终只能被淘汰。

评价一个人责任落实的效果，只要看他工作时的精神和状态即可。如果一个人工作起来充满激情，他就能够做到精益求精和尽善尽美；如果做起事来总是感到委屈，工作起来没有任何乐趣可言，那他就很难把自己的责任落实到位。

领导者的榜样作用是具有强大的感染力和影响力的，是一种无声的命令、最好的示范，对属下的行动是一种极大的激励。

企业的信念与纪律大多是领导层确定的，但这些并不只是让下属来遵循的，领导更应该身先士卒，起到带头的榜样作用，促进管理理念和工作任务的贯彻落实。

在组织中，如果领导者能够率先示范，以身作则地努力工作，那么这种热情和精神就会影响其下属，让大家都形成一种积极向上的态度，形成热情工作的氛围。

解决问题不为赚薪水

如果你刚刚步入一家新公司，要求有比较高的起点和比较丰厚的薪水固然重要，但你更应该考虑的是，你如何才能提高你的能力。你所具有的能力和你所能创造的价值，才是你将来能否拿到更高薪水和更大发展的关键。

每个员工进入一家公司时都希望能够获得一个好的薪金待遇，这无可厚非。然而，公司愿意出高的薪金待遇的前提是什么？是你要有价值，你要能够为公司创造足够的财富。如果你没有创造价值的能力，那么即使你要求再高的薪水，公司对你也不会感兴趣的。

一些员工不知道用自己的青春汗水换资源和机会，却总在微薄的薪水里算来算去，结果只会因小失大，最终没有大出息。

许多商界名人开始工作时，收入也不是很高。但他们从来没有将眼光仅局限在目前的收入上，而是一直努力地工作。在他们看来，金钱只是暂时的财富，而能力、经验却是永久的财富。

在工作时要时刻告诫自己：要为自己的现在和将来而努力！

无论现在的工资收入是多还是少，都要清楚地意识到那只是从工作中获得的很小的一部分。不要过多地考虑现在工资收入是多少，而应该用更多的时间去接受新的知识，培养自己的能力，展现自己的才华。在你未来的资产中，他们的价值远远超过了现在你所积累的货币资产。

当你从一个新手、一个对行业知识缺乏的新员工成长为一个熟练、高效的管理者时，你实际已经获得了人生的升华。你在将来的职位上或独立创业时，可以充分发挥这些才能，从而获得更多的财富。

老板可以控制你的薪酬，但他无法阻止你在工作中获得工作的能力。

世界上大多数人都在为薪水而工作，如果我们能不为薪水而工作，你就超过了芸芸众生，也就迈出了成功的第一步。

工作不只是获取薪水的过程，更是一个学以致用的过程，是一个自我发展的机会。

你可以在工作中培养自己多方面的能力，所有这一切远远超过了你得到的工资的价值。当你从一个新手、一个无知的员工成长为一个熟练的、高效的员工时，你实际上已经大有收获了。

从大学毕业来到公司，琳是雄心万丈，想要有番大作为，可是自己的才华没有机会展示，每天都是朝九晚五的拉磨式生活。看着和自己同时进入公司的人，有的已经在某个区域市场做了经理，有的已经在所在部门进入了管理阶层。反观自己，总经理秘书做了几年，每天不过是替老总写写文件之类而已。

琳想："有什么呀，我就是没有平台表现罢了，以我的能力，一定不比他们差。"她多么渴望有个可以展示自己能力的机会呀。

前几天，某区域市场空出个经理的职位。虽然是行政出身，但在总经理身边学习了那么久，想想一个区域经理应该做得来，于是琳就找到总经理，提出了自己想要出任这个区域经理的请求。总经理对她能否胜任这份工作表示怀疑，而且这个职位还有几个其他的人选，所以就让琳同其他几位候选人竞争。

其他候选人都有着丰富的市场实战经验，而琳却一直都只是在总部做些文案工作，甚至连最基本的市场调研工作都不知道该如何着手。

总经理让每位候选人拿出一份市场开发计划书。琳虽然也有一些市场开发的想法，但看到对手都是身经百战，而自己却从来没有亲自参与过市场开发，所以也就动摇了。

提交计划书的时候，琳没有交，她已经放弃了竞争。

显而易见，琳之所以放弃了竞争，就是因为她不具备担当区域经理的能力。琳也想有所作为，也是雄心万丈，然而她的斗志也仅仅是停留在思想上。在行动上呢？她每天只是在朝九晚五地过着拉磨式的生活，完全处于一种“行动安分”的状态下，不思进取，不去培养和提高自己的能力，结果当机会来临的时候，她只能无奈地放弃。

很多人都在抱怨自己没有机会发展，也都知道不进步就要退步，然而又有多少人能在工作中不断地提高自己的能力去创造机会呢？

在有些人眼里，薪水是他们工作的目标，薪水不高他们工作就没有信心与激情，他们在心里盘算着：我付出的劳动应该和老板给我的薪水是等价的，这样才公平。

但是，注重能力和经验的积累远比关注薪水的多寡更重要，只要你有能力，有经验，钱会不请自来，根本不用你费尽心思的去找。

一位年轻记者去采访日本著名的企业家松下幸之助。年轻人非常珍惜这来之不易的采访机会，做了认真的准备，因此，他与松下先生谈得很愉快。那天他发挥得很出色，采访大获成功。采访结束后，松下先生亲切地问年轻人：“小伙子，你一个月的薪水是多少？”年轻人不好意思地回答：“薪水很少，一个月才一万日元。”

松下先生微笑着对年轻人说：“很好！虽然你现在的薪水只有一万日元，但是，你知道吗？你的薪水远远不止这一万日元。”

年轻人听后，感到难以理解。看到年轻人一脸的疑惑，松下先生接着说：“小伙子，你要知道，你今天能争取到采访我的机会，明天也就同样能争取到采访其他名人的机会，这就证明你在采访方面有一定的潜力。如果你能多多挖掘这方面的才能和多多积累这方面的经验，这就像你在银行存钱一样，钱存进了银行是会生利息的，而你的才能也会在社会的银行里生利息，将来能连本带利地还给你。”

松下先生满含深意的一番话，打开了年轻人观念的抽屉，使他茅塞顿开。许多年后，年轻人做了报社社长。

松下先生告诉了年轻人这样一个道理：能力和经验的积累远比目前

薪水的高低更重要，因为它是每个人生存和发展的最厚重的资本。

在职场中，你要经常反思：

1. 你是如何看待工作报酬的？

2. 在你心里，薪水在工作报酬中占多少位置？

3. 对于工作，你最看重的是什么？

你必须要记住的是：

1. 当你热爱你所从事的工作时，金钱就会尾随而至；

2. 你的价值是由你的能力和你创造的附加价值来衡量的；

3. 你今天拿多少薪水不是最重要的，重要的是你明天能拿多少薪水。

薪水只是工作的一种最直接，也是最低级的回报方式。只为薪水而工作是一种短视的行为，到最后受伤害的不是别人，只能是自己。

工作的时候，你要告诉自己，你是在为自己现在和将来的发展打基础，珍贵的经验、良好的训练、才能的表现和品格的培养，是你最雄厚的生存资本。

第五章

增强技能，适应成长

适应力不强，就难以接受新事物，就难以抓住一闪即逝的各种机遇。一名优秀员工要像演员那样，当企业需要你转换角色的时候，你能很快进入新的角色，并创造出价值来。

第一节 观念决定一切，不换头脑就换人

只有在工作中充分发挥头脑的作用，不断转换自己的思维模式与观念才会为企业创造更多的价值，才是受企业欢迎的金牌员工。对于企业来说，如果员工不换脑，企业就要换人。

不管什么岗位都能做出成绩

在公司里，老板宠爱的都是些立即可用、能带来附加价值的员工。许多老板在加薪或提拔员工时，往往不只看他目前的工作成绩，也不仅仅看他过去的成就，而是看这个员工是否有较好的适应能力，不管把他放在什么样的工作岗位、什么样的工作环境中，他都能做出一番成绩来。

是金子，放在哪里都能发光。只要你时刻保持竞争的理念和竞争的态势，通过不懈的努力，增强自己的适应能力，不断适应变化的环境，把自己打造成独一无二的“金牌员工”，奠定你在公司里不可替代的地位，即使职场多变，老板的心事难猜，你也可以在人才济济的职业竞争中与他人抗衡，占领自己的一席之地。

“铁打的营盘流水的兵”，如今竞聘上岗与末位淘汰已成为职场常用手段，老板的眼光越来越挑剔；身在职场，大家心里充满了不安全感，恐怕哪一天自己会被别人取而代之。再加上许多企业还未翻身走出金融危机的寒冬，以及大学扩招留下的后患，人才竞争越发激烈。面对如此残酷的职场，我们必须想方设法提高自己各方面的能力，以适应职场不可预测的变化。

一位优秀员工要像演员一样，当企业需要他转换角色的时候，他能很快进入新的角色，并创造出价值来。美国南加州大学领导学院创办人华伦·班尼斯在《奇葩与怪杰》一书中说：“适应力是每个人在面对生命的起伏不定与阴晴圆缺时，仍然能够活得精彩的能力。有人能从磨炼中汲取智慧，有人则在类似的经验中受伤屈服，成功的领导人和普通人的差别就在于此。”

杜敏初入上海的一家外企时，只是一个小小的文秘，公司里跟她职位一样的文秘有 5 位，每天尽是做一些整理资料、为老板订机票等打杂一类的事。她是企业管理专业的博士生，以前在一家国企做人力资源经理，如今做一名小小的文秘，身边的人无不替她抱不平。然而，杜敏似乎不在乎别人的评说。“我觉得挺好，可以学到很多东西啊！”就这样，她抱着这种心态乐在其中，并且很认真地将本职工作做好。当别的几个文秘忙于谈恋爱、化妆打扮时，她却在研究如何将报告做得更完美。

在工作中，她兢兢业业，将各项事务安排得井井有条，每天她最早来到办公室，把一天的工作日程安排好，准备好要用的各个文件，把当天要接待的客人、要打的电话以及需要尽快处理的每件事都详细地列出计划。每一项工作她都力争提前完成，而且不出任何差错。

终于，她的一份报告得到了总监的高度赞赏，总监发现了这个人才，当即提拔她为总监助理。半年后，由于总监助理的工作做得很好，她又被总裁发现，成为这家外企唯一的总裁助理。

杜敏是一个好员工，她有着超乎想象的适应能力。不管公司安排她在什么工作岗位，给她什么样的工作任务，她都能做得很好，都能让自己像一块金子一样发出光来。

这个故事告诉我们：一个好员工必须有超强的适应能力，不断适应职场变换、岗位变化、环境变化，并且在不同的条件下都要做出优异的成绩来。一个员工适应能力不强，就无法胜任不断变化的工作，当新的工作任务来临或被安排到新的岗位上或遇到突发事件时，就有可能成为他人的手下败将，如此，势必会被老板认定你无法肩负重任。

只有不断增强自己的适应能力，才能在这个变幻莫测的时代成为企业不可或缺的人才。较强的适应能力表现为以下几个方面：

1. 对压力的适应能力

当周围的环境发生改变时，你能沉着冷静，承受来自外部的压力吗？一个富有适应力的员工在工作陷入困境时，能够冷静思考，分析问题的来龙去脉，胸有成竹，从容不迫，积极寻求解决问题的方法，而不是放弃或推托；一个富有适应力的员工在失败后，能够坦然面对，当没有完成任务或工作出现意外，现实与期望落差较大时，能够以平常心待之，不消极抱怨，而是积极寻找补救措施；一个富有适应力的员工懂得调节压力，让自己时刻精力充沛。

2. 解决问题的适应能力

一个富有适应力的员工在发生紧急状况或处于危机情况下，能迅速分析问题，想出多种解决问题的方案；当情况发生变化时，能迅速转变工作思路，调整工作计划，积极应对。对他来说，事情纵有千头万绪，也能梳理得一清二楚。

3. 人际关系的适应能力

一个富有适应力的员工具有良好的与人协作共事的能力，初到新的部门，他能够在短时间内获得同事、下属的认同；他能快速了解该部门的做事风格、工作氛围、工作目标和协作方式，主动调整自己的工作方式；他能和不同性格、不同做事方式的人一起愉快地共事。

4. 个人学习的适应能力

一个富有适应力的员工具有学习意识，他不固守已有的知识和经验，勇于打破曾经的心智模式，善于学习新观念、新技术、新方法；在日常工作中，他留意每一个可能的学习机会，汲取与工作相关的知识、技能，当他被委派到新岗位，接到新任务时，他能迅速调动已有资源，吸纳多方信息，从容驾驭局面。

适应能力是一种综合能力的体现，这需要从以下几个方面做起：

1. 与时俱进，具有发展的眼光

社会是不断向前发展的，工作中也充满了变数。不管你在职场打拼多少年，经验多么丰富，那都不是你的优势。经验也需要推陈出新，要用发展的眼光看待工作，不断学习、充电，不满足现状，积极迎接新的挑战，提高自己的职业技能和对社会的适应能力。有一技之长又对各行各业都能够涉猎的人，不管他在哪儿工作，不管他从事何种工作，都会发出金子般灿烂的光芒。

2. 不怕压力，具有危机意识

永远不要认为自己做到了最好，要时常给自己加压，有压力才会有动力。职场中的较量就是看一个能否经常提醒自己“不前进就落后”，是否具有强烈的危机意识。这种危机感是一种居安思危的前瞻，是一种步步为营的稳健处世风格，只有这样，才能更好地保障自己在变幻莫测的职场中长久地发展下去。

3. 认真刻苦，有努力打拼的拼劲

努力打拼才能不断提高自己的职业技能，在职场中做到游刃有余。你想鹤立鸡群，就必须具备鹤立鸡群的资本。优秀的员工必定是经历了从“沙子”到“珍珠”的辛苦打磨，经历了从“种子”到“金子”的长期飞跃，最后才会光芒四射。

不断学习提高技能

员工若要将自己打造成企业的人才，就要努力把自己变成具备良好学习力的人才。员工的职业安全感只有通过不断学习，不断补充新知识才能实现。

每个职场人士都应让自己的大脑像电脑芯片一样不断地“升级”，这样才能跟上市场变化和企业发展的需要。事实证明，未来属于那些热爱生活、乐于创造和通过学习来增强自己聪明才智的人。

专家指出：职业半衰期越来越短，任何高薪者若不学习，五年之内就会跌入低薪者的行列；任何低薪者若不学习，三年之内就会加入失业者的行列。市场竞争的激烈导致人才处于不断地折旧中，因此，未来社会存在两种人：一种是为工作和学习而忙的人，另外一种就是失业的人。

全球职业危机时代已经来临，同时，伴随着世界知识经济的兴起，有一种声音在不断地提醒我们：只有提高自己的学习力，不断掌握新技能，才能适应社会的需要，才能在残酷的竞争中不被抛弃。

企业间的竞争说到底就是人才的竞争，而人才的竞争，最关键的则是持久不断的学习力的竞争。作为人才的重要标志，在今天，除了要有知识之外，更重要的是要会学习，要有持久不断的学习能力。

IBM 是一个很注重员工培训的公司，其培训过程非常艰辛而复杂，单是行政管理类人员的培训就为期两周，而销售、市场和服务部门的员工全部要经过三个月的“魔鬼”训练。内容包括：了解 IBM 内部工作方式，了解自己部门的职能；了解 IBM 的产品和服务；专注于销售和市场，以模拟实践的形式学习 IBM 怎样做生意，学习团队工作和沟通技能、表达技巧等。这期间，各种考试又非常多，包括做讲演、笔试产品性能、练习扮演客户和销售市场角色等。只有这些考试全部合格，才能成为

IBM 的一名新员工。如果谁在中途退场，将没有任何机会进入这家公司。之后，新员工还要接受 5-8 个月的业务学习。

IBM 非常重视对新员工的栽培。他们给每个新来的员工都配置了各自的师傅，手把手教这些员工工作技能。在这种情况下，如果身为新员工的人不去主动学习，那么，他很快就会被淘汰。公司注重培养，但同时更注重员工工作的主动性、积极性。

从进入 IBM 的第一天起，IBM 就给员工描绘了一个学习的蓝图。课堂上、工作中，经理和师傅的言传身教，员工自己通过公司内部的局域网络自学，总部的培训以及到别的国家工作和学习等等，庞大而全面的培训系统一直是 IBM 的骄傲。鼓励员工学习和提高，是 IBM 培训文化的精髓。如果哪个员工要求加薪，IBM 可能会犹豫；如果哪个员工要求学习，IBM 肯定会非常欢迎。

具有学习意识和学习力，才能不断更新自我，适应不断变化的世界，如此，你才拥有一件战胜他人的武器。

人在职场，不管身居何职也不要放弃学习，而应时刻具备危机意识。想纵横驰骋职场，在激烈的竞争中永远立于不败之地，就要在工作中边干边学，缺什么补什么，不断地完善自己。

大发明家爱迪生曾说:“问题并不是你是一个成功者或失败者，而是问你自己，你是个学习者，还是个非学习者。”爱迪生的故事已经家喻户晓，但对于他善于学习的美德却很少有人知道。他一生有过很多次失败，成功与他似乎永远无缘，但是就是在遭受到很多常人无法忍受的灾难性打击时，爱迪生依然没有放弃过。他懂得成功的获得不是靠机遇，而是靠学习。不断地学习，从每一次失败中吸取教训和经验。

现代企业需要“多面手”的人才，不学习就出局，而勤奋好学是改变命运的最好途径。

如今的时代是个学习的时代，谁不学习，谁就注定会失败。社会呈爆炸式进步，如果没有定期充电，转眼之间就会被时代淘汰。纵使你已经功成名就，也不能停止学习的步伐，因为一旦停止，别人就会超越你。

增强学习力就要不断学习新的理念，不断学习先进的技术，改进和提高我们的操作技能和工作方法。具体应做到：

1. 保持空杯心态

大哲学家苏格拉底曾经说："我唯一知道的一件事情，就是我自己什么也不知道！"只有永远保持这种谦虚心态，才能不断发掘自己的潜力，迈进成功的殿堂。要意识到每个人都有向他人学习的需要，要虚心向他人请教，而不要骄傲自满。你身边的每一个人都可以成为你的学习对象——你的老板、同事、下属、客户，包括公司的清洁工，他们身上都有你可以借鉴的东西。

2. 关注在岗培训

公司在运作过程中，势必会遇到很多问题，有的连老板都无法解决，此时，及时进行培训是一种必需。公司一般会请同行业专业、权威的人士前来讲解，这对员工来说，无疑是一个极大的提高，它能让你学到很多新东西，接触到行业的前沿，而这就是下一步你要重点努力的方向。

3. 不断总结经验和教训

及时总结经验和教训是学习很直接很重要的渠道，这种方法可以让我们发现以往的过失，总结出对工作有利的东西，从而较好地运用到下一步的工作当中。

圆满漂亮地解决突发问题

在职场中，我们在工作过程中总会遇到一些意想不到的突发问题，许多人往往不知所措，感到困难重重，无从下手，产生极度的畏难情绪。"我身处职场好几年了，怎么也算得上资深人士了，我在日常工作中游刃有余，可是一旦遇到突发事件，大脑就仿佛不会思考，不知道该如何应对。”“工作中我最讨厌突发事件，每次碰到我都手足无措，好像大脑不听使唤一样，好几次全靠同事帮忙才顺利解决。真的不知道是自己太笨，还是那些事情本身就很棘手。”“遇到突发事件，我不知道从何下手，万一办砸了怎么办？能避就避吧！”

而有些人则将这些突发事件处理得很好，显示出超强的解决问题的能力。其实，“最大的敌人就是你自己”，只要我们敢于颠覆自己最初的盲目决定，能够听从别人的建议而做出符合局势要求的新主张，就有可能将问题解决得很漂亮。

小李是公司的文秘，常常有很多突发事件要她处理。比如，员工突然病倒了，把员工紧急送往医院就是小李要做的事；公司临时接待客户，发现缺少什么物品了，也需要小李去想办法。不过，虽然突发事件很多，但是小李已经适应了，而且每次都处理得很好。

一次，公司装修，要将员工的办公物品在一天之内全部搬离原来的办公区。公司将这一任务交给了小李。这并不是一个好差事，相反，还是一个出力不讨好的事。果不其然，当她通知大家后，只有少数人听命行事，其他的人，特别是销售部的人，不仅迟迟不打包整理物品，还扬言“销售部是公司主力军，怎么能干这种事”。小李发扬了雷厉风行的性格，当即找到销售部总监，说如果他的手下不整理好东西的话，她将把他们的东西全部倒进垃圾桶。果然，这招很灵。他们最后也在规定时间内完成了任务。由于这次小李表现精彩，公司给她加了薪，升了职。

行走职场，如果遭遇突发事件，你该如何应对呢？如果你仍然只会在“转身就跑”与“勉强死撑”中二选其一，那么你很快就会在竞争中处于下风，成为企业可有可无的人。

人在职场，我们不仅要把自己的工作做到位，还要像小李一样能够洞察全局，用长远的眼光看待工作，思考工作，把握好每一个细节，这样在遇到突发事件时就可以及时补位。有时候，合理的补位能让自己的工作变得更加圆满出色，能将突发事件的不良影响降到最低。想他人所未想，你才能随时应对可能发生的各种问题，才能把“泥饭碗”变为

“金饭碗”。一个善于积极思考、解决问题的人老板最喜欢，因为他们无论到了哪儿都能够独当一面，都会发挥积极的作用。

遇到突发事件，有的人显得惊慌失措，有的人却是从容不迫。面对问题时，从容不迫的人能够采取积极、具体的行动来表明自己对突发事件的态度和应对措施。这倒不是因为他们能掐会算，知道什么时候要出什么事，而是他们善于洞察全局，时刻为公司着想，为避免公司可能出现的各种危机提前做好了应对措施。

你应该如何应对突发事件?

1. 善于分析，积极应对

当在职场中面临突发事件时，首先应该弄清楚事件的实际状况，如事件影响面的大小、影响的严重程度等；其次，分析促使突发事件产生的各种可能原因和由此造成的不良影响，确定可行的应对策略；最后，从大局出发，尽可能快速地采取能够表明“积极态度”的具体行动来进行补救，切不可在现行的规则中徘徊而错失最佳良机。

2. 加强演习，培养“危机”意识

先“演习”一场比你要面对局面更复杂的战斗。如果手上有棘手活而自己又犹豫不决，不妨挑一件更难的事先做。危机能激发我们的潜能。不要以为自己能刻意地创造出舒适的生活，可以设计出各种越来越轻松的生活方式，使自己生活得风平浪静。我们要明白，从内心挑战自我是我们生命的源泉，否则，我们只能坐等危机或悲剧的到来。

3. 遭遇“火情”，大胆决定

在职场中遭遇“火情”，我们需要大胆做出决定，有时这些决定也许会违背常规。不然，很可能让我们本人或自己的团队在时间的拖延中面临更大的信任危机。

4. 迎接挑战，不退缩

遇到突发事件时不要恐惧，更不要退缩，要迎难而上，借此机会锻炼自己的心理素质和处理突发事件的能力。世上最秘而不宣的体验是，战胜恐惧后迎来的是某种安全有益的东西。哪怕克服的是小小的恐惧，也会增强你对创造自己生活能力的信心。相反，如果一味想避开恐惧，恐惧就会对你穷追不舍。此时，最可怕的莫过于双眼一闭假装它们不存在。对于我们来说，最重要的是要迎战恐惧，增强自信。

机会来的时候就要抓住

历史上有很多出身卑微的人，却做出了一番伟业，他们靠的就是抓住机遇的头脑。法拉第仅仅凭借药房里的几瓶药水，便成为英国有名的化学家；富尔顿发明了一个小小的推进器，结果成为了美国最著名的工程师；贝尔用最简单的器械发明了电话。

机遇从来只垂青有准备的头脑；没有良好的自身贮备，即使机遇来临了也抓不住。要想赢得难得的机会，就要在日常工作中勤学苦练，打下坚实的基础，培养自己的才能，壮大自己的实力，为迎接机遇的到来做好充分的准备。只有这样，才能获得他人的重视和肯定，最终获得机会的垂青！如果我们不能认识到这一点，那么，机遇随时随地都有可能从我们身边溜走，留给我们的，只有无尽的遗憾和失落。

小宋是学生物专业的，这样的专业在科研单位很受欢迎，但是在出版社就不占优势，特别是跟那些新闻、中文专业相比起来，就更显得略逊一筹。但是，就是这样一个在同行里没有什么背景、人际交往能力也很一般的女孩，却在短短半年之内连升两级。关于她的迅速攀升，有的认为他在公司有熟人，有人认为他跟老板有关系，总而言之，各种说法不一，却没有人相信她是凭借自己的能力得来的。同事们觉得好运气特别青睐于她，才让她获得了别人不敢奢望的好机会。

那么，小宋幸运的主要因素是什么呢？论学历，她没有优势；论口才和交际，比她能说会道、圆滑世故的人多的是。唯一的理由就是她踏踏实实地干好自己的本职工作，遵循是非准则，时刻尽职尽责，再加上偶尔出人意料地表现一下，对上司交代的任务非常认真地完成，以及对于某个同事出现的疏忽大意一声不响地更正过来，之后并不大肆张扬。他的努力终于赢得了上司的好感，并且，当他人抱怨工作索然无味、偷懒拖拉时，她却在发奋学习新的业务知识，了解产品更全面的信息以及所有重要客户的有关情况。是金子终究会发光，上司发觉她是一个可以委派大事的人，于是就提拔她，让她担负更重要的工作。

可见，是她自己为自己创造了好的机遇。

在职场中，有些人经常哀叹命运的不公，抱怨世上缺乏发现人才的伯乐，使自己难有施展才华的平台，或者认为领导偏心眼、不公正，不给自己提供机会，大有怀才不遇，生不逢时之感。果真如此吗？其实不然。上天对待每一个人都是公平的，在给予别人成功机遇的同时，也给予你同样的机遇。但是机遇往往是突然、不知不觉地出现的。他就像一个“老顽童”，从来不会大张旗鼓地宣布：我是机遇，我来了。相反，机遇总是以一种隐秘的姿态出现，你工作的每一个细节都可能隐藏着巨大的机遇。

君子适时而动，英雄应运而生。机遇是成功的关键，没有机遇，成功就很难实现。但是，机遇是如何得来的呢？是等待，还是创造？居里夫人给我们回答了这个问题：“弱者等待时机，强者创造时机。”成功者懂得创造机遇，失败者则总是坐等机遇。

成功靠才华，靠实力，也要靠机遇——机遇改变命运。因为机遇是要自己去发现的，发现了你要有资本去抓住，还得要当机立断，然后按既定目标严格执行。最有希望成功的人，并不是才华最出众的，而是那些最善于发掘和利用每一个机遇的人。一个小小的机遇可以改变一个人的命运，能否善于抓住机遇，是一个人成功与否的重要条件。

有一次，一场激烈的战斗结束后，一个部将问亚历山大是否要等待机会来临，以便发起第二次进攻，去占领一个新的城市。亚历山大听完之后，顿时暴跳如雷地说："等待机会？难道你认为我们每次的成功都是等来的吗？机会是要靠我们自己拼命创造出来的！"亚历山大以其雄才大略征服了很多国家。他的胜利无一不是与其主动争取机会有关。如果他总是等待机会，也许他永远都实现不了征服世界的愿望，也无法成为一代英豪。

主动创造机遇还是被动地等待机遇？真正聪明的人应该主动去创造机遇。每一个人的成功无疑都是源于积极主动地去捕捉机会、尽情发挥创造潜力。倘若你总是画地为牢，甚至夜郎自大，那么你就永远只能是自我束缚，自己给自己判刑，永远只能坐等机会白白流失，空留悲叹。

一个人的成功带有很大的偶然性，但这种偶然性又绝不是偶然的，同时它还带有很大的必然性。因为他们主动地抓住了这种偶然，就成了一种必然。诸葛亮能够出人头地，除了他本身的才华外，更重要的是因为他抓住了刘备三顾茅庐给他提供的机会。抓住机遇就能获得成功，进一步说明了机遇是成功的关键！

怎样才能抓住机遇？

1. 学会识机，适时择机

职场信息包罗万象、层出不穷，要善于捕捉和辨析哪些信息是能够为我所用和符合个人职业发展的，做到"心中有数"。想要抓住机遇，让自己的职业生涯再上一个台阶，平时就要养成审时度势的习惯，随时把握市场信息和客观形势，利用自己的聪明才智，及时抓住对自己有利的大好时机。

2. 遇到机遇，见机而动

在机遇到来时，不要患得患失，犹豫不决。要有挑战机遇的勇气和胆略，用智慧去尝试，以智取胜。知道何时才能见机而动，平时就要注意培养自己处事果断的意志，坚决摒弃犹豫不决的弱点。行动需要决策，任何决策都有风险。要了解和判断职场趋势的变化，以"变"应变。机遇是自己抓的，不是别人给的。遇到机遇要大胆尝试，不给人生留下遗憾的一笔。

3. 提升实力，完善自己

机遇只偏爱那些有准备的头脑。如果你本身不具备一定的能力，就无法发现机遇。这就要求我们锻炼自身敏锐的观察力、准确的判断力、丰富的想象力和科学的预见性。不管是知识、能力还是品德、个人修养等，都要从各方面不断充实和完善自己。自身的综合素质得到提高，你会发现机遇到处都是，即使受到挫折，也能从逆境中奋起，再创辉煌。

实力是基础，成功是目的，机遇则是关键。没有基础的大厦是不存在的，没有实力的成功是不现实的。

心动不如行动

杰克·韦尔奇曾经给年轻人这样的忠告："如果你有一个梦想，或者决定做一件事，那么，就立刻行动起来。如果你只想不做，是不会有所收获的。要知道，100次心动不如一次行动。"

工作中，很多人总是抱怨老板没有发现他们的才能，其实，是他们自己没有将这种才能付诸行动。凡事要敢于尝试，敢于创新，勇于行动，才有可能成功。很多员工总是害怕失败，担心做砸了老板会怪罪，会扣罚自己的工资乃至将自己辞退。其实，只要努力了，哪怕最后失败，也是值得的。

"宁做行动的巨人，不做思想的矮子。"要想到，更要做到，要落到实处，这是成功的必要条件。无论是哪个领域，不努力去行动，都不可能成功。

俗话说："说一尺不如行一寸。"任何希望，任何想法，最终都必须落实到具体行动中。只有把自己的美好憧憬付诸实践，制订出切实可行的计划，才能不断缩短自己与目标之间的距离，最终达成所愿。

许多事情的难度由于我们的犹豫不决而加大。事实上，事情并没有我们想象的那么艰难，只要我们抛弃一切杂念，蔑视一切困难，马上付诸行动，偶尔有意识地让自己吃些“苦头”、经历些“磨难”，经历的多了，自己解决问题的能力也会随之提高，适应社会的能力也自然增强了。

“积极行动”就是“好运气”的同义词。只要专心致志去做好你现在所做的工作，坚持下去直到把事情做好，成功就会来到。一个人想达到自己的目标，追求自己的成功，就必须学会立即行动。立即行动不但是一种良好的习惯和态度，也是每一个成功者共有的特质。无论什么事情，你一旦拖延，就会总是拖延。如果你一旦开始行动，通常就能坚持到底。凡事采取行动就是成功的一半，第一步是最重要的一步，行动永远应该从第一秒开始，绝不是第二秒。立即行动也是抓紧每一分钟，在行动中实现自己的想法。这是自我激励的警句，是自我发动的信号。

内蒙古金河集团的董事长王晓东在19岁时，曾经在建筑工地上做材料员，王晓东很珍惜这份工作，希望可以长久地干下去。为了能够被领导重视，成为单位不可缺少的人才，他日思夜想，终于想出一个好主意：他看到工地的生活非常枯燥，就自己掏钱买了《三国演义》、《水浒传》等名著，认真阅读后，又讲给大家听。这种休闲方式深受大家的喜欢。

有一天，领导来工地检查工作，意外发现王晓东竟然有这么好的口才，便将他提升为公关业务员。

王晓东备受鼓舞。在此后的工作中，他总是通过各种方式寻找更好的解决问题的方法，想好了就去做，一次不行，两次……每次都将想法付诸实践，使得他在工作中游刃有余。领导对王晓东处理问题的能力非常满意，渐渐地，他就成了领导的左膀右臂。

在一次谈话中，他无意间听工地领导说，公司本来承包了一个大工程，但由于有很多困难，公司打算放弃。王晓东觉得这是一个创业的良机，放弃了太可惜，就想尝试一下。领导看他满腹热情，平常又善于动脑，就把这个困难重重的工程交给了王晓东。他凭着灵活的脑筋和飞扬的激情，在这个工程中敢于创新、勇于实践，漂亮地完成了那个大工程。

几年之后，他成了金河集团的董事长。

从一个普通的打工仔到一个集团的董事长，王晓东的成功与他敢于行动，敢于尝试有着巨大的关系。

人在职场，抓住一切可能的机会，自觉参加各种社会实践，以丰富感性认识，磨炼意志，在实践中提高自己对社会的适应能力。如通过同事间的合作、交流、集体活动解决工作中具有挑战性的难题等，不但可以积累自己的工作经验，还能使自己从实践中获得学习与表现的机会。

一次机会就是一次实践，一次实践就能带来一次阅历的增长。只要你大胆去做了，不管结果如何，对自己能力的提高和以后的人生都起着至关重要的作用。以下是几点建议：

1. 心里有了一种想法，要及时付诸行动

不付诸行动，却束之高阁，这样永远都看不到希望的曙光。美国著名成功学大师马克·杰弗逊说："一次行动足以显示一个人的弱点和优点是什么，能够及时提醒此人找到人生的突破口。"

2. 多请教

行动难免会遇到困难，此时，要学会开动脑筋，遇到不懂的问题向有经验的前辈请教，且不可闭门造车，因为没有经过实践的东西一般难以证实其可行性。

3. 克服拖延的毛病，培养自己"立即去做"的习惯

这本身就是一个良好的开端，它会带动你更容易地去做更多的事情。也许刚开始你难以做到，但是为了更好地去做，你可以分割目标，设定期限，并且及时检查督促自己的进展。困难和疲劳往往是习惯于拖延的员工放弃工作或者拖延工作的借口之一，但实际上，无休止地拖延一件没有做完的工作会更加令人感到疲劳。其实，疲劳感并非不能控制，而拖延也并非不能杜绝。早一些完成工作，你就可以早一些得到安稳的休息。每做完一件小事，都会增强你对工作的信心。

第二节 不能改变手中的牌，就改变出牌的方式

无论你手中的牌怎么样，你都必须接受它，并尽最大的努力打好自己的牌！人生也是如此，上天为每个人发牌，你无法选择牌的好坏，但你可以用好的心态去接受现实，并竭尽全力，让手中的牌发挥出最大的威力，获得最好的结果。

先找准问题的“靶心”

解决问题首先不是技巧，而是对问题正确界定，即弄清楚“问题到底是什么”，找准了问题到底是什么，等于找准了你应该瞄准的“靶心”。只有对准“靶心”才能射中目标；只有认准目标、选对方法，才能做好事情。

当我们面对问题的时候，总是希望立即找到好的方法解决问题。但是，如果连自己真正面对的问题是什么，自己通过解决这个问题将获得什么都无法确定或是没有想清楚，那无疑是操之过急了。

一群伐木工人走进一片树林，开始清除矮灌木。当他们费尽千辛万

苦，好不容易清除完这一片树林中的矮灌木，直起腰来准备享受一下完成了一项艰苦工作后的乐趣时，却猛然发现，他们需要清除的不是这片树林，而是旁边的那片树林！

面对问题，我们不应该像这些砍伐矮灌木的工人一样，只知道埋头干活，却不清楚自己的工作方向和目的，不知道自己所面临之问题的核心所在。

1926年，英国皇家学院院士肯·莱文在沙漠中发现一个叫比塞尔的小村庄，从这里走出沙漠只需要3天，可这里却从来没有人走出去过。

调查之后，肯·莱文终于发现，那里的人之所以走不出沙漠，是因为他们不认识北斗星，不能在茫茫的大漠中准确地辨识方向。他们所走的路线实际上不是直线而是一条弧线，因而无论向哪个方向走，最后都会回到原地。

肯·莱文教会了一个叫阿古塔儿的当地人，让他在沙漠中根据北斗星的位置辨识方向，阿古塔儿就成了那里第一个走出沙漠的人。

在我们的生命旅途中也有这样的沙漠，很多人走不出去，并不是因为沙漠太大，而是因为我们没有选定方向，找准目标。做事之前，如果不选定方向，行动起来就会偏离目标，自然也就很难达到预期的效果。

第二次世界大战时期，苏联红军正准备趁天黑向德军发动进攻。一切都筹备好了，可那天晚上偏偏天空中有星星，大部队在星空下很难做到高度隐蔽而不被发现。这该怎么办？一切都已经准备妥当，这是一个绝佳的时机，难道因为天空中有星星就放弃吗？苏军元帅朱可夫苦苦思索，但始终不得其解。

忽然，他停了下来，他意识到自己犯了个致命的错误，让这个错误带入了错误的思考领域。“我们真的需要天黑吗？不是，我们选择天黑仅仅是希望借着夜色掩护部队，让德军看不到自己。我们真正要做的是让敌人看不见，我们的目的也是让敌人看不见我们的部队！”

有了这样的观念，朱可夫不再死死钻在“天黑”的牛角尖里寻找办法。而是将视线转移到真正的目的“让对手看不见”上来。他思考了很久，突然有了一个主意。一定是黑暗让人看不见吗？光亮同样能！他立即发出指示：将全军所有的大探照灯都集中起来，并立即准备向德军发起进攻。当苏军进攻时，140 台大探照灯同时射向德军阵地。

极强的亮光使得隐蔽在防御工事里的德军根本睁不开眼。不能睁开眼睛，也就什么都看不见，只能挨打而无法还击。苏军势如破竹，很快突破了德军的防线。

我们必须明确自己解决问题的真正目的和渴望通过解决问题所达到的目标，明确究竟什么才是我们真正想要的。一旦我们能清楚地知道这些，并且围绕着这些展开寻找解决之道，那将能省去许多走弯路所花费的精力和时间，也能使自己不钻入思维的死角。

只有方向正确才能减少干扰，要把自己的精力放在最重要的事情上。事实上，天下的事是永远做不完的，最难的不是不知道怎么去做，而是不知道做什么。如果只顾低头做事，却不知抬头看路，就会累得半死不活，却得不到什么实质性的效果。

抓住问题的关键点

无论是工作、学习还是处理生活问题，都要讲究方法。只有抓住关键问题，切中问题的要害，才能使我们的工作和学习事半功倍。治病要讲究“对症下药”，解决问题也是一样的道理，要找对关键点，抓住问题的“症结”。当你在工作中遭遇难题，一筹莫展的时候，不妨让自己冷静下来，仔细分析一下问题，找到“症结”，对症下药，问题就可以顺利解决。

新加坡著名作家尤今有这样一次经历：当他还是一名记者时，一次，他托一位同事代买圆珠笔，并再三叮嘱他：“不要黑色的，记住，我不喜欢黑色，暗暗沉沉，肃肃杀杀。千万不要忘记呀，12 支，全部不要黑色。”第二天，同事把那一打笔交给他时，他差点昏过去：12 支，全是黑色的。

他的同事却振振有词地反驳：“你一再强调黑色的，黑色的，忙了一天，昏沉沉地走进商场时，脑子里印象最深的两个词是：12 支，黑色。于是我就一心一意地只找黑色的买了。”其实，只要言简意赅地说，“请为我买 12 支蓝色的笔”，相信同事就不会买错了。从此以后，尤今无论说话、撰文，总是直入核心，直切要害，不去兜无谓的圈子。

有一家核电厂在运营过程中遇到了严重的技术问题，导致了整个核电厂生产效率的降低。核电厂的工程师虽然尽了最大的努力，但还是没能找到问题所在。于是，他们请来了一位顶尖的核电厂建设与工程技术顾问，看看他是否能够确定问题的所在。顾问穿上白大褂，带上写字板就去工作了。在两天的时间里，他四处走动，在控制室里查看数百个仪表、仪器，记好笔记，并且进行计算。

临离开前顾问从衣兜里掏出笔，爬上梯子，在其中一个仪表上画了一个大大的“×”。“这就是问题所在。”他解释说，“把连接这个仪表的设备修理、更换好，问题就解决了。”顾问走后，工程师们把那个装置拆开，发现里面确实存在问题。故障排除后，电厂完全恢复了原来的发电能力。

大约一周之后，电厂经理收到了顾问寄来的一张 1 万美元的“服务报酬”账单。电厂经理对账单上的数目感到十分吃惊。尽管这个设备价值数十亿美元，并且由于机器的故障损失数额巨大，但是以电厂经理之见，顾问来到这里，只是到各处转了两天，然后在一个仪表上画了一个“×”就回去了。对于这么一项简单的工作收费 1 万美元似乎太高了。

于是，电厂经理给顾问回信说：“我们已经收到了您的账单。能否请您将收费明细详细地逐项分列出来？好像您所做的全部工作只是在一个仪表上画了一个‘×’，1 万美元相对于这个工作量似乎是比较高的价格。”

过了几天，电厂经理收到顾问寄来的一份新的清单，上面写道：“在仪表上画‘×’：1 美元；查找在哪一个仪表上画‘×’：9999 美元。”

许多人不能有效地抓住问题的关键点，遇到问题不分主次、一概而论，结果，付出了很大的代价，却只取得十分有限的成就。只有抓住问题的关键点，制定出合理的策略，采取正确的方法，才能取得事半功倍的效果。

从重点问题突破，是高效能人士思考的习惯之一，如果一个人没有重点的思考，就抓不住事物的关键。那么，他做事的效率必然会十分低下。相反，如果他抓住了主要矛盾，解决问题就变得容易多了。

解决问题的方法要多样

问题总是在不断变化的，因此，解决问题的方法也是在不断变化的。因此，我们要学会变化，方法总是在变化中产生。职场中的人，在竞争日益激烈的今天，要培养以变化应万变的理念，勇于面对变化带来的困难，才能做到卓越和高效。

在一次培训课上，企业界的精英们正襟危坐，等着听管理教授关于企业运营的讲座。门开了，教授走进来，矮胖的身材、圆圆的脸，左手提着个大提包，右手擎着个圆鼓鼓的气球。精英们很奇怪，但还是有人立即拿出笔和本子，准备记下教授精辟的分析和坦诚的忠告。

“噢，不，不，你们不用记，只要用眼睛看就足够了，我的报告非常简单。”教授说道。

教授从包里拿出一只开口很小的瓶子放在桌子上，然后指着气球对大家说:“谁能告诉我怎样把这只气球装到瓶子里去？当然，你不能这样，嘭!”教授滑稽地做了个气球爆炸的姿势。

众人面面相觑，都不知教授葫芦里卖的什么药，终于，一位精明的女士说:“我想，也许可以改变它的形状……”

“改变它的形状？嗯，很好，你可以为我们演示一下吗？”

“当然。”女士走到台上，拿起气球小心翼翼地捏弄。她想利用其柔软可塑的特点，把气球一点点塞到瓶子里。但这远远不像她想的那么简单，很快她发现自己的努力是徒劳的，于是她放下手里的气球，说道：“很遗憾，我承认我的想法行不通。”

“还有人要试试吗？”

无人响应。

“那么好吧，我来试一下。”教授说道。他拿起气球，三下两下便解开气球嘴上的绳子，“嗤”的一声，气球变成了一个软耷耷的小袋子。

教授把这个小袋子塞到瓶子里，只留下吹气的口儿在外面，然后用嘴巴衔住，用力吹气。很快，气球鼓起来，胀满在瓶子里，教授再用绳子把气球的嘴儿给扎紧。“瞧，我改变了一下方法，问题迎刃而解了。”教授露出了满意的笑容。

教授转过身，拿起笔在写字板上写了个大大的“变”字，说道：“当你遇到一个难题，解决它很困难时，那么你可以改变一下你的方法。”他指着自己的脑袋，“思想的改变，现在你们知道它有多么重要了。这就是我今天要说的。”

精英们开始交头接耳，一些人脸上露出顽皮的笑意。教授按下双手示意大家安静，然后说：“现在，我们做第二个游戏。”他的目光将众人扫视一遍，指着一个戴眼镜的男子说：“这位先生，你愿意配合我完成这个游戏吗？”

“愿意。”戴眼镜的男子走到台上。

教授说：“现在请你用这只瓶子做出5个动作，什么动作都可以，但不能重复。好，现在请开始。”

男子拿起瓶子，放下瓶子，扳倒瓶子，竖起瓶子，移动瓶子，5个动作瞬间就完成了。教授点点头，说道：“请你再做5个，但不要与刚才做过的重复。”

男子又很轻易地完成了。

“请再做5个。”

等到教授第五次发出同样的指令时，男子已经满头大汗、狼狈不堪。教授第六次说出“请再做 5 个”时，男子突然大吼一声：“不，我宁愿摔了这瓶子也不要再让它折磨我的神经了。”

精英们笑了，教授也笑了，他面向大家，说道：“你们看到了，变有多难，连续不断地变几乎使这位亲爱的先生发疯了。可你们比我还清楚商战中变有多么重要。我知道那时你们就是发疯也要选择变，因为不变比发疯还要糟糕，那意味着死亡。”

现在，精英们对这场别开生面的讲座品出点味道来了，他们互相交换着目光。

停了片刻，教授又开口了：“现在，还有最后一个问题，这是个简单的问题。”他从包里拿出一只新瓶子放到台上，指着那只装着气球的瓶子说：“谁能把它放到这只新瓶子里去？”

精英们看到这只新瓶子并没有原来那个瓶子大，直接装进去是根本不可能的。但这样简单的问题难不住头脑机敏的精英们，一个高个子的中年男人走过去，拿起瓶子用力向地上掷去，瓶子碎了，中年人拾起一块块残片装入新瓶子。

教授点头表示称许，精英们对中年人采取的办法并没有感到意外。

这时教授说：“先生们、女士们，这个问题很简单，只要改变瓶子的状态就能完成，我想你们大家都想到了这个答案，但实际上我要告诉你们的是：一项改变最大的极限是什么。瞧！”教授举起手中的瓶子，说：“就是这样，最大的极限是完全改变旧有状态，彻底打碎它。”

教授看着他的听众，补充道：“彻底的改变需要很大的决心，如果有一点点留恋，就不能够真的打碎。你们知道，打碎了它就是毁了它，再没有什么力量能把它恢复得和从前一模一样。所以当你下决心要打碎某个事物时，你应当再一次问自己：我是不是真的不会后悔？”

讲台下面鸦雀无声，精英们琢磨着教授话中的深意。教授收拾好自己的包，说：“感谢在座的诸位，我的讲座结束了。”然后他飘然而去。

我们生活在一个瞬息万变的世界里，应当学会适应变化。学会变通地去应对工作中的问题，在变化中解决问题，我们才能最大限度地发挥自己的潜能。

有句话这样说：“只在河滩上沉思，永远得不到珍珠。”所以，要想得到珍珠一定要运用方法，而方法总是在变化中产生，尽管此种变化也可能蕴藏着一种危机，但没有危机也就没有变化得出的方法。身处职场，你只有在不断变化中努力寻求解决问题的办法，才能最大限度地引爆自我，做出超人的成绩。

分解问题，逐个解决

许多人就是由于恐惧压力，所以向难题投降。战胜难题和压力的重要方法之一，就是善于把大难题化作小难题，将大的压力，分解为小的压力。

我们常常被一个问题的复杂和棘手所吓倒，认为解决它几乎是“不可能完成的任务”。但你是否尝试过将这个吓倒了你的大问题分解成一个个小问题来解决呢？

1872 年，“圆舞曲之王”约翰·施特劳斯应美国当地有关团体之邀在波士顿指挥音乐会。但谈演出计划的时候，他被这个规模惊人的音乐会吓了一跳。

原来，美国人想创造一个世界之最：由施特劳斯指挥一场有两万人参加演出的音乐会。而一个指挥家一次指挥几百人的乐队就是一件很不容易的事了，何况是两万人？

施特劳斯想了想，居然答应了。到了演出那天，音乐厅里坐满了观众。施特劳斯指挥得非常出色，两万件乐器奏起了优美的乐曲，观众听得如痴如醉。

原来，施特劳斯担任的是总指挥，下面有 100 名助理指挥。总指挥的指挥棒一挥，助理指挥紧跟着相应指挥起来，两万件乐器齐鸣，合唱队的和声响起。

现实中的问题常常是错综复杂的，我们很难将问题一下完美解决。这时，我们就可以尝试将一个大问题分割成不同的小问题，各个击破。这样远比毫无头绪地寻找一个最佳方案要来得实际和有用。1979 年诺贝尔和平奖得主特丽莎修女就是运用了这样的方法。

特丽莎本是欧洲人，后来由于想“以爱心治疗贫困”，毅然来到贫穷落后的印度。她救助了 4.2 万多个被人遗弃的人，其中不少是很多人不敢接触的麻风病患者。这个数字，在许多人眼中是一个天文数字。

在谈到如何能创造这一奇迹时，特丽莎说：

“我从来不觉得这一大群人是我的负担。我看着某个人，一次只爱一个，因为我一次只能喂饱一个人，只能一个、一个、一个……就这样，我从收留第一个人开始。

“如果我不收留第一个人，就不会收留 2 万个人，这整个工作，只是海洋中的一个小水滴。但是如果我不把这滴水放进大海，大海就会少了一滴水。

“你也是这样，你的家庭也是一样，只要你肯开始……一滴一滴。”

在别人看来是不可能达到的目标，特丽莎却达到了。只因为她学会了将问题和压力分解，“一次只爱一个”地去做！

我们常常十分急躁地埋头于解决问题的过程中，希望尽快地摆脱困境。这并没有错，但是当你并没有认真了解这个问题，只是一心想着要快速解决问题的时候，这对最终的结果有害而无利。分解问题有助于解决问题。

当一个原先令你畏惧的问题被分解成一个个小问题放在你面前时，你就能够轻而易举地征服它们。

许多困难乍一看很难解决，但我们本着从零开始，点点滴滴去实现的决心，有效地将问题分解成许多板块，就将大大提升我们攻克难关的信心和解决问题的效率。

善于提建议

对于一个优秀员工来说，有很多问题不是完成了就可以，还要思考是不是做得好，符不符合公司的利益，有没有要改善的地方，若发现公司有存在的问题就要积极地提出来。

好员工要善于提建议，当然提建议的前提条件是必须做好本职工作。只有本职工作做好了，才有建议可提，才提得出建议。试想，一个对企业、对集体漠不关心的人，能让他提出什么合理化建议？

现代的企业，都建立了“建议奖”制度，目的是希望员工多多提出好的建议。比如在IMB公司，只要提出好的建议就付给报酬，即使你的建议微如芥豆，也能受到奖励。哪怕仅是改变一下办公室的布置，也不例外。

卡佳是IMB公司的制图员，为了查找资料，每天要到资料室跑好几趟，又累又烦人。有一次，卡佳看着办公室，突然想起可以调整一下办公室的布置，使它们挨得紧一些，这样不就腾出一块空间，可以放几个书柜存资料了。

卡佳把这个想法向上司一说，上司觉得这个建议很好，就采纳了。此后卡佳办公室的同事们每天再也不用跑资料室了，资料就放在办公室里，既节省了时间，又节省了精力，两全其美。

卡佳这个“改变房间布置格局”的建议成了一种创造，根据发明创造奖的标准，卡佳由此每年获得相当于纯节约额2.5%的奖励金额。

海尔以人为本，尊重员工的意见、建议，规定职工提出的合理化建议要逐一落实，并给予适当的物质奖励，并为此设立了海尔合理化奖。

海尔冷柜西安营销分中心的马莉萍永远难忘1998年。

“对你在营销分中心提出的节约办公费用的合理化建议，本部授予你群策群力创新奖。”当她接过这绸缎装饰的大红荣誉证书时，怎么也不相信，一条渺小的合理化建议，却得到这么高的荣誉，而且还奖励200元钱。

在平时的工作中，马莉萍发现信息员接收的文件、表格、传真比较多，每月花费在这方面的费用特别高，于是就自觉地将过时的文件、传真纸等分类装订起来，再用反面，报表也都是双面打印。这本是件很小的事情，但营销分中心经理非常重视，非让她在“日清”会上向大家介绍介绍不可。果然，一个月下来的统计显示，仅传真一项就节约600多元!

于是马莉萍又在营销分中心经理的鼓励下，大胆地向本部提出了此建议，没想到本部竟然采纳了。此时马莉萍心中感慨：只要有好的建议，只要对企业有利，企业肯定会采纳。

仅2005年，海尔员工提合理化建议就达4万条，创经济效益7247万元。

对公司、对老板主动提出合理化建议是一个员工应有的责任。但有些员工为了避免出差错而保持沉默，他们不是想不到好主意、好建议，而是觉得事不关己，不愿张口动手罢了。这样的工作态度，不仅埋没了自己的才能，失去争上游的机会，也使公司错失了潜在的“美玉”。

我们既要理解古人“不在其位，不谋其政”的道理，又要充分发挥自己的主观能动性，积极地思考问题，给上级当参谋、做助手，这样，个人发展才不会是无本之木，无源之水。

合理化建议是企业革新挖潜、降低成本、提高生产率、增加企业经济效益的重要途径。衡量一个员工是否优秀，要看他是否给企业提出有价值、有益处的建议。当员工在提建议时，就会去考虑如何改进和解决问题，这对员工个人而言也能起到提高和促进作用。

第六章

提高绩效，开发成长

每一个企业、每一个老板都有自己的发展目标。作为企业的一名优秀员工，必须与公司制定的目标保持步调一致，才能把握自己努力的方向，为企业创造财富。

第一节 勤奋未必成功，方法才能制胜

能够时刻忙于要事，是一个人提高工作效能的关键。区别一个人工作效能高低的一个重要标准不是看他工作有多么努力，而是要看他能不能时刻忙于要事，是不是忙在点子上。

忙碌未必有效率

“效率”一直是被大家频繁使用的词语，常常听到，常常说起，可是，对于它的理解，却未必深刻和充分，这或许就是所谓“因为稀松平常所以毫不在意”。在一天的日常工作中，你或许惊讶地发现：自己忙忙碌碌了一天，却“没有做成什么事情”！你是否在做每周或每月的工作总结时，总是颇感为难？因为你绞尽脑汁想出来的成绩，写在纸面上，显得那么单薄和苍白，你的心中充满了无法向上司交代的愧疚感。

于是你不禁在内心反问自己：为什么如此忙碌，却成果寥寥呢？这说明，忙碌不一定会有效率。相反，那些工作高效的人，却显得有条不紊、从容不迫，并不见得他们有多忙碌。可见，效率并不是常人误以为的“越忙越有效率”。

那么，效率的本质是什么呢？工作是一个从目标设定到达成成果的过程。任何一件工作，或大或小，总存在这样的过程。例如，你决定“完成一篇八百字的评论短文”，这是一件工作，其中，目标是“完成八百字的短文”，成果是你最终写成的那篇文章，如果从目标达成了成果，那么，你就圆满完成了这件工作。

从事一件复杂而重大的工作，同样要经历这一过程。例如，张艺谋策划和筹备2008年北京奥运会开幕式，这是一件工作，目标是成功举行开幕式，向世人展示中华文明，成果是通过视、听等多种途径向观众呈现真实的开幕式。所不同的是，复杂的工作为了实施的有序性和管控的需要，将总目标细分为二级分目标、三级分目标，以此类推。

基于上述认识，我们认为，效率是从目标到成果的速度的快与慢。越快，效率就越高；越慢，效率就越低。这个定义简单明了，然而，当我们向别人阐述它的时候，总是产生出许多的迷思。

迷思1：效率就是速度越快越好

事实：这个判断结论成立的前提是：确保成果有效。如果用数学公式表述效率的定义，那么，应当是：效率 = 成果 ÷ 时间。通过这一公式，我们可以推算，完成一件工作所需要的时间越短，效率就可能越高。但是，不要忘记，如果成果是“零”的话，最后计算的结果依然是零。只有在成果成立并且有效的情况下，速度越快才越有效率。没有成果，其他都是空谈。

迷思2：效率就是所有事情越快越好

事实：这简直是异想天开，谁可以神通广大到迅速应付所有事？事实上，谁也没有能耐做完所有事情。即使有一根魔棒，朝着你挥动一下，你的行动速度立即可以提升两倍。短时间内，你会为效率的提升感到兴奋；一段时间之后，你会发现，自己的糟糕状况并没有得到实质改变，你依然被数不清的琐事包围，依然没有足够的时间放松、学习、投资健康和陪伴家人。追求效率的首要方法是从一堆永远干不完的事情中找出最重要最值得去做的事情。换言之，你必须选择那些与成果息息相关的事情，对于那些与成果无关紧要的事情，你必须勇敢地说“不”。妄想搞定所有事情，后果就是被琐事拖累而死。因此，高效率要求你把主要时间花在重要的事情上。

每个人都有追求效率的渴求，只是由于认识的局限，没有做得很好而已。要想实现高效率，首先需要对效率的含义有全面、深入的领会，然后掌握科学的方法，活用技巧，如此才可以成就高效率。

从实际工作情况来看，绝大多数工作者对于效率的体悟，真的不算恰当和充足，因为每天都会有数不清的“没有效率”的事情在重复，不仅浪费企业和社会资源，而且对于个人宝贵的生命而言，也是一种无情的挥霍。

学会自我指导

学会自我指导的能力很重要，因为工作中总是有着各种烦恼，你可以询问朋友、同事，或是主管的意见，寻求他们的协助。但是，他们也只能提供建议而已，要去面对问题、解决问题的还是得依靠你自己。因此，培养自我指导的能力是非常重要的。

正如一位运动员教练，他必须随时观察选手的表现，找出问题所在，设想解决的方法，并拟定一套训练计划。

你要成为自己的职场教练，必须自己找到问题、解决问题、突破工作的瓶颈。这其中最重要的技巧就是学习自问自答。自问自答是自我指导能力很重要的一部分，就是学习如何透过自问自答的思考方式，解决问题，创造改变。自问自答的过程可分成以下几个步骤：

1. 问题到底出在哪里？

解决问题最困难的部分，就是如何找出问题背后的真正原因。很多时候，并非是找不出原因，而是将表面现象误解为问题的原因，最后导向错误的方向，无法真正解决问题。根据经验，最有效的方式就是所谓的“反问法”。每当你想到任何一个原因，就立即的反问自己：“为什么是这样？”

举例说明：假设现在你烦恼的是觉得自己缺乏工作的动力，正犹豫着是否该转换新的环境？以下就是寻找问题原因自问自答的过程。

问：为什么缺乏工作的动力？

答：因为没有成就感。

问：为什么没有成就感？

答：一直在重复同样的工作，没有新的挑战。

问：为什么缺乏新的挑战？我是没有争取，还是真的没有发挥空间……

在过程中你必须不断地去质疑自己的答案，你必须像侦探一般，不放弃任何的可能，有耐心地抽丝剥茧、追问到底，找出最终的答案。

2. 我希望达成什么样的理想？

当你厘清了自己目前所面临的难题之后，接下来将眼光放在未来，问问自己：“我要的是什么？”“我希望未来达成什么样的理想？”你觉得现在这份工作很无趣，那么你喜欢的工作又是什么？你希望自己达到什么样的成绩？

也许一时之间很难真正有具体的答案，不妨采取逆向思考法，先想想未来不希望发生的结果。当你将不可能的选项剔除之后，就会有比较清楚的思考方向。

3. 我该采取何种解决方案？

当你厘清了目前困境的原因，同时设定好未来的理想目标，接下来就是要决定应采取什么样的解决方式，才能真正改变现状。那么，要如何决定自己该做哪些改变？最好的方式就是将自己的现状与未来理想之间相互对照，就比较清楚应采取哪些必要的行动，弥补现状与理想之间的落差。

举例来说，也许未来你希望自己能独当一面、开创属于自己的事业，你应该想想自己是否具备了创业所需要的能力？未来应该学习哪些技能？如何从目前的工作中培养这些能力？

4. 我该如何采取行动？

你必须拟定行动计划。在执行的过程中，最常碰到的问题是缺乏持续行动的内在力量。如果能够采取目标管理的方法将目标具体化，就能有助于你取得这份力量。现状与理想目标之间并非由此一蹴可就，必须采取循序渐进的方式，就好比是走阶梯一般。借由小成就累积自己的信心，才能激励自己持续不断地前进。

所谓目标具体化，也就是将自己在第二个步骤时所设定的理想作为预定的目标时，最好将所花费的时间、遇到的难题、如何解决等细节记录清楚。这样不仅可以帮助自己了解目标是否有调整的必要，同时文字的记录也可以带给自己成就感，具有实质的激励作用。

改变困境从面对自己开始。不要浪费时间抱怨外在的环境因素，真正解决问题的关键在于自己。唯有改变自己，才有摆脱困境的可能。你可以参考以下建议：

1. 学会自我观察

遇到任何的情境，你都应该随时随地观察自己的行为。每个人的自我有两个部分，一是参与的自我，也就是实际执行某种行为的自我；另一个是观察的自我，冷眼旁观自己的行为。

透过对自我的观察，可以更加的认识自己，了解自己在遭遇问题或某些特定情况时，是否表现出固定的行为模式，或是常犯某些的错误。日后当你面临任何的困境时，就能比较容易找出问题背后的真正原因。

2. 每天保留自我省思的时间

现代人工作忙碌，常常忘了找时间与自我对话，去认识自己。但是，如果你不认识自己，又如何能改变自己？无论你再忙、再累，每天都应该抽出一点时间给自己，听听自我内心的声音，多多了解自己。

3. 培养多元的思考力

当你转动万花筒时，就可以看到不同的颜色与图案。同样的，当你从不同的角度看待事情时，也就会有不同的体认。面对问题时，除了事实的分析，更要思考自己在当下的感受与想法，才能把问题看得更清楚，为自己创造改变的可能性。

4. 看清过去的成功模式

你过去的成功，是否有什么特定的原因或是采取了哪些关键的行动，全部写下来，然后逐一的思考，这些因素至今是否仍适用？过去的成功只是一个参考点，不代表未来的成功，不要错误地复制过去。

5. 尝试不同的可能

要创造新的结果，就必须有新的做法。在你思考自己要采取什么样的行动时，应发挥创意，想象各种的可能，即便是你之前从未有过的行动，也应该尝试。

坚持要事第一

任何工作都有轻重缓急之分。只有分清哪些是最重要的并把它做好，你的工作才会变得井井有条，卓有成效。

在一节时间管理课上，教授在桌子上放了一个能装水的罐子，然后又从桌子下面拿出一些正好可以从罐口放进罐子里的鹅卵石。当教授把石块放完后问他的学生："你们说这罐子是不是满的？""是！"所有的学生异口同声地回答。"真的吗？"教授笑着问。然后又从桌底下拿出一袋碎石子，把碎石子从罐口倒下去，摇一摇又加了一些，直至装不进了为止。他再问学生："你们说，这罐子现在是不是满的？"这次他的学生不敢回答得太快。最后班上有位学生小声回答道："也许没满。""很好！"教授说完后，又从桌下拿出一袋沙子，慢慢地倒进罐子里。倒完后再问班上的学生："现在你们再告诉我，这个罐子是满的呢？还是没满？""没有满。"全班同学这下学乖了，大家很有信心地回答。"好极了！"教授再一次称赞这些"孺子可教"的学生们。称赞完后，教授从桌底下拿出一大瓶水，把水倒在看起来已经被鹅卵石、小碎石、沙子填满了的罐子中。当这些事都做完之后，教授正色地问他班上的学生："我们从上面这些事情中得到了哪些重要的启示？"

班上一阵沉默，一位自以为聪明的学生回答说："无论我们的工作多忙、行程排得多满，如果要挤一下，还是可以多做些事的。"

教授听到这样的回答点了点头，微笑着说："答得不错，但并不是我要告诉你们的最重要信息。"说到这里教授故意停住，用眼睛扫了全班同学一遍后说："我想告诉各位的最重要的信息是，如果你不先将大的'鹅卵石'放进罐子里去，也许你以后永远都没有机会再把它们放进去了。"

任何工作都有主次之分，如果不分主次地平均使力，在时间上就是一种浪费。所以，在关键部位，在主要工作上，我们要用全部精力，将其做到最好。

凡取得卓越成绩的员工，办事的效率都非常高。这是因为他们能够利用有限的时间，高效率地完成至关重要的工作。

德国诗人歌德曾说过："重要之事绝不可受芝麻绿豆小事的牵绊。"要集中精力于紧急的要务，就要排除次要事务的牵绊。如果不断地被一些次要事务所干扰，那么就会阻碍你向目标前进的脚步。

美国伯利恒钢铁公司总裁理查斯·舒瓦普，曾经为自己和公司的低效率而忧虑，于是向效率专家艾维·李寻求帮助，希望艾维·李能卖给他一套思维方法，告诉他怎样才能在短短的时间里完成更多的工作。

艾维·李说："好吧！我十分钟就可以教你一套至少提高效率50%的最佳方法。把你明天必须要做的最重要的工作记下来，按重要程度编上号码。最重要的排在第一位，依此类推。早上一上班，立即从第一项工作做起，一直做到完成为止。然后用同样的方法对待第二项工作、第三项工作……直到你下班为止。即使你花了一整天的时间才完成了第一项工作，也不要紧。只要它是最重要的工作，就坚持做下去，每一天都要这样做。在你对这套方法的价值深信不疑之后，让你公司的人也按照这套方法去做。这套方法你愿意试多久就试多久，然后给我寄张支票，并填上你认为合适的数字。”

舒瓦普认为这个思维方法非常有用，很快就填了一张 25000 美元的支票给艾维·李。舒瓦普后来坚持使用艾维·李教给他的这套方法，于是五年后，伯利恒钢铁公司从一个鲜为人知的小钢铁厂一跃成为最大的不需要外援的钢铁生产企业。舒瓦普对朋友说:“我和整个团队始终坚持挑最重要的事情先做，我认为这是我公司多年来最有价值的一笔投资!”

作为现代企业的一名员工，不管做什么，都要从全局的角度来进行规划，将事情分出轻重缓急，将大目标分成若干个小目标，并坚持“要事第一”的做事原则，久而久之就会培养起自己的“先做最重要的事”的好习惯。

任何一名员工都应有“做要事不做急事”的好习惯。要事是有利于实现个人目标、有价值的事，比如规划、技能培训；急事是必须立即处理的事，比如即使你忙得焦头烂额，但电话响了，你就不得不放下手边的工作去接听。在紧急但不重要的事情和重要但不紧急的事情之间，或许我们很难作出选择。对于每个人来说，有精力做事的时间往往是有限的，所以你必须把有限的时间用在最重要的事情上，也就是把要事放在第一位，而不要迷失在那些看似紧急的、琐碎的、次要的事情当中。只有这样，才能高效地利用时间，出色地完成工作。

倘若你常把自己 80%的时间花在 20%的并不重要的事情上，那么你就一定要重新评估一下自己应该在这些事情上花多少时间。为了让时间利用率最大化，为了能在工作中得到更多的成功，你要试着比普通人多思考一些，学会先做重要的事。

决定什么事情重要并确保自己集中精力做好这些事情的能力，是拥有高效率工作方式的基本条件。歌德说过:“最重要的事情，可千万别被那些最不重要的事情随意摆布，永远不要。”事实上，人们在生活中所做的大部分事情对于他们实现快乐和满足都没什么价值。

想办法才会有办法

一句“没办法”，我们似乎为自己找到了不做事的理由。但也正是一句“没办法”，浇灭了很多创造之花，阻碍了我们前进的步伐！是真的没办法吗？还是我们根本没有好好动脑筋想办法？

“实在是没办法！”“一点办法也没有！”这样的话，你是否熟悉？你的身边是否经常有这样的声音？当你向别人提出某种要求时，得到这样的回答，你是不是会觉得很失望？当你的上级给你下达某个任务，或者你的同事、顾客向你提出某个要求时，你是否也会这样回答？当你这样回答时，你是否能够同样体验别人对你的失望？

一个卓越的员工，一定是一个解决问题的高手，善于用创造性的方法令问题“灰飞烟灭”。问题并非洪水猛兽，而只是前进途中的一段小插曲。凡事必有方法去解决，而且能够用巧妙的方法将问题完美解决。

古时候有一位国王年纪大了，他决定在自己的两个儿子莫言和喻术中选择一位才智过人的接班人。

因他们都很精通骑术，国王决定用赛马的方式来做决断。他说:“我知道你们二人都很善于骑马，这里有两匹同样好的马，我要你们比赛一下，胜利者将成为我的接班人。”

他把白马交给了莫言，把黑马交给了喻术。二人接过马后，不约而同地打量着马，并在心中衡量自己的骑术。

喻术心想:“幸好我一直都在坚持练习骑马的技术，看来国王的宝座非我莫属了！”想到这里，他不禁沾沾自喜起来。

这时，国王开始宣布比赛的规则：“我要你们从这里骑马跑到农场的那一边，然后再跑回来。谁的马跑得慢，也就是谁最后到目的地，谁就是胜利者。”

听了这话，喻术简直不相信自己的耳朵，一下子从自己的美梦中清醒过来。他心里很是纳闷：“骑马比赛都是比速度，谁快谁就赢，怎么会比谁的马慢呢？”

莫言也以为自己听错了，呆立着不知如何是好。

国王见两人都张着嘴巴没说话，便又说：“我再重复一次比赛规则，这次比赛是比‘慢’而不是比‘快’。你们赶快准备好，我数一二三便开始。”

一会儿，莫言突然灵机一动，迅速跳上了喻术的黑马，然后快马加鞭地向前急驰而去，他自己的马却留在了原地。

喻术感到莫言的举动很奇怪：“咦！他怎么骑了我的马呢？”当他终于想通了是怎么一回事时，已经太晚了。他的黑马遥遥领先，无论怎样追也追不上了。

结果，喻术的马最先到达终点，他输了。

“好样的！”国王高兴地对莫言说，“你能想出有效的方法，能出奇制胜，这证明你有足够的才智来接替我的位置。我宣布，你就是继我之后的下一位国王了！”

法国数学家、哲学家彭加勒曾经说过：“出人不意的灵感，只是经过了一些日子，通过有意识的努力后才产生。没有它们，机器不会开动，也不会产生出任何东西来。”

德国哲学家黑格尔曾嘲讽那些以为可以不经艰苦思索就能获得灵感的人：“诗人马特尔坐在地窖里面对着六千瓶香槟酒，可就是产生不出诗的灵感来。最大的天才尽管朝朝暮暮躺在青草地上让微风吹来，眼望着天空……温柔的灵感也始终不会光顾他。”

著名的思维学家吴甘霖先生说：“我相信，更好的方法出现，很大程度上来自于是否有一个好的心态！想办法是想到办法的前提。如果让脑袋放假，就算是天才，面对问题时也会一筹莫展，所以办法是在想的过程中产生的，它不会凭空而出。”

有些事情并不是难以做到，而是因为我们没有用心去找方法解决问题。只有想办法才会有办法。再简单的问题，若不去找方法，问题也会重如山，再困难的问题，只要积极地去找方法，最终一定能迎刃而解。

换个角度思考

大多数人认为，在工作量与成功之间存在着一种直接的联系，你所投入的人力、物力、财力和精力越多，你获得的成功就越多。殊不知，只知拼命努力工作的人是很少能够成功的。不管是从企业的需要还是个人的发展出发，我们都需要聪明地工作。

《射雕英雄传》里面有一个情节：黄蓉被一个巨大的海蚌夹住了脚，费了很大的劲也掰不开，结果抓了一把细沙放到蚌壳里面，蚌就自己打开了壳，因为蚌最怕的就是细沙。可见，只有抓住了事情的关键，才能找到有针对性的解决问题的方法。

麦肯锡公司是当今世界顶级的咨询公司，它有一个著名的“电梯测试”法：如果一位顾问去向某财富 500 强企业首席执行官作项目说明，准备了 400 页精美的演示文稿，演说刚刚开始，首席执行官先生接到总统的电话，要他立即去总统府一趟，怎么办？此时，顾问应该跟首席执行官先生一起乘电梯下楼，在首席执行官钻进车里之前，仅仅有两分钟的时间，顾问要说服首席执行官为这个项目掏 1000 万美元！你能如此化繁为简吗？假如你能，你就可能成为麦肯锡公司那些年薪 100 万美元的高级顾问之一。

把工作做到最细致，需要 10 分的努力；而要把最细致的工作用最简单的方式呈现出来，则需要 12 分的聪明。成功人士不仅卖力地工作，他们更会在行动前进行思考。如果你在工作中只拉车不看路，那么你很有可能力没少出，劲也没少费，但结果却事与愿违。以下几点是成功人士的经验总结：

逆向思考。工作中遇到问题，一旦找不到解决的方法时，不妨多进行逆向思考。许多优秀员工都擅长用逆向思维拓宽眼界，探索解决问题的途径，迅速找出问题的症结所在。他们敢于想别人所不敢想，做别人所不敢做，从而达到出人意料的效果。

收集资料。收集与工作相关的各种信息资料，包括竞争对手的信息资料，这些都有利于我们在工作中迅速找到问题的关键。因为任何成熟的业务流程本身就是很多经验和教训的积累，当需要的时候，能够信手拈来，可以大大提高我们的工作效率。

敬业精神。敬业精神要求我们以职业的态度来对待自己的工作，专注于工作，把工作当成一种乐趣，而不是一种负担。乐于工作，我们就会在不断的积极思考中找到解决问题的关键。

善于总结。我们不难发现，巧干者对问题的归纳、分析和总结能力比常人强，他们总能找出问题的规律性，并善于运用它，从而达到良好的效果。

站在对方的角度看问题。在考虑解决问题的方案时，我们通常站在自己的角度去思考问题，但真正懂得巧干的人却总会自觉地站在公司或老板的角度去寻找解决问题的方案。不管你是老板还是员工，站在对方的角度去考虑问题，才能真正彻底地解决问题。

勤奋的确是一种优秀的品质，但要想获得成功，最大化地体现你的人生价值，仅仅勤奋是不够的。你还要多思考，无论看到什么，都要多问为什么，把思考变成自己的习惯。工作需要勤奋，更需要聪明。

"努力就能成功"、"努力就能得到名利与财富"，很多人都把"努力"、"勤奋"当做座右铭，因而整天忙忙碌碌，常年忍受着劳累。但这样工作的效率并不高，他们很少有人能够成功或者获得富裕生活所需要的一切。高效率人士既可以多一些时间享受生活，又可以获得最佳业绩，是因为他们会聪明地工作，而不是努力地工作。

找方法胜过找借口

主动找方法的人永远是职场的明星，他们在公司里创造着主要的效益，是今日公司最器重的员工。在职场中，那些找借口的人，最不会主动想办法解决问题，哪怕有现成的办法摆在面前，他也难以接受。

一位老总曾经正式招聘过一位员工，但没想到，还不到半个月时间，他就不得不把她辞退了。

那位员工是一位刚毕业的女大学生，学识不错，形象也很好，但有一个明显的毛病：做事不认真，遇到问题总是找借口搪塞。

刚开始上班时大家对她印象还不错。但没过几天，她就开始迟到，办公室领导几次向她提出，她总是找这样或那样的借口来解释。

一天，领导安排她到北京大学送材料，要跑三个地方，结果她仅仅跑了一个就回来了。领导问她怎么回事，她解释说："北大好大啊。我都在传达室问了几次，才问到一个地方。"

老总生气了："这三个单位都是北大著名的单位，你跑了一下午，怎么会只找到这一个单位呢?"

她急着辩解："我真的去找了，不信你去问传达室的人!"

老总心里更有气了："我去问传达室干什么？你自己没有找到单位，还叫老总去核实，这是什么话?"

其他员工也好心地帮她出主意："你可以找北大的总机问问三个单位的电话，然后分别联系，问好具体怎么走再去；你不是找到了其中一个单位吗？你可以向他们询问其他两家怎么走；你还可以在进去后，问老师和学生……"谁知她一点也不理会同事的好心，反而气鼓鼓地说："反正我已经尽力了……"

就在这一瞬间，老总下了辞退她的决心："既然这已经是你尽力之后达到的水平，想必你也不会有更高的水平了。那么只好请你离开公司了！”

尽管女孩的举动让很多人难以理解，但是像这种遇到问题不是想办法解决而是找借口推责任的人，在职场上并不少见。而他们的命运也显而易见——凡事找借口的人，只有被辞退。

清华大学高级总裁班曾经接受过这样的一份调查问卷：“什么样的员工是你们最喜欢的员工？哪一种员工是你们最不愿意接受的员工？”

对于第一个问题，总裁班给出的答案是：没安排工作却能主动找事做的员工，通过方法提升业绩的员工，从不抱怨的员工，执行力强的员工，能为公司提建设性意见的员工。对于第二个问题，总裁班给出的答案是：做事不努力而找借口的员工，损公肥私的员工，过于斤斤计较的员工，华而不实的员工，受不得委屈的员工。

这两个答案证实了这样一个结论：凡事找借口的员工，是公司里最不受欢迎的员工；凡事主动找方法的员工，是公司里最受欢迎的员工。

小李应聘到一家皮鞋店当营业员的第一天，便碰到了一位挑剔的顾客。

这是一位穿着时尚的女孩，挑了半天皮鞋却连一双都看不上，小李耐心地又拿出一双新潮时装鞋，说：“小姐，这鞋款式不错，穿在你脚上定会足下生辉。”

“真的？”那女郎浅浅一笑，拿鞋试了一下，“哟，是不错，好，我就买这双。多少钱？”“360元。”小李回答。

那女郎打开钱包取钱，突然眉一皱，“糟了，我钱未带够，身边只有250元，这样吧，我先付250元，余下的110元明天拿来给你，好吗？”说完，两只眼睛热辣辣地盯着小李。

小李给她看得不好意思，忙说，“可以！可以！”说完，随即在一张纸上写着“购鞋一双360元，先付250元，暂欠110元。”写好后递给那女郎：“对不起，麻烦你签个名。”那女郎先是一愣，随即爽快地签下了“刘沙沙”三个字。

小李收了钱利索地将鞋包扎起来，那女孩拎过鞋子，抛了个媚眼，走了。

这一切都被老板看在眼里，“这女人你认识?”

小李摇摇头:“不认得。”

老板一听火了:“不认得你怎么能赊给她呢?你被她骗了。”

小李胸有成竹地说:“我已将两只鞋子全部调成左脚的，她过几天肯定要来换。”

老板恍然大悟，不由开心地竖起了大拇指:“真是高招啊!”

过了一段时间，小李被提升为销售部的经理。

管理大师余世雄曾经说过:“生活中只有两种行动，要么是努力地表现，要么是不停地辩解。这正是成功者与失败者的不同写照。失败者永远找借口，成功者永远在找方法。借口是属于弱者，强者不需要任何借口，他们是在踏踏实实地做事中成长的。”

目标让你少走弯路

如果你制定了目标，而且描述得明确清晰，你自然就会把努力的重点从工作本身转移到工作成果，单单用工作来填满每一天的做法会让你再也无法接受了。随着一个又一个目标的实现，你会逐渐明白如何用较少时间来创造较多的价值，你的行动会变得极有效率。

清晰明确的目标还能保证你不会在行动中迷失方向，你会有目的地吸收各种知识，有计划地提高自己的能力，有条理地展开自己的工作。你所有的行动都会围绕着明确的目标，绝不让自己盲目去行动。这样，你的工作效率会得到大大的提高，你的工作结果一定会非常漂亮!

在工作中，如果你自己在脑子里对目标没有一个清晰的概念，那么你的行动就会失去方向感，你埋头苦干带来的可能只是一个“残次”的结果，甚至有可能会在中途因偏离达到目标的正确轨道而导致行动的失败。

不成功者常常混淆了工作本身与工作成果。他们以为大量地工作，尤其是艰苦的工作就一定会带来成功。但其实成功的尺度不是做了多少工作，而是做出多少成果。

法国生物学家让亨利·法布尔研究的是巡游毛虫。这些毛虫在树上排成长长的队伍前进，有一只带头，其余的跟着。法布尔把一组毛虫放在一个大花盆的边上，使它们首尾相接，排成一个圆形。这些毛虫开始蠕动了，像一个长长的游行队伍，没有头，也没有尾。法布尔在毛虫队伍旁边摆了一些食物，但这些毛虫要想吃到食物就要解散队伍，不能再一条接一条地前进。法布尔预料，毛虫很快会厌倦这种毫无用处的爬行而转向食物。可是毛虫没有这样做，出于纯粹的本能，毛虫沿着花盆边以一定的速度走了7天7夜，直到饿死。

这些毛虫遵守着它们的本能，干活很卖力，但毫无成果。事实上许多不成功者就跟这些毛虫差不多，他们的行动没有一个明确而清晰的目标，只是埋头苦干，却不知道他们的苦干有可能无任何的效果可言。

人们都有一个普遍的心理：如果工作到了一定的时间和程度，仍看不到绩效和成果，就会产生焦躁不安的情绪，对手中的工作感到厌倦。这样你就不能调动起自己的工作积极性，自然会使工作裹足不前。

如何有效避开这种情况呢？你可以通过设定分段目标来解决这个问题。把大的目标分成一个一个小的目标。小目标是成绩的最好显示器，它更容易让你在较短的时间看到成果。而当你各个击破完成这些小目标的时候，最终的大目标也就实现了。

有了明确的目标之后，你还需要有具体落实才能实现目标。只设定了目标是不够的，想要实现目标还需要考虑“如何进行”。在推进目标的过程中，一定要紧紧盯住目标。只有将全部精力集中于目标的完成上，才能快速高效完成任务。

某商学院的学生集体到野外登山，老师想赋予这次活动更多的意义，于是事先将一面红旗插在隐蔽的地方，对学生们说：“在这座山上我插下了一面红旗，你们现在就出发去找到它，最先找到的人就可以拥有这面红旗。”于是学生们兴致勃勃地出发去寻找了，可他们越找越累，最终选择了放弃，都在山石上坐了下来。

老师鸣哨集合，对大家说：“现在我把红旗放在了下座山头的山顶上，从这里到那儿有四五条路径，你们分成三组各选一条路，哪一组能率先到达，就可以拥有这面红旗。”于是三组学生各自推选出了一名队长，这三位队长各自选了一条路，同时出发了。

他们逐渐接近山顶，最后都发现了那面红旗，结果每个队员都奋勇争先，没有一个人选择放弃。

登山结束后，老师意味深长地说：“山上的红旗就是目标，在你们漫长的一生里，一定要记住每一次行动都要有明确的目标作指引，千万不要漫无目的地到处乱跑，否则的话可能会一无所获，所有的收获都属于那些有明确目标的人。”

在设立目标时，自己的目标必须是明确的，否则你付出的努力再多也是白费工夫。这就犹如一个弓箭手，如果根本就没有看清靶心，姿势摆得再正确、弓拉得再满也毫无意义。

清晰的目标可以让你少走甚至不走弯路，是你制定工作计划、落实工作责任的重要前提。清晰的目标会维持和加强你的工作热情，让你总能有足够的动力推进工作，创造更大的价值。

没有目标，行动就没有方向和连续性，今天做这件事，明天做那件事，最终可能一事无成。很多人做事以紧急性为导向，只有遇到不得不立刻处理的事情，他们才会着手解决；紧急事件一旦被消灭掉，他们就无所事事地发呆、上网冲浪、找同事闲聊等。我们要清楚地知道，与目标达成息息相关的事情都值得去做，与目标达成毫无瓜葛的事情就理应放弃，要严格遵照这一原则，埋首实干，冲向成果。

有效实施目标是高效率的第一步，高效率的行动一定是围绕着目标展开的。设定目标、评估目标、修订目标、实施目标、检测成果，所有的步骤都以目标为灵魂。很多人在做月总结、季度总结、年末总结的时候，恍然间发现自己忙忙碌碌，却不知为何而忙，心里生出越忙越空虚的感觉，这正是缺失目标所导致的。

第二节 找对方法做对事，成就工作高效能

正确地做事，更要做正确的事，这不仅仅是一个重要的工作方法，更是一种很重要的工作理念。任何时候，对于任何人或者组织而言，“做正确的事”远比“正确地做事”重要。

把复杂的问题简单化

把复杂的问题简单化的人一般是做事的人。因为要干活的人没有谁愿意把简单的问题复杂化；相反，总是想着把复杂的问题抽丝剥茧，提纲挈领，这样才能事半功倍。这个世界上有两种人：一种人总希望把复杂的问题简单化；另一种人则总喜欢把简单的问题复杂化。

在一些机关和企业里，很多员工的工作总结和一年的工作计划以及各种汇报材料、文件报告，总是长得不行，洋洋洒洒，没有十几页恐怕不叫“总结”或“材料”。你若能耐着性子从头到尾看到底，就会发现这些材料和报告，很多是照抄、照搬、照转别人的东西，套话连篇，空话连篇。这样的总结、计划，除了写材料和读材料的人看一看，其他人根

本不会关心。

一次，宝洁公司的一位经理向总裁查德·德普雷递交了一份厚厚的备忘录。这份备忘录上详细介绍了他对公司问题的处理意见。没想到，查德·德普雷看到后连翻都没翻，而是非常生气地在备忘录上面加上了这样一条命令："把它简化成我所要的东西！"然后吩咐将这份备忘录退回。

还有一次，一位主管递上来的报告非常复杂，查德·德普雷在报告后面批示道："我不理解复杂的问题，我只理解简单明了的！"

对此，查德·德普雷曾这样解释道："我工作的一部分就是教会他人如何把一个复杂的问题简化为一系列简单的问题，只有这样，我们才能更好地进行下面的工作。"

此后，宝洁公司要求员工要不遗余力地将报告的精华浓缩到一页，把问题搞清楚，把事情搞透彻。

一页报告的威力在于，它的要点鲜明集中，比主旨散布在十多页的分散式、复杂式的报告要简洁清楚、效率更高。

将所了解的事情用"一页备忘录"表述出来，并不是一件容易的事。一是需要对事情做深入细致的调查；二是要把所得到的材料反复研究，"了然于胸"，然后从中找出规律性的、代表性的、本质性的东西来。如何衡量是不是"吃透"了，一个最简便、最有效的方法是：看能不能用"一页备忘录"概括你要讲的内容。如果做到了，说明吃透了。反之，则说明你的理解还不够深刻。

有一个职员，他写的报告十分详尽，可每次他将报告呈给老板时，老板总是随意地翻一翻，不置可否。这个职员很是不解，为什么明明写得很好的报告却得不到老板的认可呢？

后来，一个在职场打拼多年的成功人士提醒他："你的报告写得好，如果能写得再简短些，那就能行得通了。"

这个职员悟到了这个道理，以后在写报告、做方案时，就简短明了，他的报告果真就很容易通过，很容易得到老板的认可了。

作为一个老板，他一天的工作已经够忙碌的了，根本没有足够的时间仔细阅读报告、方案。如果长达 40 页的工作报告中的 39 页都可以删去的话，那么就请只留下一页！将报告的精华浓缩到一页纸上，老板接到你的报告时，就会有兴趣去阅读。同时，他能节省时间，迅速知道你的报告内容，快速作出决策。

由于老板事多人忙，加之讲求效率，故而最不耐烦长篇大论、没有中心思想的报告。老板往往无心细看报告，很多时候还会产生一种厌倦感，你辛辛苦苦做出的报告就有可能被老板否定，甚至变成一卷废纸，从而掩盖了你的辛苦和才能。

对于复杂的工作应该化繁为简，将影响工作效率的障碍毫不留情地“剃”掉。简单一些，当你焦点集中、很清楚自己该做哪些事情时，自然就能花更少的力气，得到更好的结果。简化问题，“剃”掉细枝末节，避免冗繁是我们简化工作的重要途径。

在做每一件事情时，应该问自己三个“能不能”：

能不能取消它？

能不能把它与别的事情合并起来做？

能不能用更简便的方法来取代它？

化繁为简，可以让你的工作变得可行，你的信心也会跟着大增。化繁为简是优秀员工必备的一项重要习惯。马上行动，追求简单，事情就会变得越来越容易，效率也会随着提高。

不懂得简化工作的普通员工，每天埋在错综复杂的工作中，而理不出头绪，势必影响工作效率。再者，这样的工作环境还会让人感到棘手、头痛，精力与热情也跟着低下。

拖延使问题恶化

对每一个渴望较强执行力的人来说，拖延是最具破坏性的，是一种危险的恶习。一旦遇事开始推脱，就很容易再次拖延，直到变成一种根深蒂固的习惯，以至于很多工作根本没法开展。

在工作中，你是否有这样的习惯呢：今天的工作拖到明天完成，现在该打的电话等到一两个小时以后才打，这个月该完成的报表拖到下个月，这个季度该达到的进度要等到下一个季度……凡事都留待明天处理的态度就是拖延，这是一种明日待明日的坏习惯。

令人遗憾的是，我们每个人在工作中都或多或少地拖延过。拖延的表现形式多种多样，轻重也有所不同。比如：琐事缠身，无法将精力集中到工作上，只有被上司逼着才向前走，不愿意自己主动开拓；反复修改计划，有着极端的完美主义倾向，该实施的行动被无休止的“完善”所拖延；虽然下定决心立即行动，但就是找不到行动的方向；做事情总是磨磨蹭蹭，有着一种病态的悠闲，以至问题久拖不决；情绪低落，对任何工作都没有兴趣，也没有什么人生的憧憬。

喜欢拖延的人往往意志薄弱，他们或者不敢面对现实，习惯于逃避困难，惧怕艰苦，缺乏约束自我的毅力；或者目标和想法太多，导致无从下手，缺乏应有的计划性和条理性；或者没有目标，甚至不知道应该确定什么样的目标；另外，认为条件不成熟，无法开始行动也是导致拖延的原因之一。

我们常常因为拖延时间而心生悔意，然而下一次又会惯性地拖延下去。几次三番之后，我们竟视这种恶习为平常之事，以致漠视了它对工作的危害。

阿辉和阿杰大学毕业后，同时被一家公司聘为产品工艺设计员。刚开始时，公司给他们开出的薪水都很低。

面对低薪，阿辉愤愤不平。于是，他经常埋怨、找借口、推卸责任，还利用工作时间和同事“侃大山”，把工作丢到了一旁毫无顾忌。

渐渐的，他做事变得拖拉起来，效率低下。要他星期一早上交的方案，到了星期二早上依然尚未做完，经理批评他，他就带着情绪工作，把方案做得一塌糊涂。再后来，阿辉在接到工作任务时，不是考虑如何把工作做好，而是一开始就在想如何开脱自己。

阿杰则不同。他虽然对低薪也感到不满，但他并未一味地去抱怨、闹情绪。他坚信，机会来自于汗水，一分耕耘一分收获，只有今天的努力，才能换来明天的收获；机会随时都在你身边；主动地工作，实际上就是主动地抓住机会。他下车间，熟悉制作工艺、学习产品生产流程，即使汗流浃背，也一丝不苟。他的敬业、勤奋、好学，引起了厂长的注意。不久，阿杰就被提拔为厂长助理。而阿辉因对工作总是一拖再拖，最后被公司解雇了。

担任助理一职后，阿杰依然积极主动，认真地处理厂里的每一项事务，分内的、简单的事，他总是第一时间完成；一些重要的、紧急的、需要决策的事，他会及时向厂长汇报，并督促各部门坚持把工作做到位。在阿杰的组织管理和协调下，公司的生产效率得到极大地提高。

一个拖延，一个高效。两个人的境遇迥然不同。

大家都知道，拖延并不能使问题消失，也不能使解决问题变得容易，而只会使问题恶化，给工作造成更严重的危害。我们没解决的问题，会由小变大、由简单变复杂，像滚雪球那样越滚越大，解决起来也就越来越难。而且，没有任何人会为我们承担拖延的损失，所以，拖延的后果可想而知。

如果你希望通过拖延来瞒过上司，那你就犯了一个大错误。工作时拖延固然会伤害你的雇主，但受害更深的则是你自己。一些人花费很多精力来拖延工作，却不肯花相同的精力去把工作做到位。他们以为自己骗得过上司，其实，他们愚弄的最终还是自己。

更严重的是，拖延会侵蚀人的意志和心灵，消耗人的能量，阻碍人的潜能发挥。处于拖延状态的人，常常会陷入一种恶性循环之中，这种恶性循环就是:“拖延——低效能＋情绪困扰——拖延”。为此，他们常常苦恼、自责、悔恨，但又无法自拔，结果一事无成。

社会学家库尔特·卢因曾经提出一个概念，叫做“力量分析”。在这里面，他描述了两种力量：阻力和动力。他说，有些人一生都踩着刹车前进，比如被拖延、害怕和消极的想法捆住手脚；有的人则是一路踩着油门呼啸前进，比如始终保持积极的心态和把工作做到位的精神。可以说，他的这一分析同样适用于工作。如果你希望自己在职场中能更好地生存和发展，你就应该把你的脚从刹车踏板——拖延上挪开，而在规定时间内把你应该做的工作尽力做到最好、做到位。

我们需要组织我们每一天的工作，处理拖延问题，这样每天结束的时候，我们就知道明天开始的是崭新的旅程，而不是忙于去解决那些我们今天不想做的事情。

最好的防止拖延的方法之一，还是有效的时间管理。这意味着我们要找出什么样的日程工具是最适合我们自己的，并且为我们每天要做的事情设定清晰的优先度。

不要苦劳要功劳

无论哪一家优秀的公司，在评定员工、测定公司业绩时，它所依据的都是实实在在的结果。任何一个公司的崛起和员工个人的成功都是由一砖一瓦的事实结果组成的，从来没有人能够靠臆想去获得丝毫的收获。德国安联公司是德国的保险巨头，也是世界上最大的综合保险公司之一。安联总裁经常对他的助手们说的一句话是:“永远只用你们的保险业绩单来谈问题。”

不错，整个市场是一个过程，任何活动都是一个过程，但是这样的过程的最终目的却是结果。工作过程只有达到了它应该实现的结果才能够真正有效。在公司中，任何行动如果没有事实结果说话，它对整个公司来说并没有多少价值。没有结果而寻求借口的过程不过是浪费时间，只有真正出结果才能为团队、个人和公司创造价值。在团队中工作，不用太多的解释，主管与公司看重的是你真正做到的一切，而不是你做错后的喋喋不休。市场世界的竞争是无情而激烈的，在这个世界上，你需要的是拿出你的结果，拿出你的成绩。要么做到，要么出局，这就是高效社会、高效公司的要求。

世界只相信结果，警惕给自己软弱的理由。实际上，这个世界充满了太多的为失败和不努力而寻找的借口，“过程是最重要的”，“只要出发点是好的”……这些语句似乎满是真理，而且很多人还被它们所蒙蔽，从这些话语中找到了真理，找到了安慰，然而他们忘了一个最重要的事实，即我们的世界由事实组成，任何空幻的说法都只不过是软弱的人为了安慰自己而对自我和世界的虚构。

要做一个真正优秀的员工，要为公司真正贡献出自己的力量，就必须接受这样一个现实：这个世界最终有作用的是你工作的结果，你所做的一切最终影响公司与自己的同样是你工作的结果，而不是其他。市场的世界只相信结果！

以前，“老黄牛”型的员工曾经是备受推崇和赞赏的。

但现在的情况是，老总越来越重视能出业绩、有功劳的员工，而不喜欢一天到晚辛辛苦苦最后却没有任何成绩的员工。企业最重视的是你的“功”，而不是你有多“苦”！作为一个员工，你要追求的不是“苦劳”，而是“功劳”！

仅仅会埋头苦干、不问绩效的“老黄牛”的时代已经过去了，企业更需要能插上效益翅膀的“老黄牛”。

江苏双良集团总裁缪双大在集团的年终总结大会上就改革问题提出：要改变传统的对功劳与苦劳的认识。苦劳只能说明辛苦，功劳是建立在苦劳的基础上的，有功劳才有贡献，功劳包含着勤劳、智慧、机遇。要倡导讲贡献，比贡献，以成败论英雄。

著名的三正半山酒店的酒店管理行动纲领里面写着这样几条：

1. 我们追求出正果。出正果就是我们的工作要富有成效，做任何事都追求一个结果。我们反对只说不做，同时我们也反对做而无效。只有持之以恒地付出，不折不挠地努力，才能得到理想的回报。

2. 企业对员工价值认可的程度，取决于员工为企业创造业绩的多寡。

3. 我们坚持以绩效的获取和提升作为管理的出发点，以绩效水平作为评核管理工作有效性的依据。

4. 工作价值和市场价值决定着员工的分配基准，绩效水平决定着员工的实际获得。

事实表明，品格优秀，又业绩斐然的员工，是最令上司倾心的员工。如果你在工作的每一阶段，总能找出更有效率、更经济的办事方法，你就能提升自己在上司心目中的地位。真正有远见的人懂得：工作，凭的是业绩，是实力。要想成为职场中的佼佼者，要想超越其他人，那么，就要毫不懈怠、竭尽全力地把你那一行钻研透彻。

差一点意味着失败

我们工作中出现的许多问题，的确只是一些小事。但如果在小事上做得不到位，就常常会造成大事上的失败。在数学上，“100－1”等于99，而在企业经营上，“100－1”却等于0。

一百次决策，有一次失败，就可能让企业关门；一百件产品，有一件不合格，就可能失去整个市场；一百个员工，有一个背叛公司，就可能让公司蒙受无法承受的损失；一百次经济预测，有一次失误，就可能让企业面临破产……

水温升到99℃，并不是开水，其价值有限；若再添一把火，在99℃的基础上再升高1℃，就会使水沸腾，产生的大量水蒸气就可以用来开动机器，从而获得巨大的经济效益。许多人做到了99%，就差1%，但就是这点细微的区别使他们在事业上很难取得突破和成功。

对很多工作来说，执行上的一点点差距，往往会导致结果上出现很大的差别。一位管理专家曾一针见血地指出，从手中溜走1%的不合格，到用户手中就是100%的不合格。为此，作为员工，应该自觉地从被动管理走向主动工作，要让规章制度成为每个人的自觉行为，要把事故苗头消灭在萌芽之中，坚持把工作做到位。

美国前国务卿基辛格，在诸事繁忙之时，对下属的要求仍然是100%才算合格。当他的助理呈递一份计划给他，问他对其计划的意见时，基辛格和善地问道:“这的确是你所能拟定的最好的计划吗?”

“嗯……”助理犹疑地回答:“我相信再作些改进的话，一定会更好。”

基辛格立刻把那个计划退还给了他。

两周后，助理又呈上了自己新的成果。几天后，基辛格请该助理到他的办公室去，问道:“这的确是你所能拟定的最好的计划吗?”

助理后退了一步，喃喃地说:“也许还有一两点可以再改进一下……也许需要再多说明一下……”

助理随后走出了办公室，腋下夹着那份计划，下定决心要拟出一份任何人——包括亨利·基辛格都必须承认100%的“完美”计划。

这位助理日夜工作，有时甚至就睡在办公室里，3周之后，计划终于完成了！他很得意地迈着大步走进基辛格的办公室，将该计划呈交给了国务卿。

当听到那熟悉的问题“这的确是你所能拟定的最完美的计划吗”时，他激动地说:“是的。国务卿先生!”

“很好。”基辛格说，“这样的话，我有必要好好地读一读了!”

基辛格并没有直接告诉他的助理应该做什么，而是通过这种严格的要求来训练自己的下属工作必须做到完美。

无数安于现状的员工，当他们达到99%的合格率，甚至低于这一合格率时，就沾沾自喜了。殊不知，市场对企业从来都是拿着“显微镜”来审视的，并且实行一票否决制。如果在你生产的1万套服装中，有一套质量不合格，消费者就会说“你的服装质量不过关”；而不会说“你的服装有一套不过关，另外9999套都是过关的”。

在工作中每个人都应严格要求自己，把工作做到位。要完成100%，而绝不只做到99%，因为只有做到100%才算合格，你的工作才算到位。

“差不多先生”可以说是无处不在，无时不有：打包不方正，差不多就行了；检验疵点没标识，差不多就行了；管理人员检查考核不认真，差不多就行了；不肯算细账，质量差点、成本高点、价格低点、利润少点，差不多就行了；遇事不肯斤斤计较，不求过得硬，只求过得去，对人对己差不多就行了。其结果是工作马马虎虎，敷衍了事，产品送到客户手上，不是退货，就是索赔，使工厂失去客户，丢掉市场。由此可见，“差不多先生”有其生存的广阔空间，它给我们的工作带来了极大的危害。“差不多”现象的存在和蔓延，既害了他人，更害了自己。

“差不多”已经成为人类各项事业的敌人，但是有一个他们的共同天敌，那就是深藏在我们内心深处，需要我们激发和唤醒的追求认真的把事做到位的工作精神。

做任何事情，越到最后越关键，就像打锣一样，俗话说“一锤定音”，就是指铜匠打下的最后一锤是最关键的。

很多人之所以工作不到位，原因往往在于自认为工作已经完成了99%，就算差不多完成了，心理上一放松，便忽略了最后的1%。但是，这最后的1%却是至关重要的。它之所以重要是因为只有做好了最后的1%成果才会显现出来，少做一点儿都不行。往往就是因为少做了这一点，许多人与成功失之交臂。

完成任务，及时复命

究竟什么是复命呢？复命，英文翻译是：Report on completion ofmission，就是执行命令后回复。复命是对领导安排给自己工作的承诺，在限定时间内必须给出的一个结果。

其实从我们上小学开始，老师就告诉我们，有事外出要请假，回来要报告。这就是最简单的复命。复命，简单地讲就是对工作任务的无条件接受、无条件完成和兑现并在第一时间给予答复和反馈。

复命制的核心是有命必复，只要一件事布置下去，就必须复命。

有老板这样说："我常常遇到这样的问题，辛辛苦苦交待的事情，下属就是不积极。当然，如果你一直催促，情况会好些。在公司还小的时候，管起来还得心应手，但人一多，往往就力不从心。究其原因，我个人认为就是没有建立起复命制度。"

在一些著名企业里，"复命"是员工必备的理念之一，同时也是他们的第一行为准则。在联邦快递公司，复命意识早已融入到每个人的血液之中；在微软，复命这个字眼贯穿在每一个人行动的全部；在惠普，没有复命理念的人将被无情淘汰……

复命制的核心是有命必复，只要一件事布置下去，就必须复命。怎么复呢？有个时间限制，一般是4小时复命，也就是在规定的时间内复命，也叫及时复命。4小时复命制符合了古语"今日事，今日毕"的要求，就是一件事不能无限制地拖延。4小时复命制并不是指4小时内完成任务，而是领导布置一项工作时，员工若不提出异议就要按时完成，并在完成工作后马上答复。在这里，4是一个概数，表明要及时、迅速。

复命的时候，我们一般可以采用五个"W"来：What，什么工作任务；When，什么时间完成；Where，什么地点完成；Who，找什么人或需要什么人完成；How，怎样去完成？

实行复命制之前，领导总是没有时间，而下属总是无事可做；任务分配下去，最后没了下文，不了了之。如果你问起来，员工总是道理很多，让你觉得他事情没做好是有原因的。实行复命制以后，不再是老总去找下属讨结果，而是下属主动来复命；不再是下属做完才知道，而是下属在限定的时间点来复命；不再是下属带着问题来找你要答案，而是下属带着他的解决方案来复命。

4小时复命制，反映的是一个职业化员工的修养，也是提高落实责任能力的一种有效工具。如果你过去没有意识到的话，从今天开始，学会利用这把提升效率的利剑吧，它必将帮你披荆斩棘，必将让你的责任即刻即达，快速复命。

所谓的“4 小时”只是相对而言的，表明信息反馈必须及时、紧迫。任何命令不管完成与否，都要在第一时间内复命。如执行人在执行开始后发现有困难或阻力，应努力去克服，争取在规定时间内保质保量完成；如确实有不可克服的困难，执行人无法按时、按标准完成，要立即向下令者复命，讲明不能完成任务的困难和原因，以取得下令人的新指示或得到他们的授命，使任务顺利完成。如已经顺利完成的，也要立即复命。

没有复命，再好的创意无法执行，再好的计划无法实施，再好的市场没有人去开拓。有的员工不知道及时复命，一再地延误企业项目的进步，给企业造成了不好的影响，也给老板留下了不好的印象；而优秀的员工知道及时复命的重要性，他们用自己的行动诠释着 4 小时复命精神。企业最受欢迎的人必是有命必复，及时复命的员工。

以工作结果为标杆

以结果为导向，优化工作流程，在职场中非常重要。没有结果，一切过程都毫无意义。所以，在工作中必须树立结果心态，强化“结果导向”。只有树立了结果导向，优化工作流程，才能保障预期结果的实现。

有一天，齐王邀请田忌和他赛马，并约定每个人从自己的上、中、下三等马中各选一匹来比赛，每有一匹马取胜可获黄金千两，每有一匹马落后要付黄金千两。当时，齐王的马都比田忌同等次的马要强，因而，如果田忌用自己的上等马与齐王的上等马比，用自己的中等马与齐王的中等马比，用自己的下等马与齐王的下等马比，则田忌要输三次，因而要输三千两黄金。但是结果，田忌没有输，反而赢了一千两黄金。这是怎么回事呢？

原来，在赛马之前，田忌的谋士孙膑给他出了一个主意，让田忌用自己的下等马去与齐王的上等马比，用自己的上等马与齐王的中等马比，用自己的中等马与齐王的下等马比。田忌的下等马当然会输，但是上等马和中等马都赢了，因而田忌不仅没有输掉三千两黄金，反而赢了一千两黄金。

为达到目标（赢得奖金）、完成任务（赛马取胜），在资源条件不变的情况下（不同等级的3匹马），田忌通过改变马匹参赛的次序（由上、中、下改为下、上、中），构成了不同的流程，结果却截然不同。这就是优化工作流程带来的巨大改变。

优秀的员工应该像田忌那样，充分利用有限的资源，以结果为导向，优化流程，把最好的结果呈现出来，因为老板看重的只是结果。而有的员工虽然很卖力地在工作，但结果总是差强人意，这就是因为他没有从结果出发，或者没有优化工作流程的缘故。

要想有一个满意的“工作结果”，首先要树立一种能够激发行动的“结果心态”。具备“结果心态”的人一切用结果说话，任何时候都以追求结果为本；而不具备“结果心态”的人结果意识淡薄，最终竹篮打水一场空，结果心态是员工卓越与平庸的分水岭。

结果是一个标杆，是一个方向，是一种价值的体现，是不断走向卓越的新起点。要想成为一名受欢迎的员工，就要马上行动起来，用结果印证能力。

商业时代以效率为先，凭业绩说话。企业中员工不管多么辛苦忙碌，如果缺乏效率，没有业绩，那么一切辛苦皆是白费，一切付出均没有价值。

“拿业绩来说话”不仅是公司对员工的要求，更是市场对企业的要求，市场不关心你是否忙碌。如果员工取得的业绩微乎其微，给企业创造的利润少之又少，或者再不时地给公司造成损失，那么即使整天在公司里忙得团团转，又有何实在意义？

对一个优秀的人而言，勤奋只是基本功，只能打60分。

这样的观点肯定使很多信奉勤奋的人感到震惊，他们会问：那更关键的是什么呢？更关键的是聪明即另外的40分。

人分三个档次：

1. 人。在单位里整天只知道忙忙碌碌，充其量只能算是一个人。

2. 人才。忙碌而有所成就，算是人才。

3. 人物。有很大影响，都是愿意付出更多的人，但他们更是懂得聪明地工作，他们忙，但绝对不是瞎忙、穷忙。

我们经常听到这样一些话："量变引起质变"、"读书破万卷，下笔如有神"、"熟读唐诗三百首，不会吟诗也会吟"，这些观点并没有错，但我们在接受这些观点时，应该记住这样一个前提：如果没有主动总结、感悟、不断超越的精神，即使读书不止一万卷，下笔未必会有神；即使你把唐诗念烂了，也未必能写出首好诗来。

穷忙、瞎忙的人，都是浪费时间的人。鲁迅曾经说过这样一句话："浪费别人时间的人，无异于谋财害命。"把这句话做一下延伸——那些穷忙、瞎忙的人，往往是双重的"谋财害命"。

一名富有执行力的员工，在结果心态的驱动下，会竭尽全力，利用各种方法取得结果，在获取结果的过程中，他们会得到相应的回报。相反，一个不负责任的人终日满足于尚可的工作表现，不思进取，能糊弄就糊弄，没有争取一流的动力，任懈怠的想法肆意蔓延，行动力也日渐消退，进入一种消极而被动的状态，最终导致职业生涯的失败。

如果你要成为一个优秀的员工，那么就要记住，落实永远都只有一个主题：落实最重要的是结果，而不仅仅是完成任务。

作为一名员工，在工作中一定要树立"关键在于结果"的工作理念，要想方设法去实现企业以及自己的目标，为企业创造效益；而不只是机械地完成工作任务，置工作成效于不顾。所以，当事情都做完了，过程已不重要了，重要的是这件事情的结果。没有结果的努力，是无用功；没有结果，意味着我们将回到起点，一切都要从零开始。

少做投机取巧的事

我们不能否认，投机取巧是如此普遍地存在于公司和各种组织中，并成为现代企业的一大痼疾。

在工作中，有一些看起来能够有所成就的人，但他们最终并没有取得成功，原因何在?

一个最重要的原因在于，他们习惯于投机取巧，不愿意付出太多的努力；他们希望到达事业的巅峰，却不愿意艰难地攀登；他们渴望取得胜利，却不愿意作出牺牲。

在工作中，投机取巧也许能让你获得一时的便利，但却在心灵中埋下隐患，从长远来看，是有百害而无一利的。

乔治是某集团公司的员工，自从到公司后一直都非常努力，并取得了突出的成绩。老板非常赏识他，他成了老板的“红人”。不久，乔治就被提拔为销售部经理，工资一下子翻了两倍，还有了自己的专用汽车。

刚当上经理的时候，乔治还是像做经理之前一样努力，每一件事情都做得非常用心，而且力求尽善尽美。

“你怎么这么傻啊?”不断有人这样对他说，“你现在已经是经理了，再说老板并不会检查你所做的每一件事情，你做得再好，他也不知道啊。”

在多次听到别人说他“傻”的话后，乔治变得“聪明”了。他学会了投机取巧，学会了察言观色和想方设法迎合老板。他不再把心思放在工作上，而放在揣摩老板的意图上。如果他认为某件事情老板要过问，他就会用心将它做好；如果他认为某件事情老板不会多管，他就草草地去做，甚至根本就不做。

终于，老板发现了乔治根本没把心思放在工作上，觉得自己被假象蒙蔽了。一怒之下，老板把乔治解雇了。

诚然，老板不可能看到每一位员工的每一份成绩。但是，如果你养成了用心工作的习惯，把每一件事都做好，就可以保证老板所看到的都是完美的。到时，老板自然会把你该得到的职位和报酬给你。但遗憾的是，乔治没有做到这一点。

任何一名员工都必须明白这样一个道理，就是老板都不傻。他们既然能够创立一家公司聘用你，就说明他们有能力看清你所看不清的东西。你的工作能力或工作成绩得不到老板的认可，只能说明你还没有弄清老板的用人标准和所在企业的规则。

至于公司里有其他员工在工作时投机取巧，其实和你没有任何关系。公司作为盈利性的组织是不可能养闲人的。只有当你做好自己的事情，在努力工作的基础上，为公司作出了贡献，才能得到老板的认可和赏识。

很久以前，有一个农夫一直用老黄牛和骡子一起耕作，它们都耕作得非常辛苦。一天，骡子对老黄牛说："今天我们装病吧，休息一下好吗?"老黄牛却答道："不行啊，我们需要把工作做完，因为耕种的季节太短了。"

但骡子还是装病了，农夫给它弄来新鲜的干草和谷物，尽量让它舒服些。等老黄牛耕种回来，骡子询问田地里的情况如何。"没有以前耕种得多，"老黄牛回答道，"但我们也耕种了相当长一段距离。"骡子又问道："主人有没有说我什么?""没有。"老黄牛回答。

第二天，骡子还想偷懒，就再次装病。当老黄牛从田地里回来时，骡子问道："今天怎么样?""还不错，我认为。"老黄牛答道，"但耕种得还不是太多。"骡子又问道："主人说我什么没有?""什么也没有对我说，"老黄牛说，"但是，他停下来和屠夫说了好长时间的话。"

一个人在一个方向上一丝不苟，要比草率分心在多个方向发展更有前途。因为对工作一丝不苟能够培养一个人的优良品格，使人获得智慧；尤其是它能带领人向好的方向前进，鼓舞人不断追求进步。大凡那些有所作为的人，都是那些在工作中尽职尽责、力求把工作做到位的人。

有些人本来拥有出众的才华，前途充满了光明，但在工作中却总是投机取巧，不愿意付出相应的努力，所以往往一事无成。

生活中的无数实例都生动地证明了这样一个道理：在工作中，如果总是试图投机取巧，可能表面上看起来会节约一些时间和精力，但结果却往往是浪费了更多的时间、精力和金钱。

坚决把工作做到位

在工作中，如果我们第一次就把工作做到位，那么在以后的工作中就可以省去很多不必要的麻烦，我们的工作将会变得更高效。歌德曾在他的叙事歌中讲过这样一个故事：

耶稣带着他的门徒彼得远行，途中发现了一块破烂的马蹄铁，耶稣让彼得把它捡起来。彼得懒得弯腰，假装没听见。耶稣没说什么，就自己捡起了马蹄铁，用它从铁匠那里换来 3 文钱，然后又用这钱买了 18 颗樱桃。

两人继续前行，经过的全是茫茫的荒野。彼得渴坏了，耶稣于是就有意让藏于袖中的樱桃掉出一颗，彼得一见，赶紧捡起来吃掉。耶稣边走边丢，彼得也就狼狈地弯了 18 次腰。耶稣对彼得说：“当初你弯一次腰，就不会有后来没完没了地弯腰了。”

我们都有这样的经历：为了尽快结束工作，我们迅速地把某件事情做完，没有过多地考虑细节问题，最后却不得不重头再做一遍；为了图省事，我们把垃圾随便扔在地上，清洁人员却不得不重新捡起来，再扔一次。有时候我们浪费的是别人的时间，有时候我们浪费的则是自己的时间，而这都是因为我们没有把工作一次做到位。

从前，有一位地毯商人，看到有块地毯中央隆起了一块，便动手把它弄平了。但是在不远处，地毯又隆起了一块，他再把隆起的地方弄平。

不一会儿，在另一个地方又隆起了一块，如此一而再、再而三地，他试图弄平地毯，直到最后他拉起地毯的一角，看到一条蛇溜出去为止。

很多人在解决工作中的问题时，只是把问题从系统的一个部分转移到另一部分，或者只是完成了一个大问题里面的一小部分。比如，工厂的某台机器坏了，负责维修的师傅只是做一下最简单的检查，只要机器能正常运转，他们就不会对机器做彻底清查，只有当机器完全不能运转时，才会引起人们的警觉。这种只满足于小修小补的工作作风实际上就是没有把工作做到位，而这样做的结果则是导致工作的低效和资源的浪费。

在工作中，许多人都有一种只完成工作的某部分，就把工作停止放在一边的习惯。而且他们充分相信，他们似乎已经完成了什么。然而，事实却并非如此。比如足球运动员如果在临门一脚的刹那间停了下来，收回了脚，那么就会前功尽弃，白白浪费力气。

工作不到位不仅会给自己带来麻烦，而且也会给别人带来麻烦，有时甚至还会给上司带来工作上的不便，因为对于公司安排你去做的工作，如果你不去做，你的上司就要去做；如果你做不到位，他就要帮你重做。从经济学的角度来看，公司花了高薪聘请你的上司，成本远在你之上，他花一小时所创造的工作价值可能值你一天所创造的工作价值。从工作效率上讲，当你花时间做完了一件小事，上交领导之后，你的上司发现你的工作没有做到位，那么他就需要花时间去补充、修正，这样一来，不仅浪费你的时间，而且还占用了别人的工作时间，所以你最好还是尽力把工作一次性做到位。因为你把工作做到位了，上司就不需要花费时间进行修补了，这样大家的工作效率都会提高。

可以说，在工作中，低效率或者无效率所造成的隐性浪费是非常大的，比如原来只要一个人承担的工作，由于不能把工作做到位则需要两名以上的人员来完成；本应该正确完成的简单工作，由于工作没有做到位而出现差错等，这些都是浪费时间和精力的行为，这些都是因为工作没有做到位所造成的损失。更可怕的是，这种错误还会被人们用各种各样的借口、理由来掩盖住，从而导致其反复发生，造成更大的浪费。

在工作中，我们可以容忍创造性的失误，但决不允许由于工作没有做到位而反复发生低级的错误。

任何公司都需要工作做到位的人，希望我们每个人能做到，安排的工作一定去做，做了就一定要做到位。要不断的对自己强调：工作没有做到位，就等于没做工作！这样才能有效保证工作做对做到位。

任何一个工作者都应该记住，工作了不等于工作做到位了。工作不到位，不仅会前功尽弃，甚至会造成加倍的损失。因为一个员工因一件小事做不到位，影响了企业的形象，别人不会去细究这是因企业的制度不健全还是个别人做事不到位而导致的，在别人看来，员工就代表企业，员工没做到位，就是整个企业没做到位。

第七章

抓住机遇，快速成长

我们要积极对待机遇，包括善于发现机遇、抓住机遇、创造机遇。有了机遇，如果不善于抓住，或者无能力抓住，就会与它失之交臂，甚至抱憾终身。

第一节 问题也能变机会，成功一定有方法

我们每个人都会遇到各种各样的问题，职场亦然，所不同的只是我们面对问题时所选择的应对方式。有的人选择退缩逃避，有的人选择积极面对，不同的选择注定了不同的结果。

绝不能跟错人

成功学大师林伟贤先生曾说过：在 30 岁以前要跟对人，在 30 岁以后要做对事！相信很多过来人，都深有同感。那些还没有经历过太多坎坷的人，那些意气风发，希望有大作为的年轻人，一定要提前认识到这一点。摆正一个观点，有可能少犯一个错误，少犯一个错误有可能会挽救一个人的一生！正所谓“前车之鉴，不可不鉴”！

有一句话说：宁可拜错神，不要跟错人，现在想来，真的很有道理，拜错了神，大不了从“心”改过，灯油香火的大大补偿一番即可；而跟错了人那就是一辈子的事，人生能有几个“一辈子”？一次错了，那便终生错了。

跟对人是成功的基础，凡是成功者莫不始于此。跟对了人，从此事半功倍，阔步向前！而一旦跟错了人，就好比根基没打好，后天再努力，也只会事倍而功半，甚至是劳而不获，“投入”与“产出”严重背离！

跟对了老板，是缘分，从此幸运和机会会不断敲开你的窗子；而跟错了老板，枉费青春不说，还有可能风险频发，甚至招致牢狱之灾。

所以，一定要用这句话时刻警醒自己：宁可拜错神，不可跟错人！

小李在实习结束后就来到北京找工作，一次偶然的机会小李进入了保险行业。通过公司的一系列培训小李开始了保险销售，因为勤恳好学，还有一个能力不错的经理作指导，第一个月就做出了不错的业绩，仅一年时间，小李就挣了不少钱。这时一次意外发生了——小李的经理要带他们集体跳槽去另一家保险集团工作，为了感谢经理对他的培养，小李决定跟他一起打天下。新公司的制度跟上一家不同，可是因为有上司罩着，小李很放心。可是后来一段时间，小李见不到经理还有另一个跟他一块跳槽过来的同事了，后来才听说，原来经理被猎头挖到一家外企做主管了，只带走了那个能力较强的同事，却把他撇到了这家公司。小李在新公司里感到很孤独，也适应不了公司的制度，接连几个月没有一点业绩，不久他的新上司向他下了“逐客令”。

职场上像小李这样的人有很多，跳槽本来是一种寻求自我价值实现和维护自尊意识的行为，但具体在不同的人身上就代表着不同的内涵，有的人跳槽是为了能有更多的薪水，有的人是为了发挥自己的专长，有的人是为以后自己创业积累经验和关系。而小李跳槽，是受其上司“煽动”，最后被上司“甩了包袱”，这种情况，往往是跳槽上司受益，而跟随者遭殃。

跟错了人，不仅会使你的“满腔才华付诸流水”，更会让你血本无归，那实在是一桩赔本的买卖。搞清了这一点你还要明白，有才华并不是最重要的，最重要的是要把自己的才华施展出来，得到事实的认可，那才叫真的“才华”！

你说你有才华，可结果一事无成，没人会信你的话！金子之所以珍贵，是因为它能带来实际的价值，一旦金子并不能带给人们实际的用处，或是一无所用了，那样金子连废铜烂铁都不如。

人脉圈决定你的发展

我们经常把人生重要的选择点称为“人生的十字路口”，选择决定了我们未来的人生历程，而且我们只有一次选择的机会，由于经验和阅历以及能力的有限，我们往往不能作出正确的选择。在这个时候，如果能够得到外界足够的支持，选择好一位对自己有帮助的贵人，那么我们人生的道路就会顺利很多。

西班牙著名作家塞万提斯也曾说:“重要的不在于你是谁生的，而在于你跟谁交朋友。”你所生活的人脉圈子，将影响和决定你的发展。30岁前，我们要懂得，出身虽然不能选择，但它并不能完全决定我们未来的命运走势。要想改变人生际遇，我们可以选择跟什么样的人在一起，孟母就曾为了给孟子提供一个好的学习环境不惜三迁而择邻。

一代徽商胡雪岩很小的时候父亲就去世了，由于家里很穷，不得不去杭州城的“信和”钱庄当学徒。每天的工作就是扫地、倒尿壶等杂役，但是他非常聪明，能说会道，很受东家的赏识和信任。3年后，他就成了这家钱庄的伙计。

但是，胸怀大志的胡雪岩并不安于现状，他深知要想改变自己的命运，实现理想，必须靠官吏支持，只是凭他一个钱庄伙计的身份要与达官贵人攀上关系实在是有点难度，直到一个叫王有龄的人出现。王有龄不是什么大人物，只是一个穷困潦倒的书生，很有才华、有抱负，却没有进京赶考的盘缠和做官的“本钱”。胡雪岩虽然和他并不很熟，但他觉得这是能在事业上帮助自己的人，是认识达官贵人的机会，当机立断决定支持王有龄进京。所以，他选择了和王有龄在一起，他对王有龄说，

“我看你好比虎落平原，英雄末路，心里有说不出的难过，一定要拉你一把，才睡得着觉”，并不惜失掉在钱庄当伙计的工作，他私下借用了钱庄500两银子送给了王有龄。

王有龄果然一举中榜，顺利当上了浙江海运局坐办，发达了的他当然没有忘记胡雪岩的大恩。从此，胡雪岩就靠着王有龄这棵大树，自立门户，开设了钱庄、当铺、药铺，经营丝、茶，走上了官商的通途，迅速暴富。

胡雪岩对王有龄的资助现在看起来虽然很冒风险，他也因此失去了工作，但是正因为他的这一大胆举动，才结识了这么一位日后将自己视为生死之交，并在生意场上给自己尽开绿灯的朋友。如果没有王有龄在官场上对他的支持，也就不可能有之后“红顶商人”胡雪岩的翻手为云覆手为雨。

胡雪岩决心要在商场上创出名堂，所以他认定必须依靠官吏，才能发达起来，就选择了这样一个朋友，眼光实在是高。如果他选择了和一个老实巴交的农民在一起，学到的就是务农和诚恳，在商场上却没有任何出路。而在当今社会，可以说更需要这种眼光。什么人应该深交，推心置腹；什么人只可与之淡淡而交，见面点头哈腰而已；应该有所选择，才能有所收获。

无法选择出身，那么我们就选对跟我们在一起的人。成功不在于你知道什么，而在于你选择和谁在一起，好的人脉圈就是成功路上的助推器。

要选择好那些能够改变自己命运的人。一旦选择好就要义无反顾地和他在一起，选择的人层次越高，那么改变命运的机会就越多。许多人的前程暗淡，其实就是在开始阶段没有好好选择跟谁在一起。

也许我们的出身卑微，家里一贫如洗，没有任何关系，只要我们选对了人，选对了和谁在一起，那么一切都可以改变。

把强大的对手当做目标

在这个充满竞争的时代，每个人都希望自己能够脱颖而出，独占鳌头，成为一匹凶猛的狼去驾驭生活这匹倔强的野马。可是，你想过吗？有时候，决定你成功与否的一大因素其实就是你的对手。

当你的对手是一个劲敌时，你才会感到压力，才会集中精力去迎接他的挑战，这时你才会感觉到你真正的力量。当你拼尽全力，终于站在了一个高度俯首鸟瞰时，那个使你站得更高的人其实就是你的对手。

面对记者追问：奔驰车为什么飞速进步、风靡世界？奔驰老总回答说："因为宝马将我们撵得太紧了。"面对同一个问题，宝马老总回答说："因为奔驰跑得太快了。"对手就像是我们的陪练，陪练的水平高，我们的竞技水平也就能得到不断的提高；陪练的水平低，我们的竞技水平自然提高得就慢，或者干脆止步不前。

有竞争才有发展，为此，我们应该感恩对手给我们造就了一个竞争的环境，让我们在竞争中成长。人生如同"长跑"，我们要学会长跑选手的做法，跟住某一个人，把他当成你追赶并超越的目标。

在一个天然动物园里有狼群与鹿群共栖一地。麋鹿每天都要面对狼群的追杀所以数量不多了，为了防止麋鹿的灭绝，管理员杀死了所有的狼，以挽救麋鹿。此后，麋鹿的生活环境幽静，水草丰美，又没有天敌，但是奇异的事情发生了，鹿群非但没有发展，反而病的病，死的死，数量急剧下降。后来管理员认识到这恰恰是缺少天敌的原因，就又买回几只狼放在公园里，动物园里又恢复了以前的情景，狼在后面拼命追逐，麋鹿在前面拼命奔跑。因为狼的数量有限，所以除了那些老弱病残者被狼捕食外，其他鹿的体质日益增强，数量也迅速增长。狼是鹿的天敌，一方面捕食鹿，另一方面也造就了鹿的强壮。

在自然界，任何一种生物都是这样，一种动物和它的天敌竞争对手是相互依存的关系，该种动物一旦失去了它们最为可怕的敌人，就会变得衰弱，种族质量下降。相反，如果有强劲的对手存在，它们就不得不去为了生存而斗争，不断的斗争反而使得它们的体魄更加的健壮，生命力也更加旺盛。

自然界的天敌就相当于我们现实生活中的竞争对手，如果没有了他们的存在，或者他们不够强大，那么我们就不可能不断进步。所以，对一个产业和企业家而言，最具危机的，不是看到对手的日益强盛，而是目睹对手的衰落，在很大程度上，这预示着一个产业正走向夕阳或市场竞争方式的老化。

一个好的对手应该是强大的，这样我们就不得不想方设法超过他，使我们的潜能得到最大的发挥，使我们的能力得到不断地提升。所以，在我们有一天站在成功之巅，看着满眼的美景、享受着成功的喜悦时，一定不要忘记感激我们的对手。

蒙牛的成功，正是以乳业老大伊利来当做自己的对手从而成就了自己。牛根生刚刚创建蒙牛的时候伊利已经是全国行业的领先者，所以蒙牛以伊利为对手，对别的品牌不屑一顾，把自己排在了“第二”的位置上。

1999 年的愚人节，呼和浩特市的人们一觉醒来发现在所有主街道上“蒙牛乳业，创内蒙古乳业第二品牌”的红色路牌广告鲜艳夺目。蒙牛将自己摆在乳业老大伊利之后，让人们对名不见经传的蒙牛留下的印象是：蒙牛似乎也很大。于是人们记住了蒙牛，记住了蒙牛是内蒙乳业的第二品牌。

蒙牛甘居“第二”的位置，表面上看是贬低了自己，事实上正是借用了内蒙无人不知的大企业伊利的“名”出了自己的“牌”。这种策略还有一个额外的好处，就是在一定程度上降低了伊利的“敌意”，这对初生的蒙牛来说非常重要。

随着社会的发展进步，竞争将更加频繁和激烈，对手无时不在、无处不有。对手可能是具体的人、具体的实体，也可能是困难、挫折、逆境、厄运。如果能静下心来认真思考一下，也许我们会发现真正能促使我们成功的力量，往往聚积于与对手的竞争之中。.

市场中的优胜劣汰如同自然界一样残酷无情，只要我们稍微松懈，对手立即就会把我们吃掉。而且他们时刻都在关注着我们，一旦发现我们有什么缺点、弱势，他们就会毫不犹豫地痛击我们的软肋。一方面，这对我们虽然具有一定的威胁性，但另一个方面，也有助于我们及时改正缺点，不断地完善自我。所以，拥有一个强大的对手，是“福”而不是“祸”。

挫折是一种历练

我们每天在工作上都必须面对很多问题，要如何把挫折及困难变成人生的一种历练，这考验着每个人处理及面对挫折的能力，只有面对它、正视它、不逃避它，才可能化挫折为动力，让挫折成为一种过程。

四川某高校2003级电信专业的本科毕业生谢某，2008年毕业后，他南下广州打工，辗转多个单位始终不如意，9月回到母校跳楼自杀。谢某无疑是个悲剧，但绝非个案，究其原因，就是在其就业动机的推动下，为实现目标而采取的行动遭遇到无法逾越的困难障碍时，不能正确面对所造成的。

谢某面对挫折的态度是消极的，也是最坏的，放弃生命就等于放弃一切希望。新入职场后，面对的问题不仅仅是分数与优良，如何应对，如何处理，何时沉默，何时据理力争，因为没有经验，这些对于我们而言，都是难题。

如果你想做些自己想做的事，就必须抱定目标勇往直前。工作不是个简单的游戏，必须全心投入，其中影响成败的因素极为复杂，工作的人需要有相当大的勇气及独立自主的精神才能竟其功。

人必须有远见。因此，工作的目标要定得长长远远，不必为一时的困顿而“困”住自己，应从挫折中培养奋起的勇气。成功者和失败者最大的不同是，成功者知道如何“熬”过挫败和失望的岁月，而失败者反之。

挫折承受力是维护个体心理健康的一道防线。因此挫折承受力较低的人，几经挫折的打击之后，容易失去人格的完整性，甚至会出现人格扭曲，形成行为失常和心理疾病。不断提升自己的抗挫折能力，是我们在职场中继续得到提升的关键之所在。针对挫折感的影响因素，可以从以下几方面来培养我们的抗挫折能力：

1. 善于调节自我抱负水平；

2. 正确认识自我和评价自我；

3. 确立合理的自我归因；

4. 增强挫折认知水平；

5. 构建成熟的心理防卫机制；

6. 建立和谐的人际关系。

我们从失败中学到的功课，通常比从胜利中学到的还要多。挫折及失败就好像是一个充气的皮球，你打它一下，它跳得更高，你愈害怕它，它愈坚强。如果遇到挫折时，转个身，不就是海阔天空？因为你必须从过去的错误中学习，而非依赖过去的成功。

人必须培养应付挫折的能力，唯有能够应付挫折的人，才能把每一次的挫折都看成一个警讯，除不断修正自己的方向外，还继续朝着理想迈进。任何一个在职场成功的人，都是这样走过来的。

傍个巨人走捷径

我们应该明白，要想成功单靠勤奋和埋头苦干是不行的，还必须想办法与更强大的人物交往，以借助他们的力量壮大自己的力量。俗话说，“一根筷子易折，一把筷子不易断”，只有借助其他更多人的力量，才能形成无坚不摧的堡垒，成就一个伟大的事业。

当你是一条小鱼的时候，若能与鲨鱼攀上一点关系，那么你也就具备了鲨鱼的威风和霸气。反之，如果你心里想自己变成鲨鱼，每天却满足于同小虾共戏，那么你的能力永远也只能和小虾不相上下。一只“蚂蚁”若能傍上一个“巨人”，就会瞬间具备巨人的威力和能量。

世界首富比尔·盖茨当初创业的时候就是一只小小的“蚂蚁”，但他却因为傍上了当时 PC 市场上的唯一巨人老大 IBM 而使自己身价倍增。

在 20 世纪 80 年代的时候，对刚刚创业不久的微软来说，IBM 的确称得上是一个不折不扣的“巨人”。比尔·盖茨深知单单凭借自己的能力，虽然可以确保微软成为一家成功的公司，但是要成为未来软件业乃至整个计算机业的霸主却是天方夜谭。

但命运就是这么惊奇，比尔·盖茨做梦也没有想到，大名鼎鼎的 IBM 公司的人会派特使主动来访。原来当时微型电脑势头正起，而 IBM 一向致力于发展大型电脑，对微型个人电脑不屑一顾。所以现在为了迎头赶上，IBM 公司打算鼓励和支持那些独立的软件开发公司，让它们大量开发软件。在这时他们发现了微软公司在众多软件公司中特别引人注目，该公司包括 BASIC 语言在内的几个基本软件已经在微型电脑领域成为标准，它的产品销售量每年都要翻一番，显示了很强的发展前景，所以，选定了微软。

IBM 公司最后确定合作的项目是开发 8088 芯片，同时 IBM 公司还给微软公司送来应履行有关保密责任的临时条款。文件上说，对于 IBM 公司的机密消息微软公司不得泄露给第三方，同时必须采取防止泄密的措施。IBM 公司可以在不预先通知微软公司的情况下，随时检查微软公司履行保密责任的情况。此外，该协议还规定 IBM 公司不愿意接受微软公司方面的机密信息，因此也不负保密责任。

这个临时条款使 IBM 公司立于不败之地，而微软公司却丧失了很多权利，稍有闪失便将付出很大的代价。尽管比尔·盖茨知道这是一个“不平等的条约”，但他更知道这是一个不容错过的机会。在当时的情况下自己相对这位蓝色巨人来说不过是一只蚂蚁，蚂蚁要想尽快成长为巨人，只有借助巨人的力量。所以除非他不想与 IBM 公司做生意，不想成为巨人，否则就没有讨价还价的余地。权衡利弊，他当然是坚定地果断地傍上了这个巨人。

事实证明比尔·盖茨的决断是英明的，正是因为傍上了这个“巨人”，才成就了微软的今天，才打造了世界首富比尔·盖茨。

优胜劣汰是永恒的市场竞争定律，因此，作为一个企业，要想成为强者脱颖而出，必须不断进取，不断成长。成长有很多办法，最直接最有效的方法莫过于搭功成名就的企业的顺风车，比尔·盖茨用铁的事实向世人证实了这一点。

与比尔·盖茨领导微软一样，长安集团在尹家绪的领导下也是踩着巨人的肩膀迈上了一个新台阶。如今，长安已拥有七大汽车制造企业，“长安”品牌价值高达 46.18 亿元，成为国内小型车行业最有价值的汽车品牌。应该说，长安这些成绩的取得，正是傍上了美国福特这个世界汽车工业巨头。

长安集团总裁尹家绪在上任不久，即开始积极寻求海外合作伙伴。有幸的是，在当时，美国福特公司也在苦苦寻觅着它的“心上人”，而这也正应了一句名谚:“有情人终成眷属。”2000 年 4 月 25 日，长安汽车(集团）公司与福特汽车公司签署了合作开发生产轿车的合资合同。

长安与福特联姻当时震动了中国汽车业界。因为业内人士十分清楚，这一“联姻”不仅将使长安集团迅速成长为中国汽车业中的一支主力军，用长安人自己的话说:“重庆长安在世界市场同时也有了发言权。”果不出所料，迄今为止，长安集团借此已经在国外建设多条生产线，而合资后的第二年即 2001 年，长安的出口车就达到了近 3000 辆的水平，名列当年国内微型汽车企业出口量之最。

长安集团之所以有今天的辉煌，就是因为长安集团的领导者们把聪慧的头脑用在了“借力”之上，它站在巨人的肩膀之上，完成了以后将成为巨人的先决条件。因此说，作为一名领导者，必须要用发展的眼光来经营自己的企业。

在任何一个行业领域，都有堪称巨人的“领军人物”，他们通常在市场上占据着稳固的位置，已经被广大群众所认可，并且深入人心。而作为一个新手，要和这样的竞争对手相抗衡，无异于鸡蛋碰石头，倒不如换一种方式，借助它的高度来抬升自己，即踩在巨人的肩膀上完成由蚂蚁到巨人的转变。

一个人即便能够凭个人的能力取胜，但也往往只能昙花一现，不会维持得太久，因为，他们总有江郎才尽、心衰力竭的一天。傍个巨人，站在巨人的肩膀上，这是取得成功的最佳捷径。一个人能否取得成功，关键在于他能否与巨人搭上关系，借用巨人的力量来发展和壮大自己。

成长比成功更重要

如今，越来越多的大学毕业生心态浮躁，急功近利，好高骛远，认为自己寒窗苦读十几载，到头来怎么才换来一个沏茶倒水的职位？所以，他们都不肯从基层踏实做起，总想一下子就成功。但他们往往会忽略成长，而更加关注成长路上的成功。其实，一个人成长的过程就是解决问题的过程，这种能力比成功更重要。成功有时只是短暂的龙袍加身，而成长却能让你的心灵富足一辈子。

成长的重要性并不仅仅表现在童年，它贯穿了人的一生。比如在职场上，如果你只关注自己的成功，而忽略成长，那么，你会像“神童”一样被公司劝退，更多的人则是在激烈的竞争中被淘汰。要想避免这一悲剧的发生，就要时刻关注自己遇到的问题，当你在解决问题中一点点成熟起来时，成功不过是水到渠成的事情。反之，如果你不择手段地去争取成功，跳开成长这一阶段，终究会酿下苦果。

被誉为中国“打工皇后”的吴士宏当初不过是一名普通的护士，她没有在大学深造过，她的大学文凭是自考获取的。她进入 IBM 的时候，不是一名白领，而是一名勤杂工。但是，她后来做到了微软中国公司总经理的位置。再后来，她加入 TCL 集团有限公司，任 TCL 集团常务董事副总裁……

她的成功不是一步登天，她是一步步从基层做起来的，虽然人们关注更多的是她成功的光环，而实际上，她成长的经历比成功更重要。因为正是那些经历，为她打下了坚实的基础。

如果没有成长，就不会有成功，即便有，也是短暂的辉煌。成长与成功的关系就像地基与大楼的关系，只有把地基打结实了，上面的楼才不会塌。

所以，这就要求我们去找一个更适合自己成长的企业，以便学习和掌握更多的经验和知识。比如，相对于去一个小企业每个月赚 2000 元，则不如去一个月赚 1500 元的大企业，因为后一个环境比前一个环境对你的成长更有利。再如，相对于一个员工都是“海归派”的公司，即便你在那里是学历最低的一个，也不要选择去那个数你的学位最高的公司，因为在前一个环境中当最后一名利于你学习进步，而在后一个环境中当第一名，却不能学到更多的东西。

当然，成长需要付出代价，如果你过于在乎得失，那么就会失去成长的机会。

一棵苹果树终于结果了。第一年，它结了 20 个苹果，19 个被主人拿走了，自己得到 1 个。对此，苹果树无比气愤，于是它自断经脉，拒绝成长。

第二年，苹果树仅仅结了 10 个苹果，主人拿走了 9 个，自己得到 1 个。虽然它自己得到的没有增多，但是它暗自得意，因为这次主人只从它身上拿走了 9 个，比去年少了 10 个。

第三年，主人就把它砍了，因为它已经没有什么价值。其实，它原本可以继续成长。譬如，第二年，它结100个果子，然后结1000个，也许主人还是会拿走99个或者9999个，但是主人会对它爱护有加，而不是砍了它。

因为这棵苹果树过于计较失去的果子，结果失去了成长的机会。其实，一个人在职场上的成长和这棵苹果树一样，在一开始，得到多少果子不是最重要的，成长本身才是最关键的。如果你只在乎眼前的一点利益，那么你将失去长远的利益。不管你是名牌大学毕业，还是普通大学毕业；也无论你是博士毕业，还是本科毕业，都应该更多地关注自己的成长，调整心态，从零开始。只有从基层开始，不间断地自我思考和重新定位，坚持不懈地去探索和追求，才能赢得更多的发展机会。

成长比成功更重要，成功是一颗钻石，而成长则是一条充满荆棘的道路。很多人为了那一颗钻石而披荆斩棘，却不知享受自己不断超越阻碍奔向成功的成长之路。在成长的过程中，我们收获了比钻石更珍贵的人生经验，通过这些经验，我们甚至可以得到几十颗更大更美的钻石。

第二节 公司是老板的，舞台是自己的

一个人无论从事什么行业，无论担任什么职务，心中应该常存责任感。公司会为拥有如此关注其发展的员工感到骄傲，只有这样的员工才能够得到公司的信任。事实上，只有那些勇于承担责任并具有很强责任感的人，才有可能被赋予更多的使命，才有资格获得更高的荣誉。

上司对你有期望

我们都希望自己能在职场上一帆风顺、快速成长，那么，如何使自己获得快速成长，有什么捷径可以选择？捷径当然是有的，就是“上司对我们的期望”。

每天，草原上的狮子妈妈会给孩子这样的期望：“孩子，你必须跑得再快一点，再快一点，否则若是跑不过最慢的羚羊，就会饿死。”同时，羚羊妈妈也在对孩子提出明确期望：“孩子，你必须跑得再快一点，再快一点，如果不能跑得比狮子快，就肯定被吃掉。”无论是狮子的孩子还是羚羊的孩子，他们的努力都是沿着“跑得更快”这个明确的期望，所以他们的后代才会越跑越快，最终都成了大草原的宠儿。

当小狮子或者小羚羊们遵循着妈妈“跑得更快”的期望强化自己的生存技能的时候，他们的成长乃至进化就会是最快的。那么，对于职场中每天受困于琐碎而繁重的工作，感觉筋疲力尽、疲惫不堪的人们而言，上司的期望能给出一条光明的成长通道：奔向哪里、如何跑得更快……

在职场中，只有上司最真实、最全面地了解下属；而且，基于部门的规划和发展，上司也会对下属的个人定位和努力方向有所“期望”；加之上司丰富的经验与管理智慧，使得他们的指导意见最具实用价值。所以，上司的期望就是下属快速成长的通道；因为，上司的期望就是努力目标，就是前进动力。

由于肩负着对员工的期望、对员工的责任，所以，在员工没有达到领导要求的时候，领导不得不对员工唠叨上几句，情急之下，也许会发脾气，这让很多员工觉得难以接受。久而久之，领导和员工之间就仿佛产生了一道鸿沟，很难逾越。领导的良苦用心却很少有人能明白。

在人生道路上，父母是我们的第一任教师。可通常是长大以后，我们才渐渐明白父母对我们的良苦用心。进入职场之后，领导就是帮助我们成长的最好导师，有时候，好领导的良苦用心堪比父母。可是，这份良苦用心我们却总是很难明白。

在很多员工看来，领导更像是挑他们错的或者监视他们的，因此，他们对领导的批评嗤之以鼻甚至怀恨在心。可是，你是否曾经想过，为什么我们能轻而易举地原谅一个陌生人的过失，感激一个陌生人的点滴帮助，却经常对自己的领导耿耿于怀，对领导的关怀视而不见呢？

我们很难理解领导的苦衷，他们或许并不愿意去批评下属，很多时候，他们也很无奈，因为他们身上的担子更重，他们有责任把公司经营得有声有色，有责任把员工培养成才，为企业发展献策献力。

作为下属，必须清楚和明确上司对你的期望，或许上司并不明确说明他对你的期望，但是，对于有上进心的我们而言，就应当主动跟上司沟通，不要等待着上司主动来跟你谈论“发展期望”问题。当然，也可以尝试从上司的要求中分析出他的期望。

如果我们能够试着理解领导的良苦用心，用一种感恩的心态去工作，我们就会发现，领导其实是很友善的，抱着合作的态度去工作，心里也就不会感到压力与沉重了。

主动配合上司解决问题

职场中，我们可能会遇到各种各样的上司，比如上司水平比自己低，甚至低很多，作为职场中人该怎么办?

常见的处理方法有四。一是背后议论上司的不是。二是瞧不起上司，言谈举止中带出冷嘲热讽。三是直接忤逆上司，不给上司面子，反驳上司，顶撞上司，直接或间接地不听上司命令。四是到上司的上司那里告状，数落上司如何无能。

这样处理适宜吗? 显然不适宜，但职场中几乎每天都在发生此类的事情，而且发生后总有千万条理由为自己辩解，或者发生后还到处宣扬自己的出色表现。此类处理方法除了过把嘴瘾一时痛快外，别无任何积极意义，对自己的职业生涯只有负面影响。

第一，上司不如自己是正常的事情

认识到上司水平比自己低是正常的，也是普遍的事情，并不是自己有的情况，只有如此看问题，才能平衡自己的感受，然后冷静对待这一问题。

第二，上司肯定有优于你的地方

上司之所以成为上司，肯定有超过你的地方，尽管你在某一方面或某几方面都比上司强许多，但他肯定有些地方，是你暂时所不能够超越的，比如经验，某些方面的资源、阅历、性格，某些特殊的技能、知识、与整个企业组织的感情资本，与周边关系相互的了解程度高，或使组织刚好处于微妙的平衡状态，或与某人刚好互补关系等等。这些也许正是组织需要的，而你恰恰不具有，应该客观地看待这一问题。

第三，尊重上司

无论上司水平比自己低多少，都应尊重上司，这是起码的职业意识，没有这一职业意识，无论你到哪里都会很难受的。好好地想一想，一旦当你成为他人的上司时，得不到他人的尊重，你又该做如何感想？

第四，支持帮助上司

既然上司不如自己，那么你就应该尽力帮助上司工作，出主意，想办法，这是作为下属起码的职业准则，而不要袖手旁观，不管不问，或等着看上司出丑。为什么应该支持帮助上司？因为，如果他什么都比你强，也就根本用不着你帮助了，你在上司那里就显得无足轻重，也许哪一天裁减人员，你就是被减的人。

第五，提建议被上司拒绝怎么办？

你也许会遇到这样的情况，你帮上司出了个好注意，想了个好办法，尽心尽力地帮助上司工作，上司不以为然，或拒绝接受，或根本否定。这时，你不应抱怨或灰心丧气，应站在上司的角度来考虑问题，是自己的方案真的不好还是其他问题。有时候，好的建议之所以没有被上司接受，不是因为上司不愿接受，而是因为你建议的时机不对或方式不当。

第六，上司刚愎自用，独断专行怎么办？

如果自己尽心尽力、尽职尽责后，上司仍不接受自己的意见办法，显然不是自己的问题，是领导风格问题。领导一意孤行，刚愎自用，听不进下属任何建议和办法，根本不接受任何支持和帮助，认为自己无所不能，包打天下，那么，作为下属的你该怎么办？只有两种办法，一忍耐，二找机会走人。

要明白，不同上司的工作风格迥异，上司有时候并不是真的不如自己，不过是工作技巧和艺术手法罢了。上司有时候故意示弱，示弱的目的也有许多，常规的目的有三：一是想探究下属的真才实学和对问题的看法。二是用这种方式收集各种意见，便于更正确决策。三是想满足下属的成就感和自豪感，从而达到激励下属的目的。

上司不耻下问，屈尊求教于你，你连上司的真实用意都不清楚，就认为上司不如你，并到处夸耀自己的能力；或者上司露了那么一两回怯，就认为上司水平低下，并四处张扬上司的露怯，这样做，只能说明你自己的能力修行还不够。遇到问题时，作为下属应主动配合上司，帮助上司实现意图，不要故意耍机巧，给上司掉链子，给上司一种摸不透你的感觉。

在上司的立场思考问题

很多员工只是看到了老板光鲜的一面，却往往忽略了他们辛酸的一面。员工只需要对老板负责，而老板却要对每一位员工负责；员工只需要做好本分工作，老板却要协调全局；如果企业倒闭，员工可以再找工作，而老板不但心血毁于一旦，也许一辈子都很难翻身。做老板其实不容易，很多压力和痛苦都只能憋着，连说都没地方说。

作为员工，如果你能学会换位思考，理解老板，帮助老板解决他的问题，那么就能逐渐取得老板的信任，甚至成为公司的支柱。

曾有一个企业的老总，从 100 个人里面挑选了三个学历一流的大学毕业生。在面试的时候，老总问：你有什么想法，可以谈谈吗？

大学生说：请问老总，你们这底薪多少？

老总说，我们是大企业，肯定不会少的。

大学生又问：请问有没有饭补？

老总问：什么是饭补？

大学生说：我离单位挺远的，中午不想回去，中午单位管吃饭吗？

老总说，只要你干得好，饭补没问题。你还有什么想法吗？

大学生又问：请问有没有车补？

老总问：什么是车补？

大学生说，单位这么远，老回家坐车花不少钱，有没有车费补助。

老总说，这个没问题。还有什么想说。

大学生又问了有没有其他补助。

老总急了，我还给你鞋子补、袜子补呢。

三个人面试下来，老总选中了一个大男孩。他的成功面试可以给现在找工作的一些大学生一些借鉴。

老总问，看你的简历这么优秀，为什么到我们企业来应聘？

大男孩说，我在一次会议上听了您的演讲，您的企业文化深深感动了我，看到你们企业在招聘我就来了。

老总问，你不问问底薪多少？

大男孩说，我做好了，像您这么仗义的老总肯定不会亏待我的。

之后的谈话，更是让老总觉得找了一个得力干将。之后这个小伙子在一年内就干到了业务总监。

在职场中能设身处地站在别人的立场和处境思考问题的人，永远能在职场上找到自己的位置。换位思考，也就是作为员工能站在老板的角度去思考一些问题，充分理解老板的苦衷，想老板之所想，急老板之所急。像老板那样思考，像老板那样追求，像老板那样奉献，像老板那样行动，你就已经具备了老板的素质和能力。只要你想，总有一天你会成为名副其实的成功的老板。

公司老板在安排工作的时候，肯定是希望员工帮你解决掉一些问题，使公司的业务顺利开展，让公司的盈利节节上升。既然你希望你的员工去做，那么，当你回到自己位置上的时候，你就应该考虑，老板既然为我们提供了一个工作平台，为我们发工资和奖金，我们为什么不把公司的事情做好，为什么不去帮助老板解决问题呢？

仔细观察一下企业里的某些员工，他们总是一边工作一边抱怨："为老板打工真是太累了，自己根本就是公司的赚钱工具，毫无乐趣可言。"其实这些人不明白这样一个道理：与其认为你是在为别人而工作，倒不如把公司当成你的家！

不论做什么工作，首先要问自己，我为什么要到这家企业做，要怎样做？网络时代，学习知识很快，知识不需要储备只需要检索，但是一个人的胸怀、一个人的格局是谁都无法取代的。

有些员工会这样想：老板太苛刻了，不值得如此为他工作。他们以为骗得过老板，其实愚弄的只是自己。老板或许不了解每个员工的表现，或许不熟知每个细节，但是你做出的每一点业绩和取得的每一点进步都是实实在在的，只要自己在努力，就不愁没有升迁与晋职的机会。

上司是在培养和锻炼你

很多时候，上司给你出难题，其实是在培养与锻炼你。上司总是希望下属能尽快羽翼丰满、独当一面，成为自己的左膀右臂，自己则可以腾出时间去考虑更重要的事。但是，身为领导又不可能把自己所有的想法都告诉下属，而且很多时候领导也是在观察，究竟谁可以委以重任，然后在适当的时候起用。所以，上司有时会出些难题，是想让你尽快成长，以便早日挑起工作的"大梁"。

小王的工作完成的不错，总是超出领导的预期，可是领导非但不表扬他，反而似乎总是不够满意，总会找出一些问题来。而同事小李的工作完成的没有小王好，却总是能够在完成工作后顺利过关，这让小王感到很不服气。但小王没有泄气，一直在努力工作，希望能够转变领导的印象。

有一天，领导突然把小王叫到办公室，并问他："小王，我要去总公司工作一段时间，这里的工作先跟你交待一下。”“好啊，恭喜您啊。”小王说着，心里却很疑惑领导找他的目的，难道是因为自己最近的表现不好，领导要批评自己，还是有更不好的事情发生，小王心里忐忑不安。领导接着问：“最近一段时间，你觉得自己的工作怎么样？”小王更加担心了，但是他仔细地想来想去觉得自己确实尽了最大的努力去做好工作了，于是说道：“虽然可能与您的要求有很大差距，但我确实尽力地做好每一件事。”

小王已经打算好了，如果领导要在这个时候以工作表现不好让他走人的话，他一定据理力争。然而，听到这里，领导脸上露出了笑容：“最近一段时间辛苦你了。我早知道自己要去总公司工作了，所以必须尽快找到能接替我的人，”领导接着说，“想来想去我都觉得你是最佳人选，可是你还有些年轻，处理事情上经验不足，我要在短时间内帮你提高，就经常找你的麻烦，希望你不要怪我。”听到这，小王惊呆了，他没有想到，领导真实的用意原来是这样的。

有时，领导会出一些难题来为难你，其实是想考察你的态度与能力，是否能够成为提拔的对象。如果这个时候你没有体会到领导的意图，那就失去了非常宝贵的机会。作为员工来讲，要留心观察领导对待自己的态度，如果发现领导表面上在为难你，但是只是就事论事，并不是针对你个人的批评，目的都是为了提高你的能力和水平，并有意地让你去做一些本职工作之外的事，那么千万不要误解了领导的意图，这很可能是你获得提升的前兆。所以，越是在领导出的难题面前能够忍受，能够发挥自己能力的人，也许能够得到更多的机会。

有些小气的领导，可能是觉得你的能力会大过他，故意排挤你。多留意他跟你说的话，还有平时他对同事的态度，弄清上司为难你的真实原因。如果排除掉这种可能性，那有可能是在考验你的抗压能力，解决问题能力，换句话说，是在培养你、锻炼你。那你就要顶住压力，好好表现了。所以，当上司为难你的时候，一定得好好分析上司的目的。

感谢上司出的难题

通常情况下，人是有惰性的，不愿意挑战自己，不愿意把自己逼上困境，那时也很难看到自身的潜力，没有信心去主动完成任务。因此，很多人在没有压力的情况下，不会去做很困难的事情，更不去想打破原来的限制。

可是，上司交给的任务是必须完成的，必须想尽一切办法去处理。当你认真去面对，积极想办法去解决的时候，你会突然发现，“魔鬼任务”让你的能力比预期强很多。

朋友刚到一个新单位工作时，还不熟悉公司的情况，上司却交给她独立去完成一个宣传计划，且没有任何资料和指示。朋友说，她当时都快晕了！可是又不敢说什么，只好到处查资料，请教别人，好不容易弄完了，拿给上司看，又被指出很多错误，拿回去修改，这样折腾了几个回合，才交差。

朋友当时的想法是，这个上司自己什么也不干，就会挑毛病，甚至觉得上司在难为自己，跟自己过不去。尽管朋友心里很多怨言，但每次都认真地完成了上司交给的任务。后来，她再遇到这样的情况能轻松地解决时，才觉得如果没有上司这种魔鬼式的“折磨”，是不可能进步这么快的。

无论多么喜欢的工作，日复一日、年复一年地重复都会消磨人的兴趣，更重要的会让你停滞不前。在工作中，那些不愿做或不敢做的工作大多是你从来没有接触过的领域。为了完成任务，你有更多机会去了解，说不定会从中发现新乐趣，找到新的发展领域。

接到不敢做或不愿做的工作有两点好处，一是可以提升自身的能力，二是可以探索新方向。所以，当你觉得上司给你出难题的时候，感谢你的上司吧，因为他又为你提供了一次提升自身能力、尝试新领域的机会。

我们不要认为老板总是刁难自己，却从来不在自己身上查找原因。由于这种心态在作怪，使我们总是很难真正地投入到工作中，更不可能取得很好的成绩。擦亮眼睛看看自己做得是不是真的已经很优秀了，看看身边的人是不是比自己更努力、更勤奋。

仔细地考虑一下自己是不是还有需要提高的地方，对老板刁难的问题认真地思考，争取提出有建设性的意见和建议，为自己树立一个目标，并持之以恒地向着目标前进。

第八章

不断创新，突破成长

一个职场高手懂得超越他人需要创新，懂得做出惊人的成绩需要创新，懂得获得老板的赏识需要创新。因此，他能清楚地认识到创新的重要性，停止一切循规蹈矩的做事习惯，改变固有的具有破坏性的惯常思维，勇于跳出旧框框，开创新局面。

第一节 只有创新最能带来成长与活力

优秀的主管往往欣赏那种既有创意性又有纪律性、既有主见又谦虚、既敢做敢为又尊重他的意见的员工。因为主管不可能事必躬亲，员工的独创性是做好工作的重要条件。

创新帮你解决棘手难题

难题是阻碍我们前进的障碍，也是帮助我们成长的基石。生活中，我们每天都要面对各种各样的问题，可以说，人生的过程就是解决问题的过程。

面对难题，我们通常会有三种态度：

1. 逃避。认为自己无法解决，所以选择不面对，避而远之；

2. 随便解决。尽管解决了，但并没有找到最佳途径；

3. 找到最好的解决办法。

不仅要解决，而且要通过最好的方法来解决。这才是面对问题最好的态度。

那如何才能找到最好的方法来解决棘手难题呢？创新无疑是至关重要的。很多时候，创新能帮助你解决难题，而且能帮你找到最好的解决方法。

韩国现代集团创始之时，其创始人郑周永投资创建了蔚山造船厂，目标是造 10 万吨级超大油轮。很快，船厂就建起来了，但由于当时很多人对韩国人自己造这么大吨位的油轮持怀疑态度，因此几个月过去了，竟然连一个客户都没有。

这下可急坏了郑周永。因为建造船厂的大量资金用的是银行贷款，一旦长时间接不到订单，不仅银行的巨额贷款无法偿还，甚至会使自己陷入破产的境地。

该怎么办呢？郑周永冥思苦想，突然，他从自己收藏的一堆发黄的旧钞票中，看到了一张 500 元纸币，纸币上印有 15 世纪朝鲜民族英雄李舜臣发明的龟甲船。龟甲船是古代的一种运兵船，当时李舜臣就是用它粉碎了日寇的侵略，捍卫了国家的尊严。

郑周永意识到这是一个绝好的机会，他一面叫人根据这张旧钞的内容制造了大量宣传品，一面拿着这张旧钞四处游说，宣传朝鲜在 400 多年前就已经具备了造船能力，因此现在完全有能力建造现代化大油轮。

经过反复宣传，郑周永很快拿到了两张各为 13 万吨级油轮的订单。

郑周永的创新不仅使自己的船厂绝处逢生，走进世界造船业的前列，而且也为国家争得了荣誉。

打破常规，突破传统思维的束缚，哪怕是一个小小的突破，也会产生非 A 的效果。日本东芝电气公司的一个小员工，就因为一个不太起眼的创意，为公司的发展做出了巨大贡献。

1952 年前后，日本的东芝电气公司曾一度积压了大量的电扇卖不出去，几万名员工为了打开销路，费尽心机地想办法，依然进展不大。

有一天，一个小员工向当时的董事长提出了改变电扇颜色的建议。在当时，全世界的电扇都是黑色的，东芝公司生产的电扇自然也不例外。这个小员工建议把黑色改为浅色。经过研究后，公司采纳了这个建议。

第二年夏天，东芝公司推出了一批浅蓝色电扇，大受顾客欢迎，市场上甚至还掀起了一阵抢购热潮，几十万台电扇在几个月之内一销而空，解决了产品积压这一棘手问题。从此以后，在日本乃至全世界，电扇就不再是一副统一的黑色面孔了。

此实例具有很强的启发性。只是改变了一下颜色，就能让大量积压滞销的电扇，在几个月之内迅速地成为畅销品！而提出它，既不需要有渊博的科技知识，也不需要有丰富的商业经验，为什么东芝公司的其他几万名员工就没人想到，没人提出来？为什么日本以及其他国家有成千上万的电气公司，以前也都没人想到，没人提出来？

这显然是因为行业惯例使然。电扇自问世以来就以黑色示人，各厂家彼此仿效，代代相袭，渐渐地形成一种传统，似乎电扇只能是黑色的，不是黑色的就不成其为电扇。这样的惯例与常规，反映在人们头脑中，便形成一种心理定式。时间越长，这种定式对人们的创新思维束缚力就越强，要摆脱它的束缚也就越困难，越需要做出更大的努力。东芝公司这位小员工所提出的建议，从思考方法的角度来看，其可贵之处就在于，它突破了“电扇只能漆成黑色”这一思维定式的束缚。

解决难题的方法总是存在的，我们所需要做的就是抛开思维的束缚，发挥无限的创造力。在一般方法无法解决问题或是不能更好地解决问题的时候，尝试别人没有用过的方法，说不定会获得出乎意料的结果。

当难题摆在我们面前时，弱者会选择逃避，强者则会迎难而上。虽然解决难题的方法有很多，但创新无疑是解决棘手难题的最佳办法之一。突破思维定式，进行创新思考，是你解决问题的最佳办法的源泉，也将是你成功的法宝。

创新是一种生产力

创新是一种生产力，这种生产力无形却又拥有强大的能量，这种能量通过改变我们的工作方式、改善或提高我们的工作效率，可以帮助我们创造更大的成绩。

然而，很多人意识不到这点，他们在工作中不想动脑，不愿思考，每天机械性地工作，只是为了完成老板交给的任务。如果一个人一辈子都在这样的状态中工作，那将是一件十分可悲的事。

一种新材料的使用为工厂节省了数百万的资金；一种新机器的引进使工厂的生产效率大幅提高；一种新思维的运用使我们的工作方式发生翻天覆地的变化。这一切改变都来源于创新。

创新是一种态度，更是一种生产力。创新让我们拥有无数的梦想，让我们的工作、生活变得不同。创新鼓励我们去尝试一些新想法、改变一些旧现状，从而使工作变得更有效、更方便、更高速。很多人认为创新是一件神秘、陌生的事，以为创新只是少数天才的专利，其实创新就在你我身边，只要掌握了方法，每个人都可以做到。

很多人在工作中循规蹈矩。他们认为工作就是重复性的劳动，而创新不仅毫无必要，而且常常是出力不讨好。当企业强调创新意识的时候，他们认为这是小题大做，把创新当成耳边风，根本不予以重视。

工作中没有创新元素的参与，工作将如死水一潭，很难有出色的成绩。

香奈儿是法国著名的化妆品公司，该公司的产品一直享誉世界。它当初的发展壮大其实是得益于一名普通员工的创意。

香奈儿公司成立之初因为没有名气，导致产品滞销，公司一度陷入困境。公司号召全体员工出谋划策。销售部的一名员工献上一计——借助媒体的力量来搞宣传，但是这种宣传完全不同于以往。这种创意得到了公司的认同。

第二天，香奈儿公司在报纸上发布了一则广告：最近，香奈儿化妆品公司招聘了10名相貌奇丑的女孩，她们将于周日晚上在巴黎大舞台与大家见面。

广告一登出，整个法国都震惊了，同行都嘲笑香奈儿是自曝家丑。

届时，法国市民都蜂拥至巴黎大舞台。

随着帷幕徐徐拉开，10名丑女全部登台亮相。台下的观众不禁嘘声连连，都发出这样的感叹:“怎么会有这么丑的女人!”

随后，香奈儿公司的负责人从后台走上来，对观众说:“这些女孩很丑，但用了我公司给的化妆品后将是什么样子呢，请大家观看一下这些女孩化妆之后的样子。”

十几分钟后，被化过妆的丑女们从帷幕后走出。顿时，大家都被惊呆了，原来，这些丑女新的模样与之前简直判若两人。

自此，香奈儿公司生产的化妆品成了同类产品中的佼佼者。

创新是最大的生产力，创新的眼界和思维使香奈儿开拓了广阔的市场，带来了广阔的发展空间。

创新在于突破常规，用新的方法、新的思维来处理问题。我们因为常规思维的束缚，形成了固定的做事方法，如果不大胆打破这种固定的方式，我们将永远无法发现更好的、更合理的方法来工作，无法取得更大的成就。

创新并不是高不可攀的事。我们每个人都有潜在的创新能力，一旦得到良好的开发和引导，将会发挥巨大的力量。我们不能因为害怕承担责任而一味地墨守成规，害怕改变，这样只会被淘汰。我们要善于观察，合理利用想象力，大胆地去思考去实践，充分发挥个人的创新能力，为自己的职位和公司做出更大的贡献，才能稳固地立足于职场。

创新要立足于现实。创新需要天马行空的想象力，但是绝不是毫不切合实际的空想，我们要以现实为基础发挥思想能动性，开发新的方法和途径来解决问题，一味的空想只会使我们脱离现实，离成功越来越远。

20年前，管理大师德鲁克语气强烈地用“不创新，即死亡”这句话来阐述创新的重要性。创新是人类社会进步的客观要求，是个人发展的最好途径。我们要抓住创新这个思维方式与做事方法，为自己在职场发展谋取更大的空间。

怎样才能提高创新能力?

1. 锻炼想象力，开发创新能力

想象力是创新的翅膀，我们要善于借用想象力这个有利的条件来培养创新能力，遇事多思考、观察、联想，用新的思维模式和处事方法来解决问题，合理开发想象力。

2. 独立思考，尝试用多种方法解决问题

独立思考，遇事有自己的想法和解决问题的方法，不能人云亦云。学习用多种角度看问题，用多个方法解决问题，发散思维，开发思维的广度和深度。

3. 与时俱进，保持知识更新

创新离不开现实，现实是在不断发展变化的，随时的知识更新会使知识库跟随知识的发展而进步，为创新思维、创新行为的产生提供更有力的支持。

4. 善于积累，抓住思想火花

在日常生活和工作中积累每次的思想火花，也许当下没有用，但是积累起来就会是一笔宝贵的财富，可以帮助我们在以后遇到问题时联想思考，寻求更多更合理地解决问题的方法。

创新的前提是模仿

有相当多的职场新人在刚刚步入工作岗位时，往往都有标新立异的欲望，想自己的东西显著区别于其他，以体现自己的能力和价值，这些都是非常自然的。但是要知道，工作讲究的是实际效果和低成本，如果用一般的方法能实现同样的效果，那么干嘛还要花时间和精力去想一个有“创造力”的方法呢？而且，一般来说，要实现真正有实用价值的创新并不是那么容易办到的，这需要从模仿做起！因此，首先要懂得标新立异的必要性，然后还要懂得创新与模仿之间的关系。

哈佛大学前校长陆登庭在北京大学演讲时说：“在迈向新世纪的过程中，一种最好的教育就是人们具有创新性，使人们变得更善于思考，更有追求的理想和洞察力，成为更完善、更成功的人。”因此，创新能力对于一个人的成长和发展十分重要。

一个企业家曾透露他的成功秘诀说：“不知出于什么原因，我们经常听到人们提倡创新有多么好，却从来没有人提起模仿其实也是一样的重要。事实上，我们日常生活中95%以上都是模仿别人得来的！没有模仿，根本不可能创新；不懂得模仿，也肯定不懂得创新！创新几乎无一例外地要在原有的基础上创新。不去模仿，创新就没有根基；不首先模仿，创新一定是盲目的。模仿是一条安全而高效的捷径，这是鼓励模仿的最大理由！”

这位企业家告诉我们：初次步入社会，创新很重要，模仿也同样很重要。很多实际工作并不需要你有多大的创新能力，而只需要你仿照固定的程序和模式，一步一步踏实认真地做下来就能收到很好的效果。刚开始职业生涯的人如果能学会模仿，那将加速你的成长过程。模仿是一种最简便的学习方式，你可以用几个小时或几天的时间，去学到别人需要很长时间总结出来的东西。但是，通过模仿，利用别人的方法，使你做事的工作效率与他的一样，那能模仿为什么不模仿呢?

没有人会否认创新的重要性，这是不言而喻的。问题是，在我们还很弱小的时候，为什么非要沉迷于创新呢？我们有什么能力去创新？事实上，模仿已经足可以让我们成长得稳当而且更快，在模仿之下，创新才有意义。

当然，成功者走过的路，通常都不适合其他人跟着重新再走。在每个成功者的背后，都有自己独特的，不能为别人所仿效和重复的经历。但是，你所要走的路当中，总有那么一段，同他们曾经走过的路有相似的地方。有时候，大家所走的其实就是同一条路，即使有所区别，也不过是大同小异。只是因为你看不见或者没有注意别人已经走过了，以为自己走的是一条新路。人们常常沉溺于自我摸索，不屑于观察和模仿别人!

走一条从来没有人走过的路，总是比走别人已经走过的旧路要慢。因为走新的路，通常要遇到更多的障碍，要面对更大的风险。看清楚眼前要走的路，特别是留意别人怎样走同样的路，一定有让你受益的地方，它让你避免重复别人已经走过的弯路；另外有一些路，很值得你跟着别人一起走，这会让你成功的机会更大，就像大雁互相依靠着飞行一样。

所以，不要在乎自己是否跟着别人走他们已经走过的旧路，成功往往不是因为你发现了一条新路，而是因为你走在别人的前面。开始的时候，模仿是最值得做的事情，成功起步的可能性也大得多。反而，创新面对的压力、风险更大，未知因素很多，也更难把握得住，即使你立志要创新，也未必有基础、条件和力量允许你这样做。

当然，你要比别人走得快，甚至赶在前头，必须有一些属于自己的东西，或者有新的发现，否则，你永远只能跟在后面。模仿和创新，两者其实不矛盾，创新总是在模仿的基础上，而模仿通常也一定包含着创新，偏执任何一方面，都不会令你持久地获得成功。懂得选择、吸收、消化别人的好东西，变为自己所用，并且用得更出色，这本身就是一个极聪明的创新。

敢于标新立异

工作要标新立异，要敢标新立异。有些人之所以不敢，是因为他们害怕“枪打出头鸟”。“枪打出头鸟”是墨守成规者的生活警言，他们谨记这句格言，不敢越雷池半步。然而在今天，传统的“老枪”已不那么好用了，“出头鸟”太多了，老枪顾此失彼。而且几乎每只不畏枪击的出头鸟都在独享一份飞翔的自由，独享一片蔚蓝的天空。他们个性里标新立异的优势得以充分地施展，这使他们出人意料地走在了众人的前面，争得了本来就属于他们的那种曾经深埋的幸运。

让我们看一下这个创造奇迹的经典广告之作：

主角：乔·铃木（由著名美国喜剧演员大卫饰演）

乔·铃木一本正经地对着镜头吹牛：

（镜头一）有人将铃木轿车开上了圣母峰。

（旁白）他说谎。

（镜头二）铃木轿车跑在市区里，一加仑（约 4．55 升）汽油跑 94 英里（约 151 千米）；在高速公路上，每小时可跑 112 英里（约 180 千米）。时速最高为 300 英里（约 483 千米）。

（旁白）他说谎。

（镜头三）铃木轿车被《汽车与驾驶人杂志》评为车王之王。

（旁白）他说谎。

（镜头四）如果你明天来看车，将免费送你一栋房屋。

（旁白）他说谎。

（镜头五）我绝对不说谎。

（旁白）他说谎。

这则广告幽默、夸张又带点儿自嘲。推翻一般将产品形象强加于观众的广告手法，而站在观众的角度将自己的吹嘘取笑一番，来获得观众的共鸣。虽然看不到一句真正夸奖自己产品的好话，但是却将观众的目光紧紧抓住，建立了品牌知名度。

这种标新立异的表达方式，主要目的是在于抓住别人的目光。即使让人丈二和尚摸不着头脑，搞不清楚为什么会这样，最起码喜剧性地表现了一下，也可以令人印象深刻，收到了广告的预期效果。

在现代竞争激烈的商界，标新立异显得尤为重要，有这样一个故事。德国有一家公司，每天业务都很繁忙，节奏也很快，往往是上午对方的货刚发出来，中午账单就传真过来了。随后就是速递过来的发票、运单等。会计的桌子上总是堆满了各种讨债单。

讨债单太多了，都是千篇一律的要钱，会计常常不知该先付谁的好，经理也一样，总是大略看一眼就扔在桌上，说:“你看着办吧。”但有一次经理马上说:“付给他。”仅有的一次。

那是一张从巴西传真来的账单，除了列明货物标的、价格、金额外，大面积的空白处写着一个大大的“SOS”，旁边还画了一个头像，头像正在滴着眼泪，线条简单，但很生动。这张不同寻常的账单一下子引起会计的注意，也引起了经理的重视，他看了便说:“人家都流泪了，以最快的方式付给他吧。”

经理和会计心里都明白，这个讨债人未必在真的流泪，但他却成功了，一下子以最快速度讨回大额货款。因为他多花了一点心思，把简单的“给我钱”换成了一个富含人情味的小幽默，仅此一点，就从千篇一律中脱颖而出。

“沿着你自己最深刻的倾向和最强烈的特性的路线前进，并仍然忠实于体现自己人性的可能。”这是莫里斯对“标新立异”的注释，他认为“立异”是人与人之间的差别。他说:“个人之间的差别很大，很顽强，也很重要。”差异性是人的生命力的个体标志。在我们与人打交道时，在我们为群体、为他人服务时，并不意味着你该把自己等同于别人，也没必要强求自己完全化解到人群里去。即使要体现人的共性，还是要以你自己认为最合适的方式表达为好，这样才能把自己的具有“深刻倾向”和“强烈特性”的自我发展与社会发展融为一体，才能使自己更加与众不同，使自己成为一个健康、完整、独立的成功者。

要想挖掘无穷的创造力，必须跳出旧式规则的束缚，开阔视野及培养创新思维。只有敢于挑战旧式规则，进行标新立异的人，才有可能将创新进行到底。我们如果一味遵守前人制定或约定俗成的规则，缺乏标新立异的勇气，就会丧失创新基础，更不会有任何发明创造。

创新的良机到处有

在我们的日常生活中，处处都有创新的良机，只是我们没有发现而已。世界上没有一成不变的事物，任何事物都是发展变化的，掌握了事物的特点和属性，认识了事物的本质和规律，找到解决问题的好办法，你也可以有所创新。

一位年轻人在美国某石油公司工作，他所做的工作简单到连小孩都能胜任，就是巡视并确认石油罐盖有没有自动焊接好。石油罐在输送带上移动至旋转台上，焊接剂便自动滴下，沿着盖子回转一周，工作就算完成。

每天反复好几百次地注视着这种作业，使他感到枯燥无味、厌烦至极。他想创业，可又无其他本事。一天他发现罐子旋转一次，焊接剂滴落39滴，焊接工作便结束了。于是他想，在这一连串的工作中，有没有什么可以改善的地方呢？如果能将焊接剂减少一两滴，是不是能节省点成本？于是，他经过一番研究，终于研制出“37滴型焊接机”。

但是，利用这种机器焊接出来的石油罐，偶尔会漏油，并不理想。但他不灰心，又研制出“38滴型”焊接机。这次的发明非常完美，公司对他的评价很高。不久便生产出这种机器，改用新的焊接方式。虽然节省的只是一滴焊接剂，但“一滴”却给公司带来了每年 5 亿美元的新利润。

这位青年，就是后来掌握全美制油业 95%股权的石油大亨——约翰·D.洛克菲勒。

人生的改变总是从有所创新开始的，“改良焊接机”改变了洛克菲勒的人生。他成功的关键在于：他特别注意普通人往往会忽略的平凡小事。我们要能见别人所未见，能想别人所未想，才能做别人所不能做到的事。帕尔曼切也是这样的一个人。

普法战争时期，法国农学家安瑞·帕尔曼切曾在普鲁士当俘虏，在集中营里，曾经吃过土豆，认为土豆非常好吃，他后来获释回到法国，决定在自己的家乡种植土豆。

他的这一想法遭到许多法国人的反对，特别是那些宗教迷信者，把土豆视为“鬼苹果”，医生们也普遍认为土豆有害人的健康，连一些农学家也断言：种植土豆会导致土地贫瘠。

帕尔曼切怎么也说服不了他们。如何才能使土豆顺利地推广开来呢?

1789 年，帕尔曼切得到国王的特别许可，在一块非常低产的土地里栽种了土豆。

春去秋来，快到土豆成熟时，帕尔曼切向国王请求，派两支身穿仪仗服的护卫队来看守这片土豆，并且是白天看守，晚上就撤回去。这样一来，土豆成了护卫队保卫的“禁果”。这大大激发了人们的好奇心，有些人禁不住诱惑在夜深人静时悄悄跑来，偷挖这些“禁果”。大家尝到了土豆的美味后，又偷出一些“禁果”把它移植在自己的菜园里。

就这样，土豆逐渐在法国推广开来。

帕尔曼切推广土豆的成功再次表明了这样一个朴素的道理：时时是创新之时，处处是创新之地，人人可当创新之人，机遇总是青睐于那些善于思考，在生活中有头脑的人。

在长期的生活实践中，有时会有一些偶然的发现。说是偶然，其实并不神秘，当人们对所研究的对象还认识不清而又不断和它打交道时，就可能出现一些出乎意料的新东西。

创新存在于我们每天的吃饭、走路、工作甚至睡眠之中。从现在起，不要再对身边的事物熟视无睹，以你高速运转的灵活头脑和敏锐的眼光主动地寻找机会，或许有一天，你便可以打开创新之门，发现全新的思维方式和生财之道。

不管是小创意，还是大创意，只要能让一个人有成就感，就是最好的。有些人看不起小创意，但是有多少大创意等待你去发现呢？人人都会创新，处处都可创新。所以，现在就开始吧，让创新永远处在“现在进行时态”。

工作要有创新性

工作要有创新性，创造力。用作家华伦·本尼斯的话说：“获得创造力有两种方法：一种是自己‘唱歌’和‘跳舞’；另一种就是为‘歌唱家’、‘舞蹈家’搭建一个舞台，让他们去唱，去跳。”

我们把那些能够用创造性的思维考虑自己的事业，并且想出绝妙主意的员工称之为“歌唱家”和“舞蹈家”。他们不需要别人来帮助他们进行思维跳跃，他们自己就可以表演得很好。他们完全了解创造性思维应用到商业中所产生的力量有多大，而且也愿意接受这种力量。

每当我们想到有创意的公司领导人时，头脑中很难勾勒出一个具体的形象。公司老总周末在干吗？某个人在办公室能发挥创造力吗？难以想象！如果你想知道在团体中工作比一个人在家里工作乏味，这里就是答案的开始，因为个人的想象力遭到了扼杀。

在经营个人品牌的过程中，很多员工愿意在工作中发挥独创性，常常会埋怨主管对自己约束过多，节制过严。

一位员工在远方执行某项任务，经过调查之后，他认为情况复杂，需要主管赋予他自主行事的权利。于是他给主管发了电报，在汇报了情况之后，那个员工说：“当你收到电报后来指示。请不要发电来指示，这里有你的一切指示，我将向你汇报我们的行动。”这是一封多么巧妙的电报啊！

员工向主管表明：情况复杂，请让我自主行事（当然在权限之内）。不要担心，我已经领会了你的意图，不会把事情弄糟。同时，我会及时向你报告。

在主管眼里，那位员工是既有创新性又有纪律性，既有主见又谦虚，既敢做敢为又尊重主管意见的员工。果然，他得到主管的回电：“所述甚慰，盼候佳音。”

相反，若这位员工借口“将在外，君命有所不受”而不向主管汇报，或者机械执行主管在千里之外发来的各种指示，不敢越雷池一步，那他就将会失去主管的信任，或者将完不成任务。

很多职场新人在工作中一点创新也没有，把书本上的知识生硬套搬，而在实际工作中根本就行不通。

真正的创新者是令人敬佩的觉悟者，他会藐视困难，而困难在他的面前也会令人奇怪地轰然倒地，整个过程简直有如天助。

真正的创业者就像黑夜里发光的萤火虫，不仅会照亮自己，而且能赢得别人的欣赏。当人们欣赏一个人时，往往会用帮助的形式表示爱护，好运气因此而降临。

人们相信，一个真正的创业者最终会实现自己的事业，而所有帮助过他的人也会感到欣慰。

在信息高速更新的时代，很多在学校学习的知识已经不够用，或者时效性已经没有了，在进入职场后知识要不断地更新和学习，在实践中去创新。也许是同样的工作，在做的同时要考虑有没有更好的办法，更节省的办法，更快的办法。在不断摸索和创新中寻找更好的途径，只有这样才能保持旺盛的斗志和创新力。

第二节 工作不是缺乏创意，而是缺乏想象

不要放弃任何一个好的创意，好的创意就是获得财富的机会。如果你具有这种能力，就应该把握生活与工作的最佳时机，从而在工作中创造伟大的业绩，为企业带来财富的同时也会给自己带来相应的回报。

想象力比知识更重要

想象力比知识更重要，爱因斯坦就曾说过："想象力比知识更重要，因为知识是有限的，而想象力概括世界的一切，并且是知识进化的源泉，严格地说，想象力是科学研究中的实在因素。"

如果爱迪生没有想象人类在夜晚拥有光明的样子，就不会有无数次锲而不舍的实验，发明出电灯；如果莱特兄弟没有想象人类像鸟一样在天空中飞翔的场景，飞机就不会被发明出来；如果人类没有飞天的想象，载人宇宙飞船就无法飞入太空。想象力改变了人类的生活，无数以前只是在人类想象中出现的画面后来都一一被实现。

很多人从事的工作都是重复性的工作，每天都要周而复始地重复同

一个流程或动作，这个时候如果你将想象力和行动一起锁死，那你永远都无法取得突破，永远都只能在这个职位上重复着一样的动作。

创新的一个重要组成元素就是想象力，想象力是创新的翅膀，是一种在现实基础上累积起来的智慧。想象力随时捕捉到有价值的信息，然后加以联想、实验，进而为创新提供思维的源泉。只有运用好了想象力，创新才能在想象力这个翅膀的帮助下自由翱翔。

想象力是自由的。无论我们处在什么职位，做着什么工作，我们都可以幻想不一样的生活，想象更好的环境或将来。如果你连想象力都失去了，那么你的人生注定是一成不变、没有突破的。

某世界著名牙膏公司的总裁重金悬赏：谁能提出促使已近饱和的牙膏销售量增长的具体方案，就能获得高达十万美元的奖金。业务部全体员工绞尽脑汁想办法，提出了诸如更换牙膏包装、加强广告攻势、铺设更多销售网点等方案，但这些方案都没有被总裁采纳。

一天，一位刚进公司不久的女秘书在给总裁倒茶时，提出了自己的方案："我想，每个人在清晨赶着上班时，匆忙挤出的牙膏长度已经固定成为习惯。所以，如果我们将牙膏管的出口加大一点，大约比原来的口径大40%，挤出来的同样长度的牙膏量就多了一倍，这样，原来每个月用一条牙膏的家庭，是不是就会多用一条了呢？"

总裁听后大喜，立即采用了秘书的建议，没多久，公司的销售量就增长了。

没有想象力就没有突破，就像销售部的员工，他们只知道以常规的方式来推销牙膏，并没有突破现有思维的束缚，而那个女秘书则发挥想象力，想出了奇特的方案，从而增加了牙膏的使用量，解决了牙膏销售量饱和的问题。

有时候，我们的工作可能受时间、环境、条件的制约，使我们不能随心所欲地按照自己的想法做事，但是拥有想象力可以使我们另辟蹊径。想象力给了我们无数的可能性，我们可以借助想象的力量完善原有的工作策略，提高工作效率。

想象力使我们超越常规思维的约束，冲破现有知识经验的局限，以大胆、奇特的方式对所要解决的问题进行创造性的探索，找出解决问题的途径。所以，我们要学会正确运用想象力，为我们的工作带来创新和改变。

如何提高想象力？

1. 保持工作热情，拓展想象力

热情是最大的动力。只有保持对工作的热情，才会主动积极地完成工作。轻松的心情也会调动大脑的积极性，使思维方式改变，想法增多，进而带来更多更大的想象力。

2. 扩大知识面，合理想象

知识并不能决定想象力，但是知识影响想象力，扩大知识面和知识量，才能有更宽的视野和更高的基础来想象，想象力也会更加符合科学和现实，才更容易实现。

3. 学会观察，培养想象力

养成勤于观察、善于观察的习惯，观察工作的流程，从细节中寻找灵感，从微小处展开想象，学会建立事物之间的联系和联想，这样就会渐渐培养出丰富的想象力。

给观念来一场革命

我们在工作中会遇到各种各样的问题，当我们在面对问题时能否找到方法，无论对组织还是对个人都有着重要的作用，它会影响企业的生存，会影响个人的职业发展。每一个人都不想沦落到被淘汰的境地，每一个企业都不想被市场大潮吞没，那么，就需要我们在工作中不断地转换观念，在问题的压力下找方法。然而，一个人能否真正地转换观念，让自己在工作中充满活力，关键是看有没有“革自己的命”的决心。

勇于找方法，就要给自己的观念来一场革命。一个人，只有勇于给自己的观念来一场革命，才能够有所成长，并变得强大起来，这与生物界的“化蛹成蝶”有点相似。不知你有没有看到过由蛹化成蝶的过程。那是一种怎样的经历？可能只能用“痛苦”来形容。

只见那幼虫口吐丝线，将自己一圈一圈地缠个严严实实，这样过了许多天之后，幼虫就要经历人生的第二次洗礼了。在蛹中，幼虫并没有呼呼地睡大觉，而是在积聚能量，自身的外形和各个组织的功能都在发生根本性的变化。它一点一点地弄破厚厚的茧，破开一点就休息一会儿，那种疼痛也许曾经让它试图退缩，但是，退缩的结果只有一个——死亡。在死亡面前，再大的痛苦都已经变得微不足道。最终，当第一束阳光进入它的视线，它已经化成一只翩翩起舞、色彩艳丽的蝴蝶。

我们经常面临的场景就像极了这“化蛹成蝶”的过程。我们渴望成功，渴望活得更出色、更自在，在这个过程中，我们需要改变，需要像幼虫一样给自己来一场彻底的革命，这种革命不只是身体上的，更是观念上的。

改变观点看似容易，实则难也，所谓“知易行难”，一般人都有些先入为主及固执的因子存在，要改变既有的想法及观念是非常不容易的，所以通常从事较有变化性工作的人，较能接受新的看法及观点，例如广告撰稿员、作家、艺术家、演员、美术指导、创意总监、时势观察者、传播媒体工作者等，皆要比一般人更能嗅出趋势的倾向，而能领导潮流走在时代的尖端。

观念上的小小改变，对生活的看法会大不相同，重新睁开眼睛看看这个世界，人生也许会因此而改观。开发新观念并不困难，难的是从旧观念中跳出来，转换思维模式的最大敌人便是习惯。我们如果习惯于平日的思考模式，则大多数的决策行为均受到思维所控制，所以，人在不知不觉中受到思维的制约。

要改变观点，首先要改变自己对认知上的一些看法，例如有些事情看似绝不可能发生，结果却往往出人意料。要避免因自己太主观而产生闭关自守的观念，就必须放开自己在形式上的一些想法，唯有先放弃自己先入为主的观念，才能有新的创意及点子产生，并发挥新的想法、新的创意。

著名企划人詹宏志曾说："观念就是力量，仅仅认知上的改变，就是力量无穷的创意，创意不一定是改变了东西，有时候只是改变了自己，改变了想法。"

作家郭泰认为，所谓改变观点就是用不同的看法，去看早已习以为常的事物，别小看了"改变观点"，它经常是解决难题与开发新产品的创意之钥。

很多人在固定的生活圈里处久了，思维模式变得有些僵化，造成创意及活力的日益减损，无法打破习惯思考的模式，逐渐在狭小的领域里打转，框住了自己的世界。

变革必然会带来阵痛，甚至会带来短期的不适应，但是，为了更好地生存，变革是一个势在必行的选择。暂时的疼痛之后，你将获得豁然开朗的舒畅与源源不断的智慧。

三星集团总裁李健熙曾说过一句轰动韩国的话："要具备世界一流的竞争力，必须勇于改变。除了老婆孩子，一切都要变！"也许，变革的过程会充满无奈与痛苦，会面临危险与困境，但是，给自己的观念来一场革命带给你的将是开拓的思路、全新的机遇与更广阔的天空。

循规蹈矩被淘汰

有些技术优秀的员工认为：我有着纯熟的技术和熟练的工作方法，每天只要勤勤恳恳、按部就班地工作就行，不用花心思去研究怎样提高工作效率。如果抱着这种墨守成规、循规蹈矩的方式去工作，你就永远无法取得进步与突破。但是，时代在改变，社会在进步，发个指令、按下按钮才会动一动的“机器型”人才越来越难以适应瞬息万变的职场环境，循规蹈矩只能让自己停滞不前，随时被职场所淘汰。

无论是技术创新的邓中翰、模式创新的江南春，还是产品创新的李彦宏，他们都有一个共同的特点：突破常规，勇于创新。所以，如果你想立足于职场并且有所发展，必须改掉循规蹈矩、按部就班的工作习惯。

这是一个需要创新精神的时代，创新思维带来的经济效益和回报往往超过墨守成规很多倍，即使是需要经验支持的工作，也不再是一成不变的，需要在掌握经验的基础上不断地求思求变，进而提高工作效率，获取更大的收益。

尼克是一家贸易公司的职员，这家公司主要进口家居品的销售工作，除了向固定的代销点供货外，一直以来都以业务员上门推销为主要销售模式。

尼克每天拿着公司印好的宣传目录沿着街道一家家上门推销，但是人们对上门推销非常反感，常常连门都不开，尼克思索要采取新的方法打破这个局面。尼克的前辈对尼克的想法非常不理解，“你按照公司交代的做法去工作就行了，这么多年我不就做得好好的?”

有一次，尼克在推销时看到了送晚报的人，突然灵机一动，向公司提出建议：每期推出几款特价推广的商品，将公司的产品目录印成彩色的宣传单，请派发报纸的人一起派下去。这样就可以使更多的人了解他们的产品，并建立电话订购送货上门的机制来促进销售。

尼克的想法得到了公司的支持，第一批宣传单是尼克陪着送报纸的人一份份发下去的。第二天上午，尼克接到了若干对他们产品感兴趣的电话，比他以前花几天时间跑好几条街得到的都要多。

创新是最伟大的力量。创新带来了一次次社会变革，带来了生产力的腾飞。不过还是有人忽视创新的力量，循规蹈矩或是故步自封不但限制了创新的可能，更加抹杀了发展与自我突破的可能性，循规蹈矩只会让人倒退，缺乏竞争力。思维决定我们的行动，我们只有首先突破循规蹈矩的思维方式，摒弃循规蹈矩的习惯，提高思考的积极性，遇事多思考、多对比，才能求新求变。所以，在工作中，一定不要被现有的制度、技术、习惯所限制，要敢于突破常规。如果连想都不敢想，就更没有胆量行动了。

不按牌理出牌

“理”是常理、规则的意思，牌都有规则，出牌要按照规则出。“不按常理出牌”就是不按固定规则出牌，在牌桌上“按牌理出牌”，输赢的幅度或许不会太多，赢也赢得不痛不痒，输也不会输得完全彻底。其实“牌理”即规律，违背规律必然会受到惩罚，所谓“不按牌理出牌”，不是不按规律办事，而是不按常人所认为的“牌理”出牌，决策者是在超前性思维指导下，把握事物发展的潜在规律和发展趋势，是对规律的灵活运用。

航海家哥伦布发现美洲大陆后回到欧洲，参加了宫廷嘉奖他的庆功宴。许多王公大臣和名流绅士应邀而来，但他们都瞧不起这个没有爵位的人，纷纷出言相讽。

“只要朝一个方向航行，就会有重大发现！”

“没什么了不起，我要是出去航海，一样会发现新大陆。”

“驾驶帆船，太容易了！女王不应给他这样高的奖赏。”

这时，哥伦布从桌上拿起一个鸡蛋，笑着问大家：“各位尊贵的先生，哪位能把这个鸡蛋立起来？”

于是，一些自以为智力超群的人物纷纷开始立那个鸡蛋，但左立右立，站着立、坐着立，想尽了办法，也立不住椭圆形的鸡蛋。

“我们立不起来，你也一定立不起来！”大家盯住哥伦布。

哥伦布拿起鸡蛋，“砰”的一声往桌上磕了一下，大头破了，鸡蛋牢牢地立在了桌子上。

众人嚷道；“这谁不会呀！这太简单了！”

哥伦布微笑着说:“是的，这很简单，但在这之前你们为什么想不到呢?”

有许多事情看上去很简单，但发现的过程却是复杂和艰辛的。而想要在“司空见惯”的日常现象中发掘简单中的不简单，探寻混乱中的规律，你必须脱离正统，拥有与众不同的思维习惯，不按牌理出牌。

不打破鸡蛋的大头，怎么能够将它竖立起来呢?再好的创意若没有付诸行动，就看不到成果，就毫无价值可言。事实上，我们不需要怕，只要谨慎小心，不低估自己的创意就一定能够取得理想的成就，须知很多人的成就一开始也是来自那些看起来不怎么样的想法和创意。

非常之人，行非常之事。当我们一部分人对创造力的价值一无所知时，另一部人已经凭借“不按牌理出牌”的创新方式在商战中大开财源，在战争中也是如此。

第一次世界大战后不久，法国又面临着被德国侵略的威胁。鉴于一战时马恩河的索姆河防线的经验，法国的军事统帅部认为：防御可以赢得时间，以改变法国经济和军事上的劣势。在这种思想指导下，法国开始修筑马其诺防线。这是一个庞大而复杂的防御系统，其设计之周密，工程之浩大，配备之齐令世人惊叹。它南起与瑞士北部边境城市巴塞尔相邻的法国地界，沿莱茵河左岸朝正北方向延伸，在法德两国莱茵河边界的北部尽头折向西北，一直延伸到法比交界的阿登山区以南的梅蒙迪。

自 1930 年防线开工以后，数以万计的技术工人和军事工程师昼夜奋战，到 1937 年竣工时，先后挖土 1200 万立方米，耗资 2000 亿法郎，相当于法国 20 年全部国防经费的一半。

第二次世界大战爆发后，德国以强大的坦克、飞机组成的高度机动化部队，迅速击溃和占领了波兰、丹麦和挪威。1940 年 4 月，比利时和法国已面临德国的重兵压境，情况危机。然而，此时的法国统帅部认为，德军攻击重点将是马其诺防线，因此将兵力着重部署在防线上。法国防线的中央部分是森林密布、道路难行的山区，法国视此为“天险”。法国统帅部认为，有了马其诺防线，再加上阿登山区天险，法国的边防可谓固若金汤。因此，大战爆发后，几十万法军按兵不动，整天吃喝玩乐，一幅太平盛世的景象。

然而，希特勒并没有按照法国统帅部的预想行事。1940 年 5 月 10 日凌晨，希特勒调集 136 个师，分 A、B、C 三个军团，对荷兰、比利时、卢森堡发动大规模进攻。德军 A 军团 45 个师越过荷兰和比利时，作为右路军插入法国，仅以 C 军团 19 个师部署在法、卢边界到瑞士巴塞尔的一条 350 公里长的防线上，虚张声势地对马其诺防线作钳制性进攻，迷惑和牵制了法军。德军的坦克部队在轰炸机的配合下，猛攻阿登山区。3 天后，德军突破了阿登山区的天然防线，进逼马斯河。一星期内占领了色当要塞，向西一直推进到英吉利海峡。40 万英法联军丢盔弃甲，溃不成军。马其诺防线被德军迂回绕过，没有发挥一点作用，徒费了大量人力、物力。

水无常形，兵无定式，战争中有进攻，也有防御。但消极防守绝非良策，它限制了自己的自由，捆住了自己的手脚，反而使敌人有了回旋的余地。德国军不按牌理出牌的创新战略，让法国军界的决策愈显错误，使法国遭致亡国的悲惨命运。而马其诺防线则成为世界战争史上的笑话。

其实，所有的人或多或少都具有与生俱来的冒险特质。而关键是，是否敢冒不按牌理出牌的险。敢于冒险，对锻炼人格也大有益处。人生不如意事十之八九，平时刻意让自己去应付一些难题，这样可以让你预习如何去面对突发的状况。如果你从不冒险一试，那你的一生也不过是随波逐流，随时会有大浪头把你打下去。

《孙子兵法》云:“凡战者，以正合，以奇胜。故善出奇者，无穷如天地，不竭如江海。”打网球的首要策略之一，就是不到最后一秒不要选定一个方向，否则，对手可以利用对你的预测，将球击向另一个方向。

有人说，你如果希望让你的对手大吃一惊，最稳妥的办法就是让你自己大吃一惊。如果我们在生活中或者工作中，能经常做到不按牌理“出牌”，那么，我们的工作和事业很有可能就会有新的一番突破和飞跃。

创意无处不在

创意就是具有新颖性和创造性的想法。经济的发展使职场竞争进入白热化，与众人争夺一杯羹，不只辛苦，获得的回报也是有限的，只有通过创意开拓新的领域，才能获得意想不到的成绩。

马云的创意改变了全世界的经商模式，使每个人通过阿里巴巴和淘宝网都可以做商人；

江南春的创意为广告赋予了新的智慧，创造了“分众传媒”的奇迹；

中国正在从“中国制造”走向“中国创造”、“中国创意”；

在美国，托夫勒的观点充满激情:“资本的时代已经过去，创意的时代已经来临……”；

在韩国，三星、LG 等国际著名品牌的成就来自于一场“资源有限，创意无限”的创意总动员；

日本的创意口号是“独创力关系到国家兴亡”。

这些说明:“创意时代”已经来临。

在“信息时代”，资源的比拼已经过时，人们现在拼的是创意，拥有了创意才能发掘新的商机，开拓更大的市场。有创意才能以最少的付出获取更多的回报。创意已经成为职场比拼的最有力武器。

2000 年，不到 30 岁的江南春已经在广告业闯荡了 8 年。他创办的永怡传媒成为上海 IT 领域最大的广告代理商，占据了 95%以上的市场份额。

2000 年冬天过后的上海，永怡传媒伴随着互联网经济泡沫的破灭遭受到了致命的打击，几乎是永怡传媒全部收入来源的七个互联网客户荡然无存，江南春回到了销售员的岗位，连餐馆的广告都开始接了。

2001 年是江南春分外艰难的一年，他进行了深刻的反思，这一年也成为江南春职业生涯中的重要分水岭。

2002年6月的一天，江南春在徐家汇太平洋百货等电梯，在电梯门缓缓打开的时候，一则舒淇代言的平面广告跃入他的眼中，非常醒目，让人忍不住想将视线投过去。一道闪电划过了江南春的脑海，一项创意就此产生，这不就是他一直苦苦寻觅的绝佳广告模式吗？江南春就此开创出一个新的媒体视频广告产业，分众传媒就此产生。江南春后来又想出了“时尚人士联播网”的创意，成为分众传媒业绩的又一个增长点。

江南春在他的博客里写道：“世界上从来不缺少生意，缺少的只是发现生意的创意。”江南春用创意拯救了永怡，拯救了他自己，创造了一个又一个传媒奇迹。

“创意”已经成为这个时代的核心竞争力，创意往往可以用最少的投入带来意想不到的成绩，创意会使我们摆脱被动局面，就像江南春的永怡走入困境之时，如果没有那个突发奇想的创意，江南春就无法开创新的媒体视频广告产业。

有些人把创意归结为偶然的因素，认为创意就是“灵光乍现”、“昙花一现”，其实不然，积累对创意非常重要。一个创意常常要在人的脑海里隐藏多年才得以厚积薄发，就像江南春在永怡遭遇困境时对广告代理业的反省，对出路的思索。我们要在工作中善于观察，勇于思索，多加积累，积极思考，为创意的产生创造条件。

创意是无处不在的。只要你有把一切变成可能的想法，拥有改变一切的勇气，勇于尝试打破常规，善于发现别人没有注意到的思维角落，珍惜每一次脑力激荡，创意的火花就随时会产生在你的脑海里，小小的创意积累起来就可以改变我们的职业和人生。

如何多一些创意？

1. 拥有创造奇迹的想法

如果一个人甘于平凡，那他就无法创造超凡的奇迹。首先你要有创造奇迹的想法和欲望，意识才会支配你的行为去创造奇迹。

2. 善于观察，积极思考

善于观察是产生创意的必备条件，创意并不是不着边际漫无目的的空想，它必须有现实基础，有实现的可能性。只有通过积极思考调动更多的能动性，才能发现新的方法、新的途径和新的领域。

3. 培养危机意识

适当的压力能使我们更加投入，更加专注，危机意识能使我们提高警惕，能使我们更大限度地思考，进而产生创意。

对于一个人来说，富有创意是最大的资本，即使你现在身无分文，但只要拥有创意，你就随时可以将创意转换成财富，改变被动的局面，转败为胜。

创新人才的素质

信息高速发展的今天，是一个创新的时代，在创新时代中最重要的是人才。因为发明创造并不是一种天才的行为，而是科学思维方法在工作中的应用。创新能力是人的潜能，但是发掘自身的潜能，并把它应用到工作中去，不能单纯地依靠热情和辛勤劳动，这是一门科学。

创新能力需要从人的素质、知识水平、思维方式和创作技巧等方面加以培养和锻炼。发明创造成功的关键在于人才的素质，创新人才应具备的主要素质有：

1. 坚定的信念

创新不同于追踪，创新是做前人没有做过的工作，这里充满风险和困难。特别是重大科技项目的创新，它的选题、技术路线、切入点是否正确？技术目标是否现实？研究者在事先有没有把握？在经过反复思考以后，创新者必须对自己的选择和决定具有坚定的信心，才能开始进行研究工作。

在工作的过程中出现问题和失败是必然的，这里更需要坚定的信念，才能克服困难取得胜利。所以对创新者来说，需要自信、自信、再自信，在任何情况下，都要坚信经过自己反复思考的奋斗目标是一定能实现的，这是技术创新成功的基础。

2. 强烈的创造欲望

对创新者来说，强烈的创造欲望是发现问题、提出问题的前提。科技创新者的重要品质在于时刻关注着周围的技术进步，不断地学习，吸取它们关键的技术思想，并且不断地探索是否可以引用到自己的工作中来，或者把它用到另一个领域。经常注意各方面的创新思维和产品，对启发自己的创新能力很有帮助。在我们周围经常可以看到有一些学习优秀、业务水平很高的国内外著名大学的毕业生，他们工作良好，但缺少发明创造，没有发挥出自身的潜力，做出突出的贡献，其中最主要的就是自身没有强烈追求创新的愿望。

3. 深厚的理论基础和广博的知识面

自信和创新的愿望必须建立在深厚的理论基础和广博的知识面之上。如何才能真正地掌握知识？首先要恭恭敬敬地听讲、看书，努力弄懂理论的由来和依据以及它的适用条件；其次就是要从各个角度来推敲它，弄清理论适用的范围和条件；第三，在经过充分推敲，消除各种疑问之后，就坚定不移地相信它。经过反复思考学习的知识才是自己的知识。这样在遇到问题时，就能够坚定不移和灵活运用。

4. 承受失败的能力

在创新中，总会要遇到各种挫折，所以要不断分析，不断地实践，才能逐个解决问题，使主观认识和客观实际相一致，取得成功。不要把失败视为挫折，这是一个提高自己的机会。每战胜一次困难，取得一次成功，就会给自己增强一份自信，创新的能力也不断地提高。

创新者必须具有很强的心理承受能力，要有坚韧不拔的意志，能承受失败，特别是要有超越自我的精神素质。通过创新实践的锻炼，一般的技术人员可以成长为创新能手。

思维的高度决定业绩高度

有人将业绩的差别归结于种种外在的条件，如口才、学历、业务能力、人际关系、时间、机遇等，其实，造成业绩差别的关键在于思维的差距。

思维是一种战略资源，只有拥有并很好地利用这种战略资源，我们才能拥有更强大的力量和智慧统领全局、运筹帷幄，取得关键性的胜利。

衡量一个人在职场中表现的最重要标准就是业绩，每个人都想提高业绩，但是很多人并没有弄明白“业绩”的真实含义。业绩不仅仅是一天两天取得的成绩，还包括此刻的成绩对公司发展和你的长远职业规划的作用。

有人无法理解“业绩”的长远性和变化性，投机取巧可以使一时的业绩提高，但对整体职业生涯收益有着致命的损害；不假思索、埋头苦干固然表现出对工作的认真，但如果不加入思考的元素，不懂得思维的重要性，那么，一个人注定无法做出优异的业绩。

现代职场需要的是聪明的员工，懂得提高工作效率、自我能力、计算投资回报率、规划长远利益，等等，这一切能力归结起来就是一个人的思维能力。

一个踏实勤奋的推销员可能会创造出第一名的成绩，但是一个聪明的推销员可以打开新的市场，开拓出新的领域。一个是量的积累，一个是质的改变，这就是思维的力量。墨守成规的努力只能让业绩在有限的范围内提高，提高思维的高度却能创造更广阔的发展空间。

老李和小王同是一家贸易公司的职员。老李在这家贸易公司已经工作了二十多年，年底就要退休，多年的积累使老李有了固定的客户群。他已经不怎么出门跑业务，待在办公室处理老客户的订单已经足以让他达到公司要求的业务量。小王才从大学里毕业，是个活泼、招人喜欢的小伙子。他每天都吹着口哨进公司，遇到每个同事都微笑着大声打招呼，在业务上他勤奋又灵活，得到了不少订单。

小王并没有满足于当前的成绩。小王觉得当前公司的这种逐户上门推销或依赖代销点经销的方式已经落伍了。经过实际调查，他向销售部经理呈上了一份开展网络推广业务的建议书。销售部经理看了小王的报告后非常兴奋，立即向公司的老板呈上了报告。大老板亲自和小王交谈，不久后，公司设立了网络销售部，由小王做负责人。

公司的网络推广销售以较低的推广成本获取了巨大的收益，网络销售系统的建立改变了公司业绩消退的现状，公司效益得到很大提高，获得了更多产品的独家代理权，公司发展越来越快。

我们所处的职位使我们所能看到的事物有了局限性，就像是在井底抬头看到的那片天空只有井口大小。我们只有提高思维的高度，跳出那口困住我们思维的深井，才能看到更广阔的视野、更长远的收益以及更多的选择。只有空间变大了，我们才会有更好的发展。

思维的高度决定业绩的高度，思维的高度也决定了我们最终能达到的职业高度。

提高思维高度不是一件简单的事，我们必须从观念上做出改变，一步步改变思维方式和深度，进而达到提高思维高度的目的。

1. 宏观统筹，把握全局

我们无法全面地了解事物的全貌是因为我们掌握的信息太少。学会全面了解、统筹事物，建立事物之间的关系网，就要更加深刻地认识事物，不要拘泥于事物的表象。

2. 着眼于长远利益

人们往往因为目光短浅看不到长远收益而做出短期性、局限性的决定，这使我们的发展受到了严重的制约。只有跳出“现在”这个框框，才能看到更远的地方，发挥更大的才能。

3. 增加认识事物的深度

增加认识事物的深度，就是要透过事物的表面看本质。事物的本质往往不像它所表现出的那么简单，只有认识到了事物的本质，才能更好地把握事物。

4. 提升思维高度

思维高度在很大程度上和我们的社会经验相关，思维高度不是生下来就具有的，我们必须珍惜每次机会，积累丰富的社会经验，提高认识事物的能力，从挫折中汲取教训，在困境中成长，才能改变我们的思维高度。

我们只有学会转变思维，学会站在新的高度上看问题，才能更全面、更透彻、更合理地理解问题，不再拘泥于个人的得失，不再局限于眼前的利益，从公司的利益出发，从长远的利益出发，做出更加适合的行为和决定。事实上，我们的利益和公司的利益是一致的，我们是荣辱共同体，只有公司发展了、壮大了，我们才拥有更广阔的发展空间。

遇到问题积极思考

遇事积极思考是一种乐观、向上、积极进取的精神，有了这种精神的指引，我们在遇到困难时才不会气馁，不会退缩，才能积极地学习、积极地运用自己所掌握的知识解决问题。

同时入职同一家公司的员工，有人能一步步获得提升，有人却原地踏步；做同一件工作，有人不费吹灰之力就能完成，有人却百般为难，无法完成；有人能从工作中汲取经验，有人却在工作中耗费时间。

这些现象产生的根源在于我们是否在用大脑工作，是否懂得积极思考。如果我们在工作中积极思考，不断尝试用不同的方法解决问题，我们就会在一次次思考和挑战中提升我们的能力；如果我们在工作时只是机械重复，遇到困难就依赖老板或同事解决，那我们就永远只能在原地打转。

从一个人面对工作中困难的态度，我们可以看出他在职场发展的前途。只有遇事积极思考，通过自己的力量尝试积极解决问题，我们才能在一次次困难中积累经验汲取智慧，进而提高我们的能力。

李泉是奇瑞公司的一名技术工人，他在工作过程中遇到了奇瑞公司的涂二生产线所带来的难题。奇瑞的涂二生产线由著名的德国杜尔公司承建，也是目前世界汽车行业最先进的第五条顶级汽车涂装线。杜尔公司从宝马的第一条生产线开始，至今没有完成车身备件生产设备的涂装制作。面对“仅能生产整车的涂装线不是完整的涂装线”这个严峻的操作课题，李泉没有胆怯，没有气馁。经过大胆的思索、反复的修正，李泉成功将与 Rodip—3 运输系统兼容的备件滑移过来，顺利承载 QQ 和东方之子等车型的外表面备件，“泳”过这条生产线！

没有人想到，五次获得奇瑞公司革新冠军、获得 2005 年度“安徽省劳动模范”称号、有外企愿意用月薪八千挖角的李泉曾经下过六次岗！从六次失去工作到如今的奇瑞革新能手，李泉一步步提高能力，从而成为奇瑞不可或缺的人才。他在工作中遇到问题总是积极思考，用他所掌握的技术和创新精神解决了一个又一个难题，为公司带来了巨大的效益，也让自己的能力随着公司效益的成长而提升！

遇事积极思考可以打破思维定式。我们习惯了思维定式之后，在考虑问题、解决问题时就容易受到思维定式的影响和制约，只有积极思考，变换角度和方式来看问题，才能打破思维定式，获得新的解决问题的方法。

世界是不断发展变化的，困难是层出不穷的，没有什么方法可以解决一切困难，但是只要用大脑去工作，发挥最大的主观能动性，我们就能改变现状、有所突破。在遇到问题时，首先积极思考探索解决问题的方法，这样才能在工作中提高效率、取得更大的成绩。

遇事积极思考可以使我们的心态更加乐观，乐观的心态有利于我们大脑活动的开展，会有更多的新想法产生，解决问题的思路也更加宽广，进而提高我们的思维高度和能力。

以下是遇事积极思考的几条建议：

1. 培养乐观心态

只有拥有乐观的心态以及对工作的热情，我们才能全身心地投入到工作之中。只有将工作当成自己的事业经营，才会积极、主动地面对和解决工作中的问题，乐观和热情是杜绝推脱、懒惰的最好方法。

2. 培养集中力

集中力包括我们的信念、诚实和专心，培养这项素质是培养积极思考能力的首要任务。只有拥有这项素质，我们才能集中精神投入思考。

3. 培养信心和勇气

只有拥有信心和勇气的人才敢于积极思考、解决问题。缺乏信心、胆小怕事的人只会躲在别人后面等待别人来解决问题，拥有自信心是成功解决问题的第一步。

在积极思考解决问题的过程中，我们所掌握的知识面得以扩大，经验得以丰富，因此更能促进今后工作的进行。同时，在尝试不同方法、不同思维方式的过程中，也最终提高了我们的能力。

第九章

精诚合作，共赢成长

没有人能独自成功，让更多的人帮助你成功，是智慧的高度体现。在当今这个社会，个人能力如果不与团队精神结合，必然产生不了理想的效益。理解万岁！先理解别人的不理解擅长将一种阻碍你的力量，变为支持你的力量，那就是最大的加法。

第一节 学会共赢，大家赢才是真的赢

在我们发展事业的过程中，我们可能会遇到各式各样的人物，有许多人肯定和我们不是同一类人，无论是志趣还是性格都与我们不合，甚至与我们格格不入，但这些都不要紧，要紧的是他对我们的事业发展是不是有用。

大家一起解决问题

现代社会分工越来越细，已经不是一个人可以包打天下的时代了，不会合作的人，将无法高效率地工作。职场中，经常听到有人在那里怨叹:“我都快累垮了，每天总有做不完的事，谁能来帮帮我……”“我每天的心情都是压抑的，感觉天空都是灰暗的……”事实上，他们真的是做了很多工作，有些还是非常重要的工作，但是他们的工作效率却不高，或者说他们的付出没有得到在工作业绩上的公平回报，反而把自己搞得身心疲惫，最后业绩也没有体现出来。

也许你能力卓越，但是不屑于和其他人一起成长，仅靠你个人的能力，公司这辆大车也不能前行一步，因为个人的能力再出色，对于公司的发展来说都是杯水车薪。只有与同事一起成长，才能共同推动公司的进步。

英国作家萧伯纳说过：“两个人各自拿着一个苹果，互相交换，每人仍然只有一个苹果；两个人各自拥有一个思想，互相交换，每个人就拥有两个思想。”一个人可以凭着自己的能力取得一定成就，但是若能把个人的能力与别人的能力结合起来，就会把工作做得更完美。

比尔·盖茨是微软集团的创始人。但是，很多人都不知道，比尔·盖茨所取得的成就并不是他一个人创造的。其中，现任微软总裁史蒂夫·鲍尔默对比尔·盖茨的事业可以说是起到决定性作用。

微软在成立初期，曾经一度陷入重重危机。比尔·盖茨虽然是计算机技术方面的天才，但在管理方面却有些欠缺。比尔·盖茨十分清楚地认识到这一点，在学校期间，他就是一个沉默内向的人，参加的绝大多数交际活动都是好友鲍尔默极力鼓励的。

史蒂夫·鲍尔默也是哈佛大学的高材生，反应敏捷、判断准确、知识面广、善于把握商机，是一个天生的管家，很早就开始了商业实践。

鲍尔默在高中时，就担任了校篮球队的经理人。当时的教练给了鲍尔默很高的评价，并且称赞鲍尔默是他当时见过的最好的经理人。球队需要用的球和毛巾从不会乱放，总是放在它们应该放的地方，在那时候他就是团队精神的典范，因而，整个队伍一直保持着良好的状态。

于是，比尔·盖茨决定去找鲍尔默。1980年，比尔·盖茨在他的游艇上以5万美元的年薪说服了当时就读于斯坦福大学商学院的鲍尔默加入微软，这两位性格迥异的好友通力合作，书写了一个创造财富的神话。

在荷兰，有一句这样的格言：“靠一根手指，连一个小石子也拾不起来。”实际上，很多落实的成功都是某种合作形式下的产物。

合作会增强力量，分裂会削弱力量。如果你想要获得工作的效果，那么从现在开始就积极融入团队，与同事通力合作，共同努力完成任务吧！团队合作，是员工具有良好团队精神的重要特征，也是工作的有力保障。

每个员工都应该清楚一点：什么事是你必须做的、什么事是必须你去做的。如果能将上述两类事情分开，你就发现在每天的工作中，有一些事情特别是例行的事情，完全可以交给别人，然后将有限的时间和精力投入到更重要的事情中去。

就像人们不能把整个海洋煮沸一样，个人的知识、能力都是有限的，依靠团队的力量共同完成项目无疑是明智的选择。因为工作会随着诸多因素的变化而增加。如果每件事都亲历亲为，那你只能处于无休止的加班的境地，只会使自己的心情愈加烦躁。有的时候，有些工作交给了别人，你会发现他做得比你更好、更快。

黄鼠狼喜欢吃麂子肉。它们在发现麂子后，为首的黄鼠狼先让一部分黄鼠狼进行追堵，自己则迅速爬上高处。由于为首的黄鼠狼站得高、望得远，麂子又有爱绕圈的特点，它总能很快摸索到麂子的奔跑路线。另外一部分黄鼠狼在“首领”的指挥下预先埋伏在麂子要经过的路上，一听到“首领”的叫声，就出来袭击……由于分工明确，黄鼠狼追捕麂子的成功率特别高。

有的时候，人们会因为必须在一起工作，所以才产生合作关系，但这种合作既不可靠也不长久，通常会随某些具体项目的结束而结束。没有别人的合作是不可能创造文明的，即使是像米开朗基罗一样的大艺术家，也需要助手、手工艺人和顾客才能完成他的作品。

要让团队中的每一个人都感到自己很重要，这样他们做事才会更有成就感，也更有紧迫感。一个人一旦觉得自己不重要，往往会非常沮丧，从而失去激情，这会导致工作效率和创造力的显著下降。

一个人的能力毕竟有限，依靠和利用团队成员的知识、经验和能力共同完成项目是明智的选择，只有善于利用别人的力量，才能取得更大的成功。

树立全局和团队意识

在工作中，我们要有全局和团队意识。思考问题片面、从局部利益出发的人，将得不到最后的胜利。而“高瞻远瞩”则是形容具有全局观的人，这种人，要么已经身为领导者，要么即将成为领导。这就说明，要获得提拔，获得更大的发展空间，全局观是不可缺少的。

全局观是员工在企业工作的基本素质之一，是获得晋升的条件之一。如果由于你的谦让，让团队获得了成功，上司心里肯定有数，同事对你也更加钦佩。因此，你的个人形象得到了提升，你的个人品牌价值也大大提高，这也就意味着你将来会比别人拥有更多的机会。可以说，你的这种谦让并不是真正意义上的“牺牲”，而只是一种隐性投资。因为这种投资是可以回收的，而且比一般投资的回报率要高得多。

1. 应该多与同事交流

世界上没有两片相同的树叶，再加上每个人的经历、生活环境、受教育的程度等都不尽相同，这就使得你们在对待和处理工作时，会产生不同的想法。所以，就需要相互交流来了解和达成共识。交流是合作的开始，你要把自己的想法说出来，并且多听听对方的想法。

2. 欣赏合作伙伴

很多人都有挑剔的毛病，常常会看这个不顺眼，看那个不顺眼。其实，你看别人是“正常”的，行为科学研究人员发现，75%的人与你截然不同，这表现在言谈举止、处世行事、个人爱好等，如果你以自己的标准来衡量或者要求他们，那么你就会看他们不顺眼。从这个角度来看，你是少数派。事实上，相对别人来说，每个人都是少数派。

既然如此，与其挑剔合作伙伴，降低自己的合作欲望和能力，不如学会欣赏合作伙伴与你的不同。当你抱着这个心态，你们的合作将会愉快得多。

3. 摆正自己的位置

团队就像一个整体，缺了谁都不行。但前提是每个人都要守在属于自己的位置上，只有每个成员都明确了自己的位置和要做的工作之后，整个团队才能获得成功。

相反，如果每个人都不清楚自己究竟扮演的是什么角色和要做哪些工作，那么整个团队就会出现混乱的局面。因此，在加入一个团队之后，要做的第一件事就应该是寻找自己的定位——因为这是日后工作的基础。

4. 保持谦虚

谦虚的姿态，是别人愿意同你合作的基础。古人说“心满为患”，如果你处处显锋芒，孤芳自赏，认为自己比别人强，目空一切，说话口气傲慢，甚至咄咄逼人，这都是不利于合作的。谦虚一点，多听听合作伙伴的意见，多向对方学习，才能使得合作愉快。

5. 不随便指责和抱怨

合作的过程中，最重要的就是语言的沟通。要想受到别人的欢迎，记住不要指责和抱怨。你的指责常常造成反唇相讥、不欢而散的局面。或者让别人怀恨在心，指不定什么时候也会给你来个以牙还牙。至于抱怨更让人生厌，尤其是在出了差错的时候，你在一边不停地抱怨是某某的错误，对方心里会是什么感觉。而如果你说安慰的话，对方则会是另一番心情。

6. 勇于接受批评

一个对批评暴跳如雷的人，每个人都会对他敬而远之。如果我们能把同事当成自己的朋友，坦然接受他的批评，那么他一定会乐于与我们合作。慢慢学着与人合作，你将会变成一个善于合作的人，你的业务能力将会大为提高，必定会作出更大的成绩。

7. 服从整体的安排

参加比赛就要服从游戏规则，作为团队中的一员，就要服从团队整体上的安排。不能因为你的个人意愿，而去更改整个团队的计划。服从，并不代表你没有能力，相反，它是一个人成熟、顾全大局的表现。

8. 避免争吵

合作的过程中，难免会因为不同意见、观念或利害冲突等而争辩或吵架。这时候，要懂得心平气和、理直气柔的道理，且能适时退让一步，以消除无意的纷争，确保关系不会遭到破坏。因为口舌争辩是没有胜利者的，即使你能说得对方哑口无言，对方也会因自尊心受损而怀恨在心。

9. 不争功

团队取得了成绩，那是大家的功劳，即便你的功劳更大一点，也不能与别人争功。聪明的人不会斤斤计较个人得失，团队的成功、事业的发展和目标的达成，不是哪一个人的功劳，而是团队的智慧、力量和努力，是集体智慧和协同作战的结晶。

全局不是全部，而是一种整体局面和格局，是事物发展的趋势和走向。全局观念是指一切从系统整体及其全过程出发的思想和准则，是调节系统内部个人和组织、组织和组织、上级和下级、局部和整体之间关系的行为规范，是一个人的修养、品德、学识长期积淀而成的。

不管是对企业来说，还是对个人来说，全局观都是非常重要的。个人的成功是建立在团队的成功基础之上的，如果没有团队的成功，个人的成功也没有意义。作为团队中的一员，必须加强自己的全局观，当然，这并不是短期实现的事。要加强全局观，就要培养自己的团队意识，提高自己的合作精神。

帮别人即是在帮自己

工作中，一个人肯定会遇到各种各样的困难，但应该记住：搬开别人脚下的绊脚石，有时恰恰是为自己铺路——帮助同事即是帮助自己。在帮助别人时，任何一种努力都不会白费。

一个人死了，天国的导游带着那个人去参观了天堂和地狱。那人看到地狱与天堂一模一样。只是地狱的人比人间的人还要瘦小很多，面黄肌瘦，骨瘦如柴，而天堂的人却个个红光满面，健壮如牛。到他们餐厅一看，也没什么两样，有一口大锅，锅内是美味佳肴，每人用的都是一米长的筷子。

他终于发现不同了，原来在地狱，用这么长的筷子夹菜，人人都无法把美味佳肴送到自己的嘴里，只好望着美味佳肴饿肚皮。而天堂的人却不像地狱的人那么自私，他们不用筷子往自己嘴里送食物，而是往对方嘴里送。于是你喂我，我喂你，大家都有饭吃。

天堂和地狱的区别在于帮助别人，你帮助别人解决了问题，同时也就等于帮助自己解决了问题。

职场上，如果你肯向对手提供帮助，那么你也会得到对方的帮助，就像天堂里那些幸福的人们一样。而如果你自私自利，就只能像地狱里的人一样受尽饥饿的煎熬，直至饿死。帮助别人解决问题就是帮助自己解决问题。工作上的互相帮助，常常都是双赢的结果，否则就是双输。

一家公司招聘员工，其中九名人员从百名选手中脱颖而出，这九个人都非常优秀，但是公司只需招聘三个人就够了。于是，公司的老总亲自安排了最后一轮面试。

老总把这九个人叫到会议室，让他们每三人组成一组，共分成甲、乙、丙三组。老总说："我们录取的人是用来开发市场的，所以，你们必须对市场有敏锐的观察力，这次就安排你们去调查市场，看看你们对一个新行业的适应能力。”然后指派甲组去调查婴儿用品市场，乙组去调查妇女用品市场，丙组去调查老年人用品市场。

最后，老总又补充道：“为避免大家盲目展开调查，我已经叫秘书准备了一份相关行业的资料，走的时候自己到秘书那里去取。”

三天后，九个人都把自己的市场分析报告送到了老总那里。老总看完后，站起身来，走向丙组的三个人，分别与之一一握手，并祝贺道：“恭喜三位，你们已经被录取了！”

大家都很疑惑，其中一名选手大胆地问：“请问，能告诉我们您选拔的标准吗？”

老总哈哈一笑说：“请大家找出我让秘书给你们的资料，互相看看。”原来，每个人得到的资料都不一样，甲组的三个人得到的分别是本市婴儿用品市场过去、现在和将来的分析，其他两组的也类似。

老总说：“你们每个人的个人能力都很强，但是你们手中的资源是有限的，三组中只有丙组的三个人互相借用了对方的资料，补齐了自己的分析报告。其他两组的成员都是各行其是，没有实现资源共享，当然最后的报告也不够完善。我选拔的标准就是无论你们的能力有多强，但首先要有团队精神，懂得相互合作。要知道，团队合作精神才是现代企业成功的保障！”

很多时候，帮助别人就是帮助自己，就像天堂里的人之所以过的快乐幸福，是因为他们在筷子过长的情况下，把食物送到了对面人的嘴里，而对面的人则给予同样的回报。同样，在工作中，同事也有需要帮助的时候，如果你因为种种原因而拒绝对别人提供帮助，那么在你困难的时候，又怎么能得到对方的帮助呢？

竞争不能失掉人心

职场竞争是不可避免的。在竞争愈演愈烈的职场中，同事之间，不可避免地会出现或明或暗的竞争。俗语说得好，“一山不能藏二虎”。在一个单位如果遇上一位资历、能力与你不相上下的人，无论他怎么善于伪装自己，也必然会成为与你明争暗斗的竞争对手。

迈克和托尼是公司最得力的两名干将，又同在市场部工作。最近公司准备提升一名业务主管，托尼积极向高层写了很多自荐信，来证明他是升职的最佳人选；为了论述他升职后的宏伟蓝图的含金量，又大肆抨击他的前任老板的错误。

迈克也向高层写了自荐信，简要地谈了升职后的工作设想，但只字未提前任老板的事。工作之余，迈克又分别邀请几名副总裁共进午餐，较详细地谈了任职后的工作方案。

当老板准备考虑给迈克升职时，迈克突然发现自己签发的文件漏洞百出。他怀疑有人窃取了他的电脑密码，暗地里把文件涂改了，但苦于没有证据，便决定采取以静制动的策略，忍气吞声，默默承受着“工作失误”的委屈。

果然，事隔不久，在一次中层人士会议上，制造“文件事件”的始作俑者托尼沉不住气了，借“文件事件”大肆发挥，终于暴露了他害人的不道德行径。

真相大白之后，老板更加欣赏迈克处理问题的方法，如期升了他的职。

托尼的失败之处在于他并不清楚：没有老板会把一个心胸狭隘、与同事矛盾重重的人放到最重要的职位上。

很多时候我们会将自己的竞争对手看做是对头，为了成为那个令人艳羡的成功者，也许你会不择手段地排挤对手，或是拉帮结派，或在老板面前历数别人的不是，或设下一个又一个巧计使得对方“马失前蹄”……但可悲的是，处心积虑的人有时并不能成为最终的赢家，收获的只是一腔沮丧和悔恨。

某医院晋级评职称，护士中有5个符合要求，其中有3个是同一级毕业，余下的2个则晚一届。当然，按照论资排辈的“铁律”，这一指标要在前三位中选出一个。3人之中有一个是护士长；另一人学术论文比较多，且发表的杂志级别较高；第三人则一切平平，除了年限到了之外，再无任何优势可言。第三人当然也想得到晋升，争了一段时间，眼看毫无指望，便偃旗息鼓，不再争了。

第一位、第二位相持不下。第一位不仅是护士长，而且与院长的私交很好，又由于她人前人后拼命活动，最后当然得到了晋升。

消息刚出来，评上中级职称的护士长竟然当着众人的面大骂那个与她竞争的女护士。大家自然议论纷纷，除了说她缺乏起码的教养外，更看不起她那种捡了便宜又要无赖的面孔。结果，她的口碑陡然变得很坏。

而另外两位护士和其他三位护士吃了多少亏呢？一年的差别，工资不过多了300元左右，而那位护士长由于争名夺利以及恶语相加所丧失的人格和名誉，岂止是300元钱所能买回来的？

与自己的竞争对手发生正面冲突永远是最愚蠢的做法，往往会招致别人的轻视和老板的负面评价。这样的竞争会在同事眼里变成一场闹剧或背后议论的话题，不但增加了自己的负面影响，也使你竭力保持的良好形象大打折扣。这种得不偿失的买卖，又何必去做呢？

从竞争中，可以看出一个人的人品是否高尚。那种只讲手段、不讲道德的竞争，是不得人心的，自然也不会为争名夺利者带来真正的成功。竞争本来是一件有益的事情，竞争应该是公平的，采取一些卑鄙的、不道德的手段，那就是一种畸形的竞争了，自然不会有好的结果。

懂得合作更出色

一滴水要想不干涸只有融入大海。同样，一个人再有能力，其力量也是渺小的，如同一滴水之于大海。所以，只有懂得合作的人才能创造出更多的价值，把个人力量发挥到极致。

萨迪说过一句很有哲理的话:“蚊子如果一齐冲锋，大象也会被征服。”松下幸之助说过:“每个人都拥有不同的智慧及无可限量的潜能，当大家对此有所了解，并同心协力加以开发时，就能为社会带来繁荣。”一个好的团体，才能打造出精英的企业，只有发挥好团队的力量，才能够创造更高的利润。

蚂蚁有许多天敌，它的卵和幼虫是许多动物的美食，一只蚂蚁的防御没有多大价值，但成千上万的蚂蚁并没有受到鸟类或食蚁兽的太大摧残，而且为许多虫、兽所畏惧。团队的力量是巨大的，关键看你是否善于维护好你的团队。

“一根筷子容易折，十根筷子坚如铁”，“三个臭皮匠顶个诸葛亮”，可见团结就是力量。职场上，在团队合作的过程中，每个人都能分享到他人好的一面，并将这些“好的一面”汇集成一股“团队力量”，最终保证团队目标的实现。所以，作为个人，要把自己融入团队，借助团队的力量去解决问题。

科学家们发现，成群的大雁以V字形飞行，在雁阵中大雁的飞行速度要比单飞高出71%。这是因为它们善于协调合作的结果，比如处于“V”字形尖端的大雁的任务最为艰巨，需要承受最大的空气阻力，因此领头的大雁每隔几分钟就要轮换，这样雁群就可以长距离飞行而无须休息。处在雁阵尾部的两只大雁最为轻松，懂得协调的强壮的大雁就让年幼、病弱或衰老的大雁占据这些省力的位置。

此外，雁阵还会通过不停的鸣叫来鼓励落后的同伴。如果哪只大雁因为过于疲劳或生病而掉队，雁群也不会遗弃它，它们会派出一只健康的大雁，陪伴掉队的同伴落在地上，一直等到它能继续飞行。正是通过这样紧密的合作，使得雁群能在长距离、长时间的迁徙中一路顺利前行。

一个人的本事再大，若离开他人的支持和协助，要想成功也难。而如果能像大雁一样懂得协调合作，那么就会如虎添翼，作出令人吃惊的辉煌业绩。

伟大的发明家爱迪生一生中有两千多项发明，他几乎平均十三天就有一项发明。一个人的精力和生命是有限的，他能够完成这么多不可思议的发明，得归功于爱迪生实验室。爱迪生的发明，离不开他的三个得力助手：第一个是美国人奥特，他在机械方面独具专长，超过了爱迪生；第二个是英国人白契勒，他沉默寡言，善于钻研，常常提一些古怪离奇的问题，给爱迪生以极大启发；第三个是瑞士人克鲁西，他擅长绘图，爱迪生的手稿无论多么潦草，他都能照着制成正式的机械图。当然还有其他几个埋头苦干的人当他的助手。

一个人再有能力，再聪明能干，仍会碰到自身所不擅长的领域，毕竟世界上没有全才。想要成功，就把自己与别人绑在一起，把自己这滴水放在众人的大海中去吧！

很长时间以来，人们一直在为世界上哪种植物最结实、最雄伟争论不休。有的植物虽然结实无比，但是不够雄伟，有的则恰恰相反。直到有人提出了美洲的红杉，争论的声音才渐渐平息下来。

红杉的高度大约为 90 米，相当于 30 层楼的高度。按常理，这么高大的植物，其根系一定是深深地扎在地下。但是，红杉的根只是浅浅地浮在地表。问题的关键在于，身材如此高大，根扎的又如此之浅的红杉，却在风雨中巍然屹立不倒。这是什么原因呢？原来，红杉林往往长成一大片，彼此的根紧密相连，一株接着一株，一行连着一行。自然界中再猛烈的狂风，也无法撼动成千上万株根部紧密相连、大片大片的红杉林。

一个人的力量往往看上去微不足道，然而若是成千上万的人团结起来，问谁还敢小觑？一只蜜蜂，也许你只需一挥手，就能将它打死，但若是一个蜂窝，你还敢向它“挥手”吗？几十只、几百只蜜蜂联合起来向你进攻，足以将你折腾个半死。可见，团结互助才能由弱变强。

只有把自己完全融入到团队之中，凭借团队的力量，才能完成自己所不能单独完成的任务。明智且能获得成功的捷径就是充分利用团队的力量。当一名员工在工作中表现出自负和自傲时，他的工作进度就显得缓慢和困难重重。这样的结果是老板最不愿看到的，这对他自己也有百害而无一利。

职场上，一个人的成长不能只靠自己，上司和同事的扶持和帮助才能使我们在成长的道路上取得更显著的成就。尤其是在当今这个社会分工越来越精细的时代，每个人的能力往往都局限于某一个，或者是某几个有限的领域里，只有懂得合作，才能取长补短，让我们更加出色。

第二节 修建人脉，让更多的人帮你成功

人脉可以分为优质人脉、中等人脉和低质人脉。为什么要强调优质人脉，因为只有优质人脉才可以帮助你更快更好的成功，而低级人脉则将阻碍你取得真正的成功。

走好第一步

大凡有经验的人都知道，在新单位开头的一段时间，对以后能否建立良好的人际关系，能否顺利地开展工作，有着重要的意义。在新单位的起始阶段，该如何表现呢？

1. 作风，莫散漫

初来乍到，有的人可能一时还没工作好安排，有的可能一下子还进不了角色。如果你感到没事可做，那也不要自由散漫，不要以为反正是领导没要我做，就迟到早退，就东荡西晃。没事做时，你或者可趁这个时机好好读点专业书，或者抓紧练练自己的基本功，或者主动帮助别人做些杂事，等等。

要学会寻找事情做的本领，不要给人造成一种空得发慌、闲得无聊的感觉。作风上莫散漫，要注意的另一点是：在言行举止上要充满朝气和活力，走，脚步要大些快些；说，声音响点。不要懒洋洋地说，慢吞吞地踱。穿着上也不能松松垮垮，趿着拖鞋，散着纽扣等姿态是绝对不能出现在工作场合的。总之，在作风上要给人利索、敏捷、雷厉风行的感觉。

2. 锋芒，悠着点

如果你很有才华，在某些方面又有一技之长，请先不要急于露出锋芒，如果你只是以普通身份而不是以领导身份到新单位去的，那就更不能锋芒太露。

一个人新到一个单位，就像一粒石子投入一潭平静的池水，往往会引人注目，一举一动，一言一行，都在别人的视野之中。

木秀于林锋芒太露的表现主要有两种：一是动不动提意见，发议论，出点子，想方设法要改变原有的运行机制，想更新原有的工作方法；二是对自己看不惯、别人却早已习惯的事情进行批评和指责，经常以否定的姿态出现。

这两种，在别人看来，都是为了显示自己的高明。你高明，就意味着别人的无能，这就难免陷入别人的非议之中。因此，即使你确实比别人高明，确实有好的新的点子，也不要急于表现，可以慢慢地、待人际关系基本协调后，再提出不迟。

3. 倾向，含蓄点

有些单位，往往存在着某种矛盾，有的小团体之间界限很分明：团体内无话不说，而团体外闭口不谈，有些单位的小团体还与头头有千丝万缕的联系，通常是头头间矛盾的延伸。

假如到了这样的新单位，一进去就旗帜鲜明站在某一方，那就马上会遭到另一方的不满甚至排斥。假如你没有感情倾向，保持中立，当别人知道你是一个很有才华和能力的人时，就会想尽办法吸引你，因为大家都想扩大自己的实力。在这种形势下，你就会如鱼得水，你可以一心一意地成就你的事业，实现你的理想。

实际上，即使时间长久了，也不要加入小团体。一旦进了小团体，带给你的往往是数不清的麻烦。

4. 上司，别偏亲

新到一个单位，人生地不熟，想找一些人谈谈，寻找共同的语言，特别是有影响的领导，这是人之常情，但必须保持距离，不能交往过密，不能只亲近个别领导，对其他领导则一般或疏远。否则，必定会在今后的交际中处于被动。

假如你只亲近个别领导，对正直的领导者来说，他可能会这样想：此人拉关系倒挺在行的，工作恐怕是好不了的；对不够正直的领导者来说，他也许会这样考虑：此人大概没有多少能耐，一来就得依附我，以后可以当工具使。

过分亲近个别领导，在一般群众眼里也是不好的，他们往往会这样推测：此人大概是某某弄来的，或同某某有利害关系。如果你亲近的领导在群众中有较高的威信，那倒还过得去，如果你亲近的领导威信不高，名声欠佳，那你也必定会随之掉价。

不过分亲近领导者，保持事实上的感情距离，也是一种有个性、有独立能力的表现。当然，也不要故意疏远领导。

5. 利益，少计较

在待遇上不计较，在工作上不挑剔，这是任何人在任何单位都要做到的，尽管事实上并没有人人做到，但作为一个初到新单位的人，则必须努力做到，以给大家一个良好的第一印象，为以后的工作和人际交往铺好道路。

在中国人的心目中，似乎有这样一个不成文的规矩：新来乍到就得当一段时间的“学徒”，工种是没有什么可挑挑拣拣的，人家叫你干什么就干什么，而且，打开水、扫地之类的杂活，你还得多做些。倘若一到新单位你就东挑西挑，叽叽咕咕，那无疑是给了人家一个不良的印象，根据先入为主的心理原则，这个第一印象就很难抹去了。这样，就势必会影响今后的人际关系。

事实上，从长远的眼光来看，对工资待遇的斤斤计较是最愚蠢的，很可能得不偿失。为了更好地发挥自己的专业技能，适当地选择工种或要求变换工种，这倒是可以的，也会得到别人的理解。

让更多的人帮你成功

很多人之所以觉得问题难，是由于他只倚重自己的才华和能力，而不懂得去获取别人的帮助。有的人甚至由于过于突出自己，把本来可以帮助自己的人赶走了。不管你要成为一个优秀的员工，还是要成为一个成功的人，都不要忘记这样一句话：智者找助力，愚者找阻力。没有一个人能够独自成功。让更多的人帮助你成功，这是一种高超的社会智慧。

某公司要招聘一个营销总监，报名的人很多，经过层层考试，最后只剩下三个人竞争这个职位。为了测验谁最适合担任这个角色，公司出了一道怪题：请三个竞争者到果园里摘水果。三个竞争者一个身手敏捷，一个个子高大，还有一个个子矮小，看来，前面两个最有可能成功，但正好相反，最后获胜的竟然是那个矮个子。这到底是为什么？

原来，这次考试是经过精心设计的，竞争者要摘的水果都在很高的位置，很多都在树梢。个子高的人，尽管可以一伸手就能摘到一些果子，但是毕竟有限。身手敏捷的人，尽管可以爬到树上去，但是树梢的一部分，他就够不着了。而个子矮小的人，一看到这种情形，二话不说就往门口跑。

守门的是个老头，也是果园的维护者。这位小个子的应聘者意识到这次招聘非同寻常，也许个个是考官，也许处处是考场，所以在刚进门时，他就很热情地和老头打了招呼。这时他跑到老头面前很谦虚地请教平时他是怎样摘这些树梢上的水果的，老头回答说是用梯子。于是，他向老头提出借梯子，老头十分爽快地答应了。有了梯子，摘起水果来自然不在话下，结果，他摘的比谁都多。因此，他赢得了最后的胜利，获得了总监的职位。

从他这个故事中，你是否看出来了主考官在考什么吗？他考的是团队精神中的一项重要内容——通过对他人的关心和支持，赢得别人帮助和协作自己的能力！

我们怎样才能争取更多人的帮助呢？

1. 强化他人，弱化自己

人人都希望得到别人的重视和认可。愚蠢的人，只会一味地强调自己的重要，希望以此获得别人的尊敬。但这就好比公鸡炫耀自己的尾巴，未必能达到理想的效果。聪明的人恰恰相反，他们总是先要让别人感觉到重要，并最终以此赢得尊重。

《福布斯》杂志上曾登过一篇“良好人际关系的一剂药方”的文章，其中有几点很值得大家借鉴：

语言中最重要的5个字是:“我以你为荣!”

语言中最重要的4个字是:“您怎么看?”

语言中最重要的3个字是:“麻烦您。”

语言中最重要的2个字是:“谢谢。”

语言中最重要的1个字是:“你。”

那么，语言中最次要的一个字是什么呢？是“我”。

学会弱化自己强化别人吧。这样你过不久会发现喜欢你和帮助你的人越来越多了。

2. 理解万岁！先理解别人的“不理解”！

我们常说“理解万岁”。这是我们希求他人同情我们的呼唤。但是当别人还不理解你时，又该怎么办呢？

“理解万岁”，先要理解别人的“不理解”！“理解万岁”，也要从我做起。具体而言，应该遵循如下步骤来解决问题：

(1) 承认别人不理解的现实。

(2) 尊重别人的不理解，因为即使不理解也有它的合理性。

(3) 尽可能了解别人为什么不理解。

(4) 采取让别人容易理解的方式，让其理解。

3. 善用加法

善用加法，也就是要尽可能增加能够帮助和关心你的力量。加法无处不在。天时、地利、人和，三者相加，最容易成功。将一种阻碍你的力量，变为支持你的力量，这是最大的加法。

元朝与清朝，都是少数民族入主中原。刚进中原时，蒙古十分强大，清朝则相对要弱小。但最终元朝的历史不到百年，而清朝则长达几百年。为什么会这样？因为前者只懂减法，一味的对汉民族掠夺欺压。而后者，相对来说比较包容，善用加法。

如元世祖忽必烈将全国人民分为四等：第一是蒙古人，第二是色目人，第三是汉人，即金朝统治下的各族人民，第四等是南人，即南宋统治下的各族人民。法律规定蒙古人殴打汉人、南人，汉人、南人不得还手，完全将其置于奴隶地位。再如文化，忽必烈认为金与南宋都亡于儒学之手，故从开始亲近到后来逐渐疏远、排斥儒者。

清朝则不一样，不仅吸引和网罗了许多汉人入朝做官，而且非常重视发掘儒家文化。尤其是康熙，将很多儒家文化，发挥到了极致。结果，弄得当时一些有志反清复明的义士，也只能感慨大势已去。加法，成了康熙坚固统治地位的重要手段。

借助他人的智慧与经验

作为团队的一员，只有把自己完全融入团队中，借助他人的经验与智慧，才能发挥个人的全部力量，才能解决个人无法解决的问题。

古代的智者无不千方百计地借用别人助力以成己事，这样的例子多得数也数不清。我们先来看一则和尚巧借民力的例子。

江西大庚县境内有座雄山，山上有处飞瓦岩。说起飞瓦岩的得名，来源于一则历史故事。

相传当初和尚们在这山上建造寺院，需要木料和砖瓦。木料好解决，满山都是大树，可就近砍伐。但是砖瓦却需要从山下运来，可是缺少人手，实在让和尚们犯了难。后来，一个聪明的和尚想了一个借力的主意，先让人把需要的砖瓦堆积在山下，然后四处宣扬，说自己擅长飞瓦砌屋，不用工匠，砖瓦使会自动飞起来把房盖好。听到的人半信半疑，都想当面看个究竟。到了预定的那天，山下聚积了数百人。可是砖瓦还堆在山下，几个和尚正在懒洋洋地挑砖瓦上山。观众们为了早一点看到和尚飞瓦，都争着帮忙搬运砖瓦。人多手快，不一会儿，堆积在山下的砖瓦便被搬到了山上。搬完砖瓦，大家都选好位置等着看和尚作法。那和尚出来连连施礼，说："刚才作法已经完毕，砖瓦不是已经'飞'上山来了吗?"大家一听被戏弄了，虽有些不快，但都佩服和尚的智慧，就当是积德行善了。这事传扬开去，人们便把此地命名为飞瓦岩。

善于借助别人力量便可获得更多的收益，有助于你在竞争中脱颖而出。

钢铁大王卡内基曾经亲自预先写好他自己的墓志铭："长眠于此地的人懂得在他的创业过程中起用比他自己更优秀的人。"

大部分美国人都有一种特长，就是善于观察别人，并能够吸引一批才识过人的朋友来合作，激发共同的力量。这是美国成功者最重要的、也是最宝贵的经验。

任何人如果想成为一个企业的领袖，或者在某项事业上获得巨大的成功，首要的条件是要有一种鉴别人才的眼光，能够识别出他人的优点，并在自己的事业道路上利用他们的这些优点。

一位商界著名人物也是银行界的领袖说过：他的成功得益于把每一个职员都安排到恰当的位置上，而且他还努力使员工们知道他们所担任的职责对于整个事业的重大意义，这样一来，这些员工无需他人监督，就能把事情办得有条有理，十分妥当。

相比之下，不善于向他人借力的刘芳就没有那么幸运了。

刘芳应聘到一家公司做销售。上司交给她一项任务，让她在本市做一下公司产品的市场调查，然后策划一份市场营销活动方案。

刘芳是第一天上班，工作又是上司亲自交代的，因此不敢有丝毫懈怠。她一个人来到各大商场做了一番调查，然后带着手头资料躲进写字间，搞起方案来。很长时间过去了，她的方案还是没有做出来。

实际上，她收集的那些资料公司都有，她只要向有关部门借阅一下即可，而她却不懂得向他人寻求帮助，用别人的智慧来帮自己克服工作中的困难，只是一个人像没头苍蝇似的蛮干，当然理不出任何头绪。

很多人之所以觉得问题难，是由于他只倚重自己的才华和能力，而不懂得去获取别人的帮助。有的人甚至为了过于突出自己，把本来可以帮助自己的人赶走了。

实际上，每个人都应该明白这样一个道理：人不是孤立的，而是活在群体中的。所以员工在任务面前要充分考虑自己的现状，善于和别人合作。只有把自己和别人的长处有机地结合起来，用他人的智慧来帮助自己迎接、挑战困难，这样才有可能避免陷入生存的绝境，并且能够取得成功。

同事间需要尊重

人与人之间的差别很大成分上就在于会不会尊重人的问题。实际上也就是个能力和素质问题，是一个不断需要修养、一生都要重视的问题。

尊重你的同事，你的所作所为就会无往而不利，处理人际关系就会得心应手，做起事来更是左右逢源。

在人的一生中，除了与家人相处以外，同事之间便是相处频率最高、时间最多的了。所以同事之间如何相处，便成了我们不得不认真研究的问题。因为同事之间既有共同的目标，又有各自的分工，既需要相互支持、帮助，又蕴隐着彼此的竞争。

所以，把握好与同事关系的近与远、深与浅、厚与薄的分寸，赢得同事的服气，便成为你实现自我价值和人生目标前提的必备能力。

1. 以和为贵

中庸之道乃处世哲学之经典，中庸之道的精华之处就是以和为贵，运用于职场之中，也是再恰当不过。同事作为你工作中的伙伴，难免有利益上或其他方面的冲突，处理这些矛盾的时候，你第一个想到的解决方法就应该是“和解”。

在公司，领导最喜欢的是能与同事和睦相处的人，因为人际关系的和谐处理不仅仅是一种生存的需要，更是工作上、生活上的需要。和谐的同事关系让你和周围同事的工作和生活变得更简单、更有效率，从另一个角度看，说明了他会尊重人、会做人。

2. 以诚相待

职场上，多一个朋友也就意味着少一个对头。在做好工作的基础上，如果你能拿出点尊重对方的诚意来，与其他同事互相多沟通、多了解，增加彼此的认同感，私人感情就会不断增进，同事也会逐渐变成朋友。

对同事以诚相待的尊重，不仅会对你的人生有所助益，让你与同事保持良好的合作关系，还是你事业迈向成功的坚实基础。所以不妨利用业余时间与同事聊聊天，分享工作、生活上的经历，如果有求，则互相帮助；由于性格和处事方法上的原因，有些似乎很难相处，但为了工作，只要真心真情真诚交流，尊重对方，也是会通力合作的；如果你觉得无法与大部分同事很好地沟通、合作，或同事对你敬而远之，那就要从自身找原因，自我检讨，改进不足，以便尽早融入集体之中。

3. 谨慎交往

人与人之间的交往是需要谨慎的。有一句话叫做“君子之交淡如水”，这是使同事关系和谐、长久的要诀之一。

大家在同一个单位工作，个人的交情自然会有所不同，因此也就有远近亲疏，问题的关键在于应该如何处理这“远近亲疏”的关系。其实，在一个集体中，谁与谁关系密切、谁与谁关系一般或有矛盾都是正常的。但是，当这种远近亲疏的关系开始因为共同的利益扩大化，甚至出现圈子或营私舞弊、相互倾轧的时候，就要保持警惕性了，甚至可以说是一个团队分化瓦解的开端，其结果就是导致整个团队的瘫痪。

公司无论大小，总是有竞争和利益问题，影响干扰人与人之间的远近亲疏关系的因素总会出现。就算人的主观上存在再好的希望，也难以避免矛盾和裂痕的产生，即使是已经成为好朋友的两个人，在面临明显的利益和竞争的时候，也常常会使感情陷入僵局。要避免这样的事情发生，一个有效的措施就是控制好与同事之间远近亲疏的关系，保持一定的距离，遵循人与人交往要谨慎、“君子之交淡如水”的原则。

4. 避免矛盾

在一个单位中工作，同事间久而久之，彼此之间免不了会有各种各样鸡毛蒜皮的事情发生，各人的性格、脾气禀性、优点和缺点也暴露得比较明显，尤其每个人行为上的缺点和性格上的弱点暴露得多了，会引出各种各样的瓜葛、冲突。这种瓜葛和冲突有些是光明的，有些是背地的；有些是公开的，有些是隐蔽的；种种的不愉快交织在一起，便会引发各种矛盾。

同事之间的矛盾，要化解其实并不难，因为矛盾是因工作而起，并非是私人恩怨。如果在工作中与同事有了矛盾，先别怨人或自怨，而应把握在尊重同事的前提下，大大方方以工作为重豁达对待；同时应采取主动态度，抛开成见，坚持善待对方，并注意方式方法和真诚尊重，同事之间的矛盾将会迎刃而解。

主动对别人伸出援手

要想和同事打成一片，建立良好的人际关系，在办公室里创造属于自己的一片天空，就要了解处在自己身边的同事。当他们有急需的时候，不要忘了在这个关键时刻要把握机会，该出手时就出手，帮他们一把，他们一定会对你心存感激。日后，当你有困难时，相信他们也会向你伸出援手。

有位企业人士说得好:“欠我的人愈多，日后帮我的人也愈多。”如果在一个工作环境中，大多数人都明里暗里地帮你，为你扫平障碍，你的职场前景必定一片大好。

有一家公司招聘员工，应征者如云，但是招聘的名额却只有一个。经过一轮又一轮的筛选后，几百名应聘者仅剩下了五位佼佼者。最后一轮面试了，这一轮将要从这五位强者里选择一位，这让每位参赛者都非常紧张，过关斩将走到这步已经非常不容易了，如果最后一轮被淘汰真是很遗憾。

这五个人可以说都是“英雄好汉”，各有所长，势均力敌，谁都可以胜任所要应聘的职务。也就是说，谁都有可能被聘用，同时谁都有可能被淘汰。正因为这样，才使得最后一轮的角逐更加具有悬念，竞争显得更加激烈和残酷。

早上八点，距离面试还有半个小时，五位佼佼者早已等在面试的大厅里了，他们心里虽然紧张，但是表面上都镇定自若。坐在大厅一角的是小 A，他提前一个小时就来了，他觉得自己的信心不是很足，有点忐忑，因为在前几轮面试中，他似乎没有什么可以值得骄傲的表现。

相信在这个时候，每个人的内心都很忐忑，为了打破沉寂的僵局，五个人还是有人偶尔和旁边的人聊上一句半句的。面对眼前这些随时会威胁到自己命运的对手，在交谈中彼此都显得比较矜持和保守，甚至夹着丝丝的冷漠和虚伪……

就在这时，有位年轻的男子匆匆忙忙地走来了，气喘吁吁，一脸的焦急，额头上似乎还有细密的汗珠。这五个人心里有点纳闷，在前几轮面试中，好像并没有见过他。

他似乎感到有些尴尬，看了看几个面试的人，主动自我介绍说，他也是前来参加面试的，由于早上有点急事，来的比较匆忙，忘记带钢笔了，问他们几个是否带了笔，想借来填写一份表格。

这五位应聘者心里一惊，竞争本来已经够激烈了，现在倒好，半路又杀出一个“程咬金”，幸好他忘记了带钢笔，也许他并不能成为大家的竞争对手。一时大家你看看我、我看着你，面面相觑，但都没有吱声，他们当然都带了钢笔，来应聘谁会忘记带钢笔呢？

那位男子见没有人应声，脸上掠过一丝失望，这时，小A站了起来，拿出自己的钢笔，递给那位男子说：“我这里正好有一支，虽然不是太好用，但勉强还可以用，你试着用吧。”那位男子接过钢笔，忙不迭地说着谢谢。

大家一下子就把目光聚集在小A身上，有恼怒，有埋怨，还有责怪，大家似乎在说：“好了，你把钢笔借给了他，等于给自己增加了一个竞争对手，也许我们都要跟着遭殃。”

那位借钢笔的男子转身在纸上写了点什么就把钢笔还给小A出去了，并没有像他们几个一样在那里等着面试。

面试的时间终于到了，但是面试时却丝毫不见动静。终于有人按捺不住去找相关的负责人询问情况。不料里面居然走出了刚才那个借钢笔的男青年，大家有点震惊，尚不明白发生了什么情况。只听他说：“结果已经见分晓，这位先生被聘用了。”他把手搭在小A的肩膀上。

大家似乎还不明白发生了什么，小A也有点发懵，只听男青年接着说：“我是最后一轮面试的主考官，你们能过五关斩六将，最终站在这儿，应该说你们都是强者中的强者，作为一家追求上进的公司，我们不愿意失去任何一个人才。工作同现在这种状况一样，存在着激烈的竞争，但同时更需要互相帮助，而除了这位先生，显然没有一个人具备这种能力。”

要记住那句话：你对别人的态度，就是别人对你的态度。你对别人自私，别人当然不肯对你宽容。所以，当同事需要帮助的时候，不要事事只考虑自己，适当的无私一点，常常会带给你意外的收获。

但是，也许是由于竞争的激烈，使得很多人越来越自私，在别人需要帮助的时候，即便有能力，也袖手旁观，漠然视之。但这并不一定能为你赢得胜利，反而会使你失去宝贵的机会。

因此，在同事遇到难题的时候，一定要尽自己最大的努力去帮助他。即便真的帮不上什么忙，也要多关心他，给他一些鼓励，让他知道还有人在关心他、帮助他、鼓励他。那么，他同样会对你心怀感恩。

虽然一个人凭自己的能力可能取得一定的成就，但如果你把自己的能力与他人的能力结合起来，那么结果绝不会是1加1等于2，而可能是1加1大于2，团结的力量无坚不摧，这是一个浅显而很多人又拒绝接受的道理。如果你具有良好的合作精神，无形之中就会大大提高你的工作业绩。

在能力范围内，主动帮助同事，是累积人际资产的双赢方法。帮助同事，是与同事和睦相处、建立友好人际关系的最好方法，这也是工作中的一大优势。这不仅可以提升你的人气，还可以使你在公司的地位变得越来越稳固。

让人脉网助你成功

人们习惯于把人脉关系比作“网”，是“网”就有经有纬，有纵有横，缺了哪方面都不行；如果把那种正式的有形的组织形式比作纵向的“经”的话，那么，这种非正式的无形的组织形式则是横向的“纬”。

如果你在工作中，眼睛光盯着上司，只注意工作中上下级这种纵向的关系，而忽视与同事之间这种横向关系的话，那么，就很难搞好与同事之间的关系。

在工作中，我们常常会有这样的困惑：领导对你印象不错，你的能力也不差，工作也很努力，却偏偏得不到晋升，那么，你就应该考虑一下你和同事之间的关系是否出了问题。其实，能力只是晋升的一个方面，你的人脉关系有时甚至比专业知识更加重要。

谈起职场人脉，我们首先想到的就是上级领导，因为他们掌控着我们晋升的生杀大权。如果我们能与上级领导建立良好的关系，那自然是再好不过了，但同时也不能忽视与同事之间的关系。

有些人总是习惯戴着“有色眼镜”看人，见到那些对自己的加薪和晋升起决定作用的人，比如说上司、公司董事，就毕恭毕敬，一脸谦卑；而对待身边的同事，却没有足够的尊重，殊不知，一个身份卑微的同事却和具有翻云覆雨能力的领导有着某种亲密的关系。

同事是与我们在一起工作的人，很多时候还需要相互合作，相互帮助。如果彼此之间关系融洽、和谐，自然就会感到心情愉快，有利于工作的顺利进行，从而促进事业的发展；反之，同事关系紧张，相互拆台，经常发生摩擦，就会影响工作的效率和质量，阻碍事业的正常发展，甚至会因为得罪了某个同事，而遭到报复。可见，职场人脉是你获得晋升的关键力量。

一家公司公开招聘一个部门经理，最后，有三个人从近百名应聘者中脱颖而出，其中一位先生非常优秀。从他的简历上可以看出，他以前就是一名部门经理，有很丰富的经验。人力资源部的人与他谈了很久，感觉他很有能力，正是公司需要的人才。

最后，人力资源部的人问他：“你怎么比较现在这个公司和以前你工作过的那个公司？”他犹豫了一下，说：“以前的公司同事之间彼此充满了戒心，工作中缺乏合作精神，就像一串散落的珠子，尽管每个人都很努力，但是效果却不好。”

结果，他没有被聘用，他不解，人力资源部门的领导说："你作为一个部门经理，却不能打造出一个团结的团队，这就是你不被录用的理由。"

在这样一个讲究协作的社会里，人际资源已跃居一个人能否成功的首要因素。毫无疑问，如果你在企业中和同事有着良好的关系，那么将会有助于你更好地发挥自己的才能，有助于你在自己的岗位上作出更大的成绩，有助于增加你在组织内部的分量。当然，对于你的升职也非常重要。

一个人的成功离不开很多人的帮助，比如章子怡再成功，也需要有经纪人替她打理业务；姚明成为小巨人，更离不开他背后的"姚之队"。因此，职场上的你，无论是处在顺风顺水、意气风发的阶段，还是处在迷茫、彷徨的十字路口，好的职场人脉关系永远是你驰骋职场最有力的保障。

对此，如果你坚持"三不原则"，即不和同事做朋友，不和同事说知心话，不和同事分享秘密。每天例行公事后，就埋头看书，与同事的关系越来越疏远，慢慢地，你就会发现自己的工作越来越困难。虽然自己谁也没得罪，可一些负面评价老是陪伴自己，晋升也就变得越来越遥远了。

不管你是否情愿，你必须与自己办公室的那些小圈子里的人搞好关系，即使看不惯同事之间的小圈子，你也得习惯与这种小圈子的人打交道，而不能敬而远之。

在职场中，一个人不能团结大众则无疑表明这个人缺乏组织能力、人际交往能力。而组织能力、人际交往能力是最起码的领导能力，倘若你连这些领导能力都不具备的话，又怎么会得到晋升的机会呢？哪怕你在其他方面比别人更强，你只能成为一个资深专业技术人员，而永远与"领导"等这样的职位无缘。

要想在事业上取得成功与突破，就必须让你人脉网上的每一个节点都发挥作用。每个节点都很重要，每一个人都很关键。只有把这张网编得越"结实"，越"完美"，才能把推助力发挥到最强，借助"弹力"，把你"捧"到最高的地方。